U0634721

周易法律思想
与法律制度论衡

徐崇杰 ◎ 著

中国民主法制出版社

图书在版编目(CIP)数据

周易法律思想与法律制度论衡/徐崇杰著.—北京：
中国民主法制出版社,2022.10
ISBN 978-7-5162-2982-8

Ⅰ.①周… Ⅱ.①徐… Ⅲ.①《周易》—法律—思想
—研究②《周易》—法制—研究 Ⅳ.①B221.5
②D909.22

中国版本图书馆 CIP 数据核字(2022)第 200405 号

图书出品人:刘海涛
责 任 编 辑:庞贺鑫 李 郎

书名/周易法律思想与法律制度论衡
作者/徐崇杰 著

出版·发行/中国民主法制出版社
地址/北京市丰台区右安门外玉林里 7 号(100069)
电话/(010)63055259(总编室) 63058068 63057714(营销中心)
传真/(010)63055259
http://www.npcpub.com
E-mail:mzfz@npcpub.com
经销/新华书店
开本/16 开 710 毫米×1000 毫米
印张/11 **字数**/173 千字
版本/2022 年 11 月第 1 版 2022 年 11 月第 1 次印刷
印刷/三河市宏图印务有限公司

书号/ISBN 978-7-5162-2982-8
定价/48.00 元

序

　　四大文明古国点燃了人类的文明之火，奠定了人类文明的基石，各有优劣，难分高下。四大文明古国里，古印度文明、古埃及文明、两河流域文明相继断层，唯有中华文明的传承亘古未断，五千年间，虽经内战纷扰、外族入侵，而始终延续，传承至今，历久弥新。其生命力之顽强，世所仅有。而中华文明的源头为《易经》。传说中，夏商周三代皆有易，夏代名为《连山》，商代名为《归藏》，周代名为《周易》，合称"三易"。夏之《连山》，商之《归藏》自魏晋之后皆湮没于历史长河①，唯有《周易》流传至今。

　　儒家尊《周易》为群经之首，道家尊《周易》为"三玄"之一，与《老子》和《庄子》并列。《周易》乃是中华文化的大道之源，源头活水，其内容包罗万象。《四库全书总目提要·经部易类小序》有言："易道广大，无所不包，旁及天文、地理、乐律、兵法、韵学、算术、以逮方外之炉火，皆可援易以为说。"《易经》和《易传》之中，还包含着丰富的法律思想与具体的法律制度，深刻影响了历朝历代的法律制度与法律文化。

　　本书以《易经》为本，兼考《易传》，并参考先秦其他相关典籍，对《周易》之中所涉及的法律思想与法律制度进行归纳总结、甄别评定，以期较为系统地对西周前后的法律思想与法律制度进行初步梳理。最终，以《周易》为骨架，以其他先秦典籍为辅助，勾勒出先秦，尤其是西周时期的基本法律体系。

　　本书撰写过程中，借用《说文解字》等工具，采用训诂之法解析卦爻辞；若经传相悖，则舍传取经，以真实反映西周之时的法律图景；在论证过程中，兼采其他先秦典籍，以史为证，相互印证；在解析卦爻辞之准确含义时，兼采历朝各家之言，但以《易经》原意为先，并作倾向于法理含义之解读；保持法律思想与法律制度之间的关联性，但分而述之。

　　除序与结语外，本书共分为七章。前三章为《周易》中的法律思想，包括辩

---

① 1993年在湖北王家台15号秦墓出土394枚约4000字易占简书，是为秦简《归藏》，引起学界热议，有学者认为乃殷之《归藏》，廖名春先生更断其为《归藏》中的《郑母经》，但亦有学者认为乃战国作品，甚至为秦人伪造。

证的息讼思想、明罚敕法与慎罚轻刑,后四章为《周易》中的法律制度,包括民事法律制度、刑事法律制度、婚姻家庭法律制度与神明裁判制度。

第一章"讼卦与息讼"。讼卦具有明显的息讼思想,但是息讼并不意味着一味避讼,而是一种辩证的息讼观。具体而言,《周易》主张息讼,但并不要求无讼;强调在诉讼过程中以诚信为本,占理有信,有德司契;提倡明辨,反对缠讼;主张补偿性赔偿,反对惩罚性赔偿;反对以下讼上,以民告官。基于对官员居中公正司法的渴望,开启了中国人绵延至今的清官情结,《周易》的"利见大人"正是这一情结的具体体现。

第二章"明罚敕法"。明罚敕法之精神见之于师卦之"师出以律"与噬嗑卦之"利用狱"中,其基本内涵为法律必须公之于众,使民众清晰知晓何为罪,何为非罪,避免不告而诛,罚当其罪,不得出入人罪。明罚敕法之司法践行见之于蛊卦之"先甲三日,后甲三日"与巽卦之"先庚三日,后庚三日"中,要求在新律颁布之前与颁布之后都必须进行广泛宣传,使得新律之内容深入人心,而不要急于按新律惩戒民众。孔子反对晋铸刑鼎,其根源在于反对"夷蒐之法"的内容,而非反对公布成文法,反对明罚敕法,更无通过反对成文法的公布来阻止社会变革之目的。孔子赞同制法、颁法、执法的公开性和稳定性与他的"仁义"思想所蕴含的公平性、主体性和生活伦理性是相统一的。

第三章"慎罚轻刑"。天命观是夏商周统治者巩固统治的手段,而其在法律思想上的体现就是"天罚"的理念。商纣暴虐,失德不仁,故周武取而代之,为了解释西周代商的合法性基础,周朝统治者提出"惟命不于常"的新天命观,慎罚轻刑的法律思想随之诞生。《周易》之中,慎罚轻刑思想散见于蒙卦之"发蒙,利用刑人,用说桎梏以往"、贲卦之"君子以明庶政,无敢折狱"、解卦之"君子以赦过宥罪"、丰卦之"君子以折狱致刑"、旅卦之"君子以明慎用刑,而不留狱"与中孚卦之"君子以议狱缓死"。其中,"发蒙刑人""明政折狱""折狱致刑""明慎用刑"体现了"慎罚"理念,而"赦过宥罪"和"议狱缓死"则强调了"轻刑"思想。

第四章"民事法律制度"。《周易》中的民事法律制度主要包括民法的基本原则——诚信原则,两种典型的债的产生方式——契约行为与侵权行为,以及拾得遗失物行为这四个方面。《周易》对于诚信原则之要求主要体现在"孚"字上,不仅中孚卦以"孚"为名,其余涉及"孚"字的卦爻辞亦比比皆是,此外,损卦益卦的损益之道亦包含着信守承诺的内涵。《周易》中的"来(往)"与"复"、"得"与"丧"、"损"与"益"这三对词汇都看似契约行为,其实不然,且《周易》之中所涉契约行为并未理论化,大多为个案记载。小畜卦、谦卦、泰卦之"富以其邻"与大壮卦、旅卦之"丧羊(牛)于易",虽然看起来与侵权行为相关,但实际上前者与侵权行为全然无关,后者仅仅描述了古代某件侵权行为,却并未对侵权行为的内容进行具体规定。而《周易》中涉及最多的侵权行为则是拾得遗失物的归还。

第五章"刑事法律制度"。《周易》中的刑事法律制度以噬嗑卦的描述为主,可分为罪名、刑罚措施与诉讼制度三个方面。由于西周之时罪名制度尚不发达,故《周易》所涉及的罪名仅有盗窃罪、抢劫罪、谋杀罪与渎神罪。由于以刑统罪的缘故,《周易》中的刑罚措施较为丰富,大致可分为自由刑、肉刑、罚金刑与侮辱刑。其中,自由刑分为拘系与监禁,肉刑包括杖刑、笞刑、墨刑(黥刑或剠刑)、灭趾、剕刑、刵刑、劓刑与劇刑。此外,《周易》中出现的刑具有绳索、校、囚车、杖等。

第六章"婚姻家庭法律制度"。《周易》中的婚姻家庭法律制度可以从恋爱关系、婚姻关系和家庭关系三个角度进行考察。其中,恋爱关系的描写主要见之于咸卦,婚姻关系的描写主要见之于屯卦与贲卦,家庭关系的描写主要见之于大过卦、恒卦、渐卦与归妹卦。西周之时,虽然父权制早已建立,但是母权制的观念仍有残留,表现在婚姻家庭关系上,男尊女卑的观念已经开始流行,但和后世女性完全是男性的附庸关系不同,当时女性仍有较大程度的独立性。

第七章"神明裁判制度"。西周之时,神明裁判已经不如夏商之时那般占据司法中的主要地位,司法领域更倾向于由有德居中的法官裁断是非,但是当遇到无法决断的疑难案件时,仍会借助神明的力量进行判断。《周易》中的神明裁判制度主要见之于大壮卦的神羊裁判。

总之,从《周易》中提炼出的法律思想具有极强的辩证性,无论是息讼观、明罚敕法还是慎罚轻刑尽皆如此。《周易》中蕴含的法律制度内容具有针对性、个别性,而无普遍性、抽象性。《易经》的法律思想较《易传》的法律思想更为文明、仁善。

目　　录

第一章　讼卦与息讼 / 001

第一节　讼卦卦辞解析 / 002

一、"有孚，窒惕" / 002

二、"中吉，终凶" / 003

三、"利见大人，不利涉大川" / 004

第二节　讼卦爻辞解析 / 006

一、"初六：不永所事，小有言，终吉" / 006

二、"九二：不克讼，归而逋。其邑人三百户，无眚" / 007

三、"六三：食旧德，贞厉，终吉。或从王事，无成" / 009

四、"九四：不克讼，复即命。渝，安贞，吉" / 011

五、"九五：讼，元吉" / 012

六、"上九：或锡之鞶带，终朝三褫之" / 012

第三节　辩证的息讼思想 / 013

一、讼卦息讼思想的内涵 / 014

二、息讼思想产生的原因 / 015

第四节　清官传统与判例法 / 018

一、清官传统：利见大人 / 018

二、判例法的诞生：从神判到人判 / 019

第二章　明罚敕法 / 022

第一节　明罚敕法之精神 / 022

一、师卦："师出以律" / 022

二、大有卦："厥孚交如，威如" / 024

三、噬嗑卦："利用狱" / 028

第二节　明罚敕法之践行 / 029

一、蛊卦："先甲三日，后甲三日" / 029

二、巽卦："先庚三日，后庚三日" / 031

　　第三节　孔子对明罚敕法之态度 / 033

　　　　一、关于郑子产铸刑书 / 034

　　　　二、关于邓析制竹刑 / 035

　　　　三、关于晋铸刑鼎 / 038

　　　　四、孔子法律公开化思想的评析 / 040

第三章　慎罚轻刑 / 046

　　第一节　"天命天罚"法律观 / 046

　　　　一、天命观 / 046

　　　　二、天命与天罚 / 047

　　　　三、天命非恒与慎罚轻刑 / 048

　　第二节　《周易》中的慎罚轻刑思想 / 048

　　　　一、蒙卦："发蒙,利用刑人,用说桎梏以往" / 049

　　　　二、贲卦："君子以明庶政,无敢折狱" / 049

　　　　三、解卦:"君子以赦过宥罪" / 050

　　　　四、丰卦:"雷电皆至,丰。君子以折狱致刑" / 050

　　　　五、旅卦:"君子以明慎用刑,而不留狱" / 050

　　　　六、中孚卦:"君子以议狱缓死" / 051

第四章　民事法律制度 / 052

　　第一节　诚信原则 / 052

　　　　一、"孚" / 052

　　　　二、中孚之道 / 056

　　　　三、损益之道中的诚信原则 / 058

　　第二节　契约行为 / 059

　　　　一、"往(来)"与"复" / 060

　　　　二、"丧"与"得" / 064

　　　　三、"损"与"益" / 072

　　　　四、契约行为小结 / 074

　　第三节　侵权行为 / 075

　　　　一、"富以其邻" / 075

　　　　二、"丧羊(牛)于易" / 077

　　第四节　拾得遗失物 / 078

　　　　一、先秦典籍关于拾得遗失物的规定 / 079

二、《周易》关于拾得遗失物的规定 / 082

第五章　刑事法律制度 / 098
　第一节　噬嗑卦中的刑事法律制度 / 099
　　一、初九爻:"屦校灭趾,无咎" / 100
　　二、六二爻:"噬肤,灭鼻,无咎" / 100
　　三、六三爻:"噬腊肉,遇毒。小吝,无咎" / 101
　　四、九四爻:"噬干胏,得金矢,利艰贞吉" / 102
　　五、六五爻:"噬干肉,得黄金。贞厉,无咎" / 102
　　六、上九爻:"何校灭耳,凶" / 103
　　七、噬嗑卦小结 / 104
　第二节　其余各卦的罪名与刑罚措施 / 104
　　一、蒙卦:"用说桎梏";随卦:"拘系之乃从维之";
　　　　遁卦:"执之用黄牛之革";革卦:"巩用黄牛之革" / 104
　　二、坎卦:"系用徽纆,寘于丛棘,三岁不得,凶" / 106
　　三、睽卦:"见舆曳,其牛掣。其人天且劓,无初有终" / 106
　　四、大壮卦:"丧羊于易";旅卦:"丧牛于易" / 107
　　五、夬卦:"闻言不信";困卦:"有言不信" / 108
　　六、夬卦、姤卦:"臀无肤" / 111
　　七、困卦 / 112
　　八、鼎卦:"覆公𫗧,其形渥" / 115
　　九、履卦:"眇能视,跛能履";归妹卦:"跛能履","眇能视,利幽人之贞" / 116
　第三节　西周时期刑事法律制度 / 117
　　一、西周时期的犯罪行为 / 118
　　二、西周时期的刑罚措施 / 118
　　三、西周时期的刑事诉讼制度 / 119

第六章　婚姻家庭法律制度 / 120
　第一节　恋爱关系 / 120
　　一、咸卦 / 120
　　二、艮卦 / 123
　第二节　婚姻关系 / 124
　　一、屯卦 / 124
　　二、蒙卦:"勿用取女。见金夫,不有躬,无攸利" / 127

三、贲卦："贲其趾,舍车而徒","贲如皤如,白马翰如,匪寇婚媾",
　　　　"贲于丘园,束帛戋戋,吝,终吉" / 128

四、睽卦 / 130

五、姤卦："女壮,勿用取女" / 131

六、震卦："不于其躬,于其邻,无咎。婚媾有言" / 131

七、婚姻关系小结 / 132

第三节　家庭关系 / 133

一、恒卦："恒其德贞,妇人吉,夫子凶" / 133

二、渐卦："夫征不复,妇孕不育","妇三岁不孕,终莫之胜" / 134

三、革卦："水火相息,二女同居,其志不相得,曰革" / 136

四、归妹卦 / 137

五、鼎卦："得妾以其子,无咎" / 139

六、大过卦："枯杨生稊,老夫得其女妻,无不利","枯杨生华,
　　　　老妇得其士夫。无咎,无誉" / 140

七、蒙卦："纳妇吉,子克家" / 142

八、家庭关系小结 / 142

第七章　神明裁判制度 / 144

第一节　神明裁判之源起 / 145

一、"灋"与神明裁判 / 145

二、巫觋执法 / 146

第二节　盟誓制度 / 149

一、《周礼》与《礼记》所载盟誓仪式 / 149

二、《周易》坎卦所载盟誓仪式 / 150

第三节　神虎裁判与神羊裁判 / 154

一、履卦与神虎裁判 / 154

二、大壮卦与神羊裁判 / 155

结　　语 / 159

参考文献 / 163

致　　谢 / 165

第一章　讼卦与息讼

　　《周易》之中所涉及的法律思想基本上可以归纳为三个部分:息讼、明刑与慎罚,亦即辩证的息讼观、明罚敕法、慎罚轻刑。其中,息讼思想主要见于讼卦,明刑与慎罚思想则散见于数个卦的卦辞爻辞之中。本章先对讼卦的息讼思想进行解析。

　　《周易》中的"讼"与"狱"相对,仅指民事诉讼。东汉许慎在《说文解字》中指出:"讼,争也,公言之也。"宋之冯椅在其《厚斋易学·卷一》中认为:"讼,两相争而言之于公也。"清代李士鉁在《周易注》中也说:"讼,争也。字从言公。言之于公以辩曲直也。"也就是说,将双方当事人的争议提交给"公"家,由其判断是非曲直,即为"讼"。

　　乾坤屯蒙需讼师,《周易》六十四卦中,讼卦居于第六。乾天坤地,天地开而万物生,故有屯卦,万物初生,需启之以蒙,故有蒙卦,物稚需养,故有需卦。《序卦传》云:"需者,饮食之道也。饮食必有讼,故受之以讼。讼必有众起,故受之以师。"对于"饮食必有讼",元之赵采在其《周易程朱传义折衷·卷四》中认为:"讼不专主于饮食,饮食本是末事,只为是斯人口腹所需而大欲存焉,故争辩常由此作。以饮食日有,讼则其他争城、争地、争位、争禄财、争名而成讼者,从可知矣。"其实,于古人而言,饮食并非仅是"末事"。商周之时,食物匮乏,对当时的人们而言,饮食最为重要,乃生存之本,故争执往往起于饮食之需。当然,所谓"讼"并不限于饮食之争,亦不限于财货之争,所有的争执其实皆可归之于讼,正如清之沈绍勋在其《周易易解·卷二》之中引郑玄之言:"讼,争辩也。郑氏玄曰:'辩财曰讼。于义亦狭。盖人生有所商榷之事皆可以讼目之。'"

　　从卦象上看,讼卦之上卦为乾卦,下卦为坎卦。《象》曰:"《讼》,上刚而下险,险而健,《讼》。"高亨先生据此认为:"乾,刚也,健也;坎,险也……人阴险而又刚健,则争讼,所以卦名曰《讼》。"[1]笔者以为,高亨先生的解释固然十分切题,

---

[1]　高亨:《周易大传今注》,齐鲁书社 2009 年版,第 86 页。

但是讼卦的卦象还可以做如下解释:乾为天,坎为水。上乾下坎,水自天而下流,与自上而下颁布的法律具有共通之处。

《周易》诸卦之中,讼卦是专门讲"讼"的,其卦辞与爻辞描述了中国西周前后的法律实践活动,同时也阐述了当时的法律思想。要想对《周易》中所涉及的西周时期的法律制度和法律思想做系统性梳理,首先必须对讼卦的内容进行深入剖析。

讼卦全文如下:"有孚,窒惕,中吉,终凶。利见大人,不利涉大川。初六:不永所事,小有言,终吉。九二:不克讼,归而逋。其邑人三百户,无眚。六三:食旧德。贞厉,终吉。或从王事,无成。九四:不克讼,复即命。渝,安贞,吉。九五:讼,元吉。上九:或锡之鞶带,终朝三褫之。"历代各大家对《周易》的解读五花八门,为方便起见,笔者先将讼卦的卦辞爻辞按顺序依次进行解读,然后对其中所蕴含的法律思想进行梳理分类。

第一节　讼卦卦辞解析

讼卦卦辞曰:"有孚,窒惕,中吉,终凶。利见大人,不利涉大川。"共计十七个字,以下两两成对,分三个部分分别分析论述。

一、"有孚,窒惕"

许慎在《说文解字》中认为:"孚,卵孚也。从爪从子。一曰信也。"为何"孚"字可以解释为诚信、信用?南唐之时的徐锴在其《说文解字系传》中,将之理解为:"鸟之孚卵皆如其期,不失信也。鸟袤恒以爪反覆其卵也。"鸟雀以爪子覆盖其卵,身子蹲伏其上,以保证恒温,从而将之如期孵化,一旦误了期限,幼鸟将胎死卵中,难以孵化。所以,"孚"有守时守信之意,引申为说话算数,有信用。历代大家解读《周易》时,大多从此意,故讼卦卦辞之"有孚"即为守信之意。高亨先生将《易经》与《易传》分开注解,而不是如先人一般熔经传于一炉,依经说传。他认为《象传》将讼卦卦辞之"孚"理解为"信",其意与《易经》经意相违,按《易经》经意来理解,"孚"字古通"俘",故"有孚"指"战争中有所俘虏"[1]。笔者以为,高亨先生将经传分开注解,并认为经传时有冲突,传意经常有任意发挥、曲解

---

[1]　高亨:《周易大传今注》,齐鲁书社 2009 年版,第 86 页。

经意之处,这一观点是有一定道理的,其对"孚"字的解读也颇有新意,但是放在讼卦之中整体来看,讼卦六爻所述皆为讼事,与战争、俘虏并无直接关涉。若将"有孚"理解为"战争中有所俘虏",讼卦卦辞将与其爻辞相冲突。故高亨之解不足取,此处应取历代通解,将"有孚"理解为"有信用"。

王弼认为"窒谓窒塞也"[①],"惕"意为"惧","窒惕"即为"塞惧",止塞讼源、心生恐惧之意。孔颖达从其解。而高亨先生采闻一多之说,认为"窒借为恎,惧也",将"惕"解释为"警惕",故"窒惕"为"恐惧警惕"之意。笔者以为,强行将"窒"解释为"恎"没有必要,"窒"字可按王弼、孔颖达之通说解释为"窒塞"之意,而"惕"则可按高亨之意解释为"警惕",故"窒惕"应指"止塞讼源,心生警惕"。结合前文,"有孚,窒惕"可解释为:即使有理有据的一方当事人,也应该积极止塞讼源,阻止讼事发生,同时心生警惕。

二、"中吉,终凶"

"终凶"二字,并无歧义,诸大家皆将之理解为:讼事应适可而止,若一意孤行,不论你是否占理,讼至最后,皆为凶。历代大家的争议在于"中吉"的"中"作何解,以及由此而引出的《彖传》之"刚来而得中"的"中"所指何意。

孔颖达将"中吉"解为:"中道而止,乃得吉也。"[②]意为讼事不可持久,若适可而止,才可能有个好结果。

《彖传》曰:"中吉,刚来而得中也。终凶,讼不可成也。"清之焦循认为,《彖传》所言的"中吉"与"得中"二词中的"中"字,其义有别:"'得中'之'中'为中正之中,'中吉'之'中'为中止之中。言虽有孚窒惕,而得中正,亦必中止乃言,终讼则凶也。"[③]也就是说,人之争讼者,即便占理有信,止塞讼源,且时存警惕之心,并得秉持中正之主听断狱讼,仍须适可而止,不可拖延讼事,否则终必凶矣。

那么,所谓听断狱讼的中正之主,所指为何?

王弼曰:"无善听者,虽有其实,何由得明?而令有信塞惧者得其'中吉',必有善听之主焉,其在二乎?以刚而来正夫群小,断不失中,应斯任也。"[④]他认为,若无善听之人,即便确有实信,亦无法得到合理的判决。欲要使"有信塞惧"之

---

① [魏]王弼撰,楼宇烈校释:《周易注校释》,中华书局2012年版,第28页。

② [魏]王弼、[晋]韩康伯注,[唐]孔颖达正义:《周易正义》,中国致公出版社2009年版,第50页。

③ [魏]王弼撰,楼宇烈校释:《周易注校释》,中华书局2012年版,第30页,校释[二]引焦循《周易补疏》之文以证。

④ [魏]王弼撰,楼宇烈校释:《周易注校释》,中华书局2012年版,第28页。

人得到讼卦卦辞中所谓的"中吉",其前提条件是必须要有善听之主。那么所谓的善听之主到底是谁？千年以来,聚讼纷纭。

清之卢文弨认为,王弼之注解在后世传抄过程中出现了错讹,"其在二乎"其原文应为"其在五乎"。① 因为从讼卦六爻来看,"九五:讼元吉",可以看出九五处尊位,乃大人所居,为善听之主。笔者以为,卢文弨的观点不足取。一方面,古代文献在传抄过程中固然存在抄错的可能,但是将"其在二乎"写成"其在五乎",犯这种低级错误的可能性几乎为零;另一方面,九五固然为尊,但并不妨碍九二亦处尊位。对此,孔颖达早就做了十分合理的解释:"九二之刚,来向下体而处下卦之中,为讼之主,而听断狱讼。"②孔颖达认为,九二乃听断狱讼善听之主,同时,九五亦是听断狱讼之主,二者并不矛盾。《周易》六十四卦中,很多卦都有二主。"五是其卦尊位之主,余爻是其卦为义之主。"③而在讼卦之中,九五为尊位之主,九二为卦义之主,二者皆有断狱之德,为讼卦之二主。

三、"利见大人,不利涉大川"

《周易》之中,时见"大人"二字,要理解何谓"大人",须与先秦时期的"君子""小人"这两个词语进行比较。

要谈君子,需先论"君",君字从"尹"从"口"。何谓"尹"？尹字左边一竖,右边为"又"。右边的"又"为手,左边一竖为笔,以手握笔,治理天下。有人将"尹"的一竖解释为权杖,认为是手握权杖、位高权重之意。这应该是一种误读,因为代表神权、王权的权杖文化主要盛行于西方,而具有中原文化特色的则是鸠杖。鸠杖又称鸠首杖,手杖的扶手做成斑鸠的样子。传说中斑鸠是不噎之鸟,将斑鸠文于杖首,可以防止老人吃食时噎着。所以,手杖在中国为辅助行走之工具,至多引申为对老人的美好祝福,却无代表权势的蕴意。故"尹"字的一竖,应为笔,而非杖,是治理之意。

"尹"为治理,"口"为发布命令,合起来就是发布命令、治理百姓的意思,故"君"指的是发布命令、治理百姓的统治者。所谓君子,就是"君(王)之子",广泛见于先秦典籍,一开始并无道德蕴意,仅从政治地位而言,即协助君王治理国家之人,在《周易》语境下,应指各级奴隶主。

---

① [魏]王弼撰,楼宇烈校释:《周易注校释》,中华书局 2012 年版,第 31 页,校释[八]:卢文弨引李氏说:"传写误以五为二。"
② [魏]王弼、[晋]韩康伯注,[唐]孔颖达正义:《周易正义》,中国致公出版社 2009 年版,第 51 页。
③ [魏]王弼、[晋]韩康伯注,[唐]孔颖达正义:《周易正义》,中国致公出版社 2009 年版,第 54 页。

　　与君子相对的是小人。孔颖达在《诗经正义》中说:"此言君子、小人,在位与民庶相对。君子则引其道,小人则供其役。"在位有权的为君子,普通庶民则称小人。《左传·襄公九年》也说:"君子劳心,小人劳力,先王之制也。"从事脑力劳动治人的为君子,从事体力劳动治于人的为小人。君子与小人之分,仅是地位分工不同,而无品德高下。赋予君子以道德蕴意的是孔子。孔子曰:"君子道者三,我无能焉。仁者不忧,知者不惑,勇者不惧。"(《论语·宪问》)认为要符合君子之道,必须兼具仁、智、勇三种品德。其中,尤以仁的品德最为重要,必须始终不渝地坚持。所以孔子又说:"君子无终食之间违仁,造次必于是,颠沛必于是。"(《论语·里仁》)君子与小人的分野,在孔子的学问体系里,最为直白的一句话就是:"君子喻于义,小人喻于利。"(《论语·里仁》)"义"者,"宜"也;"利"者,私利也。也就是说,君子所行为一条适宜的正道,小人则会因私欲驱使而走上邪路。

　　而所谓"大人"则与君子、小人相对而言。当大人与小人相对时,指有德之人,当大人与君子相对时,则指有德且有位之人。也就是说,小人无德无位,君子有德无位,大人有德有位。小人无德无位,并非言其品性败坏,只是言其普通,你我庶民,皆为小人。

　　《周易》中的"大人",相当于君王。君权神授,君王需以德配天,方得天命,代天治理百姓,故有德者方得君位,方称大人。庄子曰:"大人者,圣人不足以当之。"因为圣人虽然品性高洁,但是有德而无位,很难直接造福黎民。

　　在讼卦之中,所谓"大人"指秉持中正、听断狱讼之主。结合前文对于"有孚,窒惕,中吉,终凶"的分析,"利见大人"意指涉讼之当事人即便占理有信,止塞讼源,且时存警惕之心,适可而止,不拖延讼事,仍需要由秉持中正之"大人"听断狱讼,方能求个"吉"的结果。

　　如前文所述,此处听断狱讼之大人,乃指九二和九五。九二、九五皆为阳爻,故为刚,九二居下卦之中位,九五居上卦之中位,皆为中,故《彖传》曰:"刚来而得中也。"意谓刚健之人得中正之道。

　　针对讼卦爻辞"利见大人,不利涉大川",《彖传》曰:"'利见大人',尚中正也。'不利涉大川',入于渊也。"因为听断狱讼之大人秉持中正之道,故见之有利,乃得吉;但是绝不可纠缠于讼事,否则犹如涉水过大河,必坠于深渊而陷于险难之中。高亨先生认为:"卦辞云'不利涉大川',言渡大川时与人争讼(吵架),则坠入渊中也。"①笔者以为此解读有过度发挥的嫌疑,"利涉大川"并非仅讼卦

---

①　高亨:《周易大传今注》,齐鲁书社 2009 年版,第 87 页。

独有,譬如涣卦卦辞云:"王假有庙,利涉大川,利贞。"绝不可解释为争讼吵架之意。关于"入于渊也",我国台湾的傅佩荣先生认为是指"九二本身到了坎的中间位置"①。讼卦下卦为坎,坎为险陷,二阴夹一阳,如人坠深渊,此解颇妙,可为参考。

朱熹曰:"九五刚健中正,以居尊位,有'大人'之象。以刚乘险,以实履陷,有'不利涉大川'之象。故戒占者必有争辩之事,而随其所处为吉凶也。"②意谓涉讼不一定为凶,随其所处或吉或凶,能进能退方为吉,若是一条道走到黑,则如以实履陷,必坠深渊。

综上所述,所谓"有孚,窒惕,中吉,终凶。利见大人,不利涉大川"指若想讼事获吉,必须符合五个条件:"有孚""窒""惕""中而不终,不涉大川""见大人"。亦即:有理有据讲诚信,止塞讼源,保持警惕之心,不缠讼见好就收,所遇听断狱讼之主为秉持中正之人。统而言之,整个讼卦卦辞大意为:即便有理有据讲诚信之诉讼当事人,亦须止塞讼源,时刻保持警惕之心,且能遇到秉持中正之道的听断狱讼之主,适可而止见好就收,方能获得暂时的好结果。一旦纠缠讼事,争讼累讼,最后必坠深渊,不得善终。

第二节　讼卦爻辞解析

讼卦六爻爻辞曰:"初六:不永所事,小有言,终吉。九二:不克讼,归而逋。其邑人三百户,无眚。六三:食旧德。贞厉,终吉。或从王事,无成。九四:不克讼,复即命。渝,安贞,吉。九五:讼,元吉。上九:或锡之鞶带,终朝三褫之。"下面依序一一解析。

一、"初六:不永所事,小有言,终吉"

"永"指长久、无休止,"事"指讼事。"言"之解有二,其一为官吏之言语谴责,其二为口舌之争,这两种解释都有一定道理,皆可自圆其说。该爻爻辞意为:初涉讼事,处讼之始,不可长久为争讼斗讼之事,应适可而止,虽然会因为涉讼而产生些许口舌之争,遭遇官吏的言语谴责,但是最终结局是好的。言下之意,一

---

① 傅佩荣:《傅佩荣译解易经》,东方出版社 2012 年版,第 57 页。
② [宋]朱熹:《周易本义》,廖名春点校,中华书局 2009 年版,第 59 页。

且"永所事",将官司旷日持久地打下去,其结局就绝非些许口舌之争、言语谴责了,累讼之人往往不得善终。

初六处卦之始,阴爻力弱,处于被动应诉的位置,而非主动争讼。王弼曰:"凡阳唱而阴和,阴非先唱者也。四召而应,见犯乃讼。"[1]九四刚阳,无理而犯初六,初六柔弱,被动应诉,虽然涉讼,错不在己,不得不讼尔,其情可原,故只要及时止讼,适可而止,虽小有口舌之争,或受官吏之谴责,终将获吉。

《象》曰:"'不永所事',讼不可长也。虽'小有言',其辩明也。"讼不可长,累讼必致恶果,故不可长此争讼之事,应适可而止,及时止讼。然九四悍然无理侵犯初六,初六亦不可一味低头回避,此非解决之道,须得及时应诉,说清道理,明辨是非,此非无谓口舌,而是止讼之前提条件。正如王弼所言:"处讼之始,不为讼先,虽不能不讼,而了讼必辩明矣。"[2]此处断句有争议,有学者认为应是"虽不能不讼而了,讼必辩明矣"。笔者以为,这两种断句之句意并无二致,其意皆如是:作为被人无理侵犯不得不应诉的当事人而言,若不积极应诉,则讼事难了,争议难决,但是不要为辩而辩,应诉之目的在于辩明是非,直陈曲直,通过诉讼而了讼止讼,以至无讼。一旦是非辩明、曲直已陈,就该及时抽身,否则即便是一开始占理有信的一方,最终亦将为讼事所累,永坠深渊,不得善终。

二、"九二:不克讼,归而逋。其邑人三百户,无眚"

讼卦九二爻的断句,一直颇有争议,主要有两种:其一,"不克讼,归而逋。其邑人三百户,无眚";其二,"不克讼,归而逋其邑。人三百户,无眚"。这两种断句在句意上其实并无二致,故不做辨析,下文以第一种断句为准进行释义。

"克"为胜,"克讼"为胜诉,"不克讼"即为败诉。王弼曰:"以刚处讼,不能下物,自下讼上,宜其不克。"[3]九二为阳爻,故为刚阳,其居于下卦坎卦之中,"为险之主,本欲讼者也"[4]。坎为险,情况本就不妙,而且九二上应九五,九五为尊位,贵不可敌,九二以九五为诉讼对象,以下讼上,必败无疑。

《说文解字》曰:"逋,亡也。亡,逃也。""归而逋"即指败诉之后逃归躲避。《象》曰:"'不克讼',归逋窜也。自下讼上,患至掇也。"《说文解字》又曰:"窜,

---

① [魏]王弼撰,楼宇烈校释:《周易注校释》,中华书局 2012 年版,第 28—29 页。
② [魏]王弼撰,楼宇烈校释:《周易注校释》,中华书局 2012 年版,第 29 页。
③ [魏]王弼撰,楼宇烈校释:《周易注校释》,中华书局 2012 年版,第 29 页。
④ [宋]朱熹:《周易本义》,廖名春点校,中华书局 2009 年版,第 60 页。

匿也,从鼠在穴中。"十分形象地描述了鼠窜逃归的形象。孔颖达曰:"掇犹拾掇也。"①言其极易。九二以阳爻处阴位,以刚居柔,本就涉险,却又上应九五至尊,以下讼上,以卵击石,如此不自量力,势必败在须臾,祸患顷刻而至,这一结果将犹如用手拾掇般轻易发生。

高亨之解别出心裁,以先秦诸多典籍引证,认为"掇当读为辍,辍亦止也"②,并结合"其邑人三百户,无眚",认为该爻全句意为:九二败诉,逃窜而归,"邑人自下讼上,灾患因而辍止也"③。高亨认为,《象传》之"患至掇也"解释的是《易经》讼卦第二爻之"无眚"。"眚"即灾祸,既然"无眚",则灾消祸免,"掇"应解为"辍",即辍止之意,否则《象传》将与经意相违。同时,高亨进一步以《革卦》相印证,认为:"劳动人民反抗统治者,用暴动、起义等种种手段,然则邑人自下讼上,亦是反抗统治者之一种斗争手段,虽统治者之法令不允许,劳动人民亦敢为之。在统治者上级下级矛盾之情况下,劳动人民讼上取得胜利,亦属可能。"④笔者以为,高亨认为"掇,应解作辍止"之观点,有一定的道理,但是认为"无眚"的原因是"邑人自下讼上"则明显不妥。《周易》尤其是《革卦》具有一定的进步意识,包含着一些朴素的变革思想,这是肯定的,但是若认为它反映了彼时劳动阶级对于上位者的反抗,这就明显过度拔高了其思想境界,与彼时历史环境不符。笔者以为,高亨先生之《周易大传今注》成书于"文革"之时,不免打上当时的时代烙印,不得不如此言尔,非为其本意。

若将"掇"解为"辍止","患至掇也"其意应为九二败归,不再继续争讼,讼止于此,故虽有灾患,然至此而止,不再延续,有止损之意。

"三百户"者,"小国下大夫之制"言其人少势弱,不足与九五抗衡。诚如王弼所言:"若能以惧,归窜其邑,乃可以免灾。邑过三百,非为窜也;窜而据强,灾未免也。"⑤因为其邑狭小,仅有三百户,故人少势弱,情知不可与九五相抗衡,故逃归小邑,行为收敛,可以免灾,安度余生。若邑人超过三百,则为大都耦国,逃归其邑,非是归隐,而且仗着人多势强,易起争心,据城相抗,结果却非九五之敌,下场将十分凄惨。

要理解"无眚"的含义,需要将《周易》卦爻辞中判断吉凶好坏的占辞进行分

---

① [魏]王弼、[晋]韩康伯注,[唐]孔颖达正义:《周易正义》,中国致公出版社2009年版,第52页。
② 高亨:《周易大传今注》,齐鲁书社2009年版,第89页。高亨先生之详证见于该书第91页[附考]2,篇幅所限,笔者不予赘述。
③ 高亨:《周易大传今注》,齐鲁书社2009年版,第89页。
④ 高亨:《周易大传今注》,齐鲁书社2009年版,第91页。
⑤ [魏]王弼撰,楼宇烈校释:《周易注校释》,中华书局2012年版,第29页。

析比较。《周易》占辞中,有关吉凶之描述主要有吉、凶、悔、吝、咎、眚、厉七种情况,当然还有在这七个汉字基础上的衍生词组,譬如:否定状态(如无咎、无眚)、不同程度(如大吉、元吉)一些组合(如悔吝、厉无咎)等。后文之中要屡屡提及这些字词,在此先统一做一下解读。

《系辞传》曰:"吉凶者,失得之象也。"得者为吉,失者为凶。吉凶是最基础的占断用词,最易理解,加上程度副词,有"大吉""元吉",以表达"吉"的不同程度。"元"为原始、原本之意,故"元吉"乃"上上大吉",比"大吉"更吉。"凶"则并无"大凶""元凶"之表述。

"悔"近凶,但有改过迁善之意,自凶趋向吉,为吉之渐;"吝"近善,然无悔改反省之意,自吉向凶,故为凶之端。《系辞传》曰:"悔吝者,言乎其小疵也。"故悔吝固不为"吉",却也未达"凶"的程度,仅有小瑕疵而已。悔吝介于吉凶之间,非为得,亦不为失,略有瑕疵,不尽如人意,却也未到灾眚凶厉之程度,正处于患得患失的心态之下。

"咎,灾也。"清人段玉裁的《说文解字注》进一步阐释:"天火曰灾。引申之凡失意自天而至曰灾。"而对于"眚",《说文解字》曰:"眚,目病生翳也。"眼中有翳,则睹物不清,易犯失误。故段玉裁进一步解释:"眚,引申为过误。如眚灾肆赦。不以一眚掩大德是也。又为灾眚。"(《说文解字注》)虽然"眚"往往理解成"灾眚",其实"灾"与"眚"区别甚大,"灾"为天灾,"眚"为人祸。前者天降灾难,后者咎由自取。因为"眚"乃自己有过错而导致之人祸,故可以通过行为人自省补过。

"厉,旱石也。"(《说文解字》)段玉裁进一步解释:"旱石者,刚于柔石者也。"(《说文解字注》)旱石为砥砺,即磨刀石之意。"厉"为不吉,比"悔"和"吝"都要更近于"凶"。在《易经》中,不同语境下,"厉"的意思各异,一般解作"危险""艰难",有时也可解作"砥砺""磨炼"之意。

从以上分析可知,诉讼乃人为,因为涉诉者自己有争心,有过错,故为人祸,而非天灾。只有止塞讼源,止息讼心,方可"无眚",亦即"消灾免祸"。

结合以上对于"不克讼"、"归而逋"、"其邑人三百户"和"无眚"的分析,讼卦九二爻"不克讼,归而逋。其邑人三百户,无眚"整句的大意为:败诉之后,诉讼当事人逃归小邑,安生过日子,不再纠缠于诉讼,可以消灾免祸。

三、"六三:食旧德,贞厉,终吉。或从王事,无成"

朱熹曰:"食,犹食邑之食,言所享也。"[1]即为享用俸禄。"旧德"指先祖遗荫

---

① ［宋］朱熹:《周易本义》,廖名春点校,中华书局2009年版,第60页。

或曰原有之爵禄,"食旧德"即指继续享有原有之爵禄。高亨先生认为:"食借为饬,修也。旧德,故有之美德。"①"食旧德"即指"人修其旧德"。笔者以为,高亨先生之理解有过度解读的嫌疑,朱熹之解为是。六三为阴爻,上应于上九。上九以阳刚居上,为讼而得胜者也。但六三不与上九争,以柔顺于上,与以下讼上的九二不同,故能保有其祖先余荫,继续享有原有之爵禄。

"贞,正也;厉,危也。"②六三为阴爻,九二、九四皆为阳爻,六三处单卦结束之位,且乘刚,多凶险,即所谓"居争讼之时"③,且六三以一柔居两刚之间,如不自律,必受攻讦,故须坚守正固,方能避开祸患。六三虽处弱势,但是其柔顺不争,而且上应于上九,故虽被九二、九四两刚夹击,却始终不被对方完全压倒,终能得吉,故曰"终吉"。高亨先生认为,"贞厉,终吉"之断句有误,正确的读法应该是"贞,厉终吉"。笔者以为,通说之读法与高亨先生之读法皆有可取之处。如前文所述,《周易》中的"厉"字,有时可解作"危险""艰难",有时也可解作"砥砺""磨炼"。就本爻而言,若将"厉"解为"危险""艰难",则应断句为"贞,厉终吉"。其大意为:只要坚守正固,则虽一开始会遭遇危险处境艰难,但是终究会获得吉祥。若将"厉"解作"砥砺""磨炼",则应断句为"贞厉,终吉"。其大意为:只要坚守正固不动摇,砥砺磨炼自己,最终将获得吉祥。

上九以刚居上,争讼必胜,故六三不得与之相忤,应从上九之王事。《象》曰:"'食旧德',从上吉也。"认为只有跟随上位者,才能保有其原有之爵禄,从而获得吉祥。故曰:"或从王事。"但是过刚易折,强极则辱,上九处讼之极,不可长久,终则必败。而六三跟随王者做事,因王者终败,六三所为之事业亦不可成。楼宇烈先生认为,"或从王事,无成"之意为"随着去完成王者之事,而不敢独自完成事业"④。笔者以为,将"无成"解为"不敢独自完成事业"不妥,"无成"二字,直接从字面意思理解即可,即指"未获成功""未完成事业"。

讼卦六三爻"六三:食旧德,贞厉,终吉。或从王事,无成"之大意为:六三以柔顺上应于上九,虽然一开始可能会遭遇一些磨难,处境艰难,但是只要坚守正固,自律不争,必将守得云开见月明,继续保有原先的爵禄,获得最终的吉祥。其间,应跟随上位者做事,不可与之相违逆,以免惹来祸端。只是上位者过刚易折,

---

① 高亨:《周易大传今注》,齐鲁书社 2009 年版,第 89 页。
② [魏]王弼、[晋]韩康伯注,[唐]孔颖达正义:《周易正义》,中国致公出版社 2009 年版,第 53 页。
③ [魏]王弼、[晋]韩康伯注,[唐]孔颖达正义:《周易正义》,中国致公出版社 2009 年版,第 53 页。
④ [魏]王弼撰,楼宇烈校释:《周易注校释》,中华书局 2012 年版,第 32 页,校释[二六]。

其事业终不可成,故虽随王者做事,亦不可陷入太深,以免将来无法抽身,不可自拔。若以处于讼事之中的当事人而言,则指不可主动招惹他人,引起纷争,但如果是他人无故侵凌你的权利,则可起而应之。虽然一开始会遭遇一些磨难险阻,但是只要秉持正固之心,最终你的财富、权利都能获得保全。在诉讼过程中还需注意,若对方当事人态度强硬蛮横,不可与之置气较真,否则不但生气上火,还易惹出祸患,只需按部就班,做好自己分内的事情即可,最终对方必将自食其果,不得善终。

四、"九四:不克讼,复即命。渝,安贞,吉"

九四之所以"不克讼",是因为其轻启讼事,无理侵犯初六,而初六能分辨道理,陈述曲直,故九四必败。"复"之意为"反"或者"返",而"命"之意争议颇多。王弼认为九四处上讼下,虽有欺凌初六之事实,但其可以选择的余地较大,只要及时止讼,就能够阻止恶劣后果的发生,故将"命"解为"本理","复即命"即"反从本理",亦即改变之前与初六争讼的做法。孔颖达从其解。朱熹认为:"命,正理也。"其解释与王弼并无二致。渝,变也。故全爻之意为:九四虽然会败诉,但是"既能反从本理,渝变往前争讼之命,即得安居贞吉"[①]。

高亨先生则别出心裁,认为"命"指"命令",而"渝"应读为"谕","告谕"之意,"命"与"渝"两字合为"命谕",指君上之命令告谕。故高亨先生认为讼卦九四爻,爻辞之意为:"人不胜诉,则返而从君上之命令告谕。又筮遇此爻,占问安否则吉。"[②]

笔者以为,九四所应为初六,其"不克讼"之缘由初六爻已解,此爻并未涉及君上,硬将"命谕"解释为"君上之命令告谕",有突兀之感。且纵观整个讼卦,其基调都强调不应争讼,争讼必败,即便一时得胜,终将受损,九四爻亦不应例外,故将"复即命渝"解释为"反就本理,变前与初争讼之命,能自渝变休息,不与初讼"[③],更符合讼卦的整体精神气质。基于此,笔者采王弼、孔颖达、朱熹等人之通说,将讼卦九四爻解为:九四无理侵犯初六,故讼事必败,但因九四乃讼事发起之人,有进退之余地,故只要其反就本理,改变之前与初六争讼的做法,积极撤诉,安于正道,不再侵犯初六,就能获得一个较好的结局。

---

① [魏]王弼、[晋]韩康伯注,[唐]孔颖达正义:《周易正义》,中国致公出版社2009年版,第53页。
② 高亨:《周易大传今注》,齐鲁书社2009年版,第89页。
③ [魏]王弼、[晋]韩康伯注,[唐]孔颖达正义:《周易正义》,中国致公出版社2009年版,第53页。

五、"九五：讼，元吉"

九五为阳爻，居刚位，又处上卦中位，既中且正，守正中之道，为大人得位之象。《象》曰："讼，元吉，以中正也。"王弼注云："处得尊位，为讼之主。用其中正，以断枉直。中则不过，正则不邪，刚无所溺，公无所偏。"[①]九五乃尊位，为主持讼事之大人。居中则不会偏帮一方，持正则心无邪曲，若遇此公正廉明之大人，则讼事必能获得秉公而断的结果，对于涉诉之人而言，自然上上大吉。

高亨先生则认为此九五非指听断狱讼之大人，而是涉诉之讼者，所谓"中正"，指"讼者行其中正之道也"[②]。笔者以为高亨先生之解不甚妥当。首先，《周易》九五为尊位，而涉诉之讼者，即便守中正之道，亦当不得尊位。其次，讼卦六爻之中，初六、六三皆谨守己道，在他人无理犯己的情况下，尚且要受到言语谴责或者艰难磨砺，方得"终吉"，何以九五只需守中正之道，就能获得"元吉"？最后，只有将九五解为秉持中正之道之大人，方能与讼卦卦辞之"利见大人"相呼应。正因为"见大人"，方得"元吉"之结果。

《周易》之中，占卜结果为吉祥的，分别为"吉"、"大吉"和"元吉"，其中占得元吉为最佳，可谓上上大吉。纵观周易六十四卦，仅有五处出现"大吉"，十五处出现"元吉"，而《周易》的思想从根本上是反对争讼的，却在九五爻辞中出现"元吉"，且并无任何条件，简单直接的三个字："讼，元吉。"可以看出，古人对于司法审判官员秉持中正之道听断狱讼之强烈渴望，亦与绵延千年至今不衰的清官情结遥相呼应，一脉相承。

六、"上九：或锡之鞶带，终朝三褫之"

"锡"通"赐"，赏赐之意。"鞶带"即"大带"，乃周代时官服上天子王侯所赐的饰品，以革制成，大夫以上职位者方有资格佩戴。"褫"即"夺"。上九为讼之极，无理侵凌六三，虽然在讼事上能够得胜，从而获得天子王侯鞶带之赏赐，但是其获得赏赐非因有德居之，而是通过强讼而得，故难以拥有太久，天子王侯知晓其因，则必反悔，而将所赐之鞶带收回，一天而三夺之，言其必失，荣华不可保。

讼卦以息讼为其精神核心，争讼之人必然没有好下场。上九位于讼之极，争讼必胜，但是虽胜犹败，终朝之间，所赐爵禄三次被夺回，荣华富贵，转瞬烟云。

---

①　[魏]王弼撰，楼宇烈校释：《周易注校释》，中华书局 2012 年版，第 29 页。

②　高亨：《周易大传今注》，齐鲁书社 2009 年版，第 90 页。

圣人以此告诫人们,切不可有争讼之心,否则,即便你位极人臣,终将身败名裂,不得善终。

《周易》之中,有很多卦都涉及法律,有的涉及当时的法律思想,有的涉及当时的法律制度,但大多是只言片语,甚至有一些需要强行附会,才能跟法律沾边,而讼卦却是专门讲述诉讼行为的,具体而全面。从以上对讼卦卦辞与爻辞的解析中,我们可以看到其中蕴含着丰富的法律思想,下面对其进行梳理归纳,主要包括辩证的息讼思想、清官传统与判例法传统。

第三节 辩证的息讼思想

西周之时强调德治,反对争讼缠讼,以不争为荣,以争讼为耻,这一思想充分反映在《周易》,尤其是讼卦之中。西周之时息讼止争的思想倾向直接影响了后来春秋战国时期的各家流派。从根本上来说,先秦儒家、墨家、道家、法家都主张无讼息争。孔子曾云:"听讼,吾犹人也,必也使无讼乎?"(《论语·颜渊》)认为听断狱讼仅是寻常事,若能使得天下无讼方是真正的成就。墨家主张"兼爱""非攻",提倡"强不执弱,众不劫寡,富不侮贫,贵不敖贱,诈不欺愚"(《墨子·兼爱》),认为不论是大到国家之间,还是小到个人之间都要兼相爱交相利,不可相互欺侮争执。道家主张清静无为,更是反对争讼侵夺。老子曾云:"天之道,不争而善胜,不言而善应,不召而自来。"(《老子·第七十三章》)他认为"以其不争,故天下莫能与之争"(《老子·第六十六章》)。即便是法家,虽然强调以严格的法律制度来规范人们的行为,但是同样认为要想达到天下大治的局面,就必须止讼争。古代法家集大成者韩非子曾云:"争讼止,技长立,则强弱不觳力,冰炭不合形,天下莫得相伤,治之至也。"(《韩非子·用人》)"觳"即角力之意,意为只有强弱双方各退一步,不相互角力,讼争方能得止,天下方得安宁,不会相互伤害,才能达到天下大治的局面。当代西方法哲学认为"立法是妥协的艺术",韩非子此论有孤明先发之深意。

但是,讼卦的息讼思想并非一味地避讼,委曲求全,而是饱含着丰富辩证思想的息讼,下面根据上文所释之讼卦卦辞爻辞,对讼卦息讼思想的内涵与产生的原因进行归纳分析。当然,本文所谓的息讼特指在民事领域,若涉及刑事犯罪者,则由统治阶级之司法官吏依法惩戒,除了可以以罚金刑替代肉刑的个例之外,并不存在只要当事人息事宁人就可以免于处罚的情况,也就不存在是否息讼的问题了。

一、讼卦息讼思想的内涵

(一)息讼不是无讼

讼卦的整体思想是倾向于息讼止争的,但息讼并不等于无讼,更不等于忍辱负重,委曲退让。讼卦曰:"初六,不永所事,小有言,终吉。"如果遇到他人无理犯己,则应见犯乃讼,可以据理力争,在此前提下,积极应诉并不违反讼卦的息讼精神。因为只有积极应诉,才能解决问题,否则不仅自己的合法权益无法得到保护,还会助长对方的嚣张气焰,使得社会戾气横生。一味退让,并不能从根本上解决问题,以讼止讼,方是正确的应对方式。

(二)诚信为本,有德司契

讼卦强调,在诉讼过程中应以诚信为本。讼卦曰:"讼,有孚。"要想在诉讼中获得好结果,首要必须占理有信。只有在己方占理,且诚实守信的前提下,才有可能获得一个好的判决结果。

《象》曰:"天与水违行,讼。君子以作事谋始。"讼卦上乾下坎,乾为天,坎为水。中国地势西高东低,故河流大多自西向东流淌,而日月星辰则由东向西运行,天与水相违而行。此外,天居上,水居下,二者背道而驰,离心离德,无法沟通交流,故有争执而无法解决,讼事乃起。乾天刚健,无理凌犯,坎水柔弱,被动应诉,故天水违行为讼象。"谋"者,虑也;"始"者,初也。君子当提前思虑周全,以堵截讼源,防止讼事发生。

那么,该如何做方能提前预防讼事之发生呢? 王弼曰:"无讼在于谋始,谋始在于作制。契之不明,讼之所以生也。物有其分,职不相滥,争何由兴? 讼之所以起,契之过也。故有德司契而不责于人。"[1]王弼认为,讼事之所以发生,是因为制度、契约不明确,若想达到无讼的结果,君子必须提前思虑,制定制度、签订契约,以杜绝讼端。若一开始就物有所归,权属分明,则讼争无所兴。老子亦曰:"是以圣人执左契而不责于人,有德司契,无德司彻。"(《道德经·第七十九章》)认为圣人以制度、契约来规范人与人之间的行为,即便有讼事发生,也能依所制定之制度与所约定之契约秉公而断,不会有怨气滋生,而无德之人只会强行将命令压到别人头上,导致怨气横生,人人不和,不利于和谐社会的建设。

(三)提倡明辨,反对缠讼

当遇到纠纷的时候,讼卦主张以法律的手段维护自己的权利,因为理不辩不

---

[1] [魏]王弼撰,楼宇烈校释:《周易注校释》,中华书局 2012 年版,第 28 页。

明,不可一味和稀泥,故曰:"小有言,终吉。"但是一定要适可而止,不能一讼到底,否则即便当事人原本占理有信,属于被无理凌犯的一方,最终也会因为深陷官司的泥潭而陷于难,不得善终,故曰"不利涉大川"。

官司无论胜负,双方皆是输家。即便你赢了些许财货利益,你也会损失时间、精力,还有原本不与人争的好名声。所以,即便不得已涉讼,也要提高诉讼效率,尽快了结讼事,从中脱身。尤其是在判决结果已出,己方败诉的情况下,更应该及时摆正心态,不得继续纠缠于讼事,故曰:"不克讼,归而逋。其邑人三百户,无眚。"一旦败诉就该尽快回到家乡小城,休养生息,安生过日子,唯其如此,方能消灾免祸,不为讼事所累。败诉之后,必须"复即命渝",积极撤诉,及时止讼,努力弥补对方的损失,改变与人争讼的做法,方能回归正途,最终安居贞吉,得以善终。

(四)主张补偿性赔偿,反对惩罚性赔偿

讼卦的整体思想倾向是反对讼争、提倡息讼,所以在受到他人无理凌犯之时,虽然迫不得已必须应诉以保护自己合法权益,但是必须适可而止,不能因此而获益,否则就会适得其反。上九处讼之极,因讼争得胜而获得"锡之鞶带"的额外好处,但是以讼受服,终不足敬,通过讼争而获得的利益,终不可保,结果"终朝三褫之",不仅未能长期保有其因讼所获之利益,而且颜面大失,旦夕祸至。用现在的法律术语来讲,应诉之目的在于获得补偿性赔偿,而不得要求惩罚性赔偿,亦即应诉之目的仅限于维护自己的权利,不得因此而额外获益。

(五)反对以下讼上、以民告官

先秦之时,等级制度森严,"天有十日,人有十等"(《左传·昭公七年》),每个人都处于这个规矩森严、封闭单调、无法流通的等级制度之中。不同身份地位的人,所具有的权利、义务天差地别,而且完全固化。在如此森严的等级制度下,上下有别,尊卑有序,民不可告官,下不可讼上,否则必败,故曰:"九二:不克讼。"因为九二上应九五,九五尊贵,九二属于以下犯上,为当时封建贵族的等级观念所不容。当然,若遇上官无理凌犯下民,下民亦无须坐以待毙,忍气吞声,而该起而应诉,积极维护自己的合法权利,只要不缠讼,不累诉,适可而止,即便小受磨难,最终自己的权益可得到保证。这就是所谓的"初六:不永所事,小有言,终吉"。

二、息讼思想产生的原因

(一)农耕文明与熟人社会

中国自商代起,经济便以农业为主,到了周朝,更是如此。农耕文明尚守不尚攻,与崇尚进攻劫掠的游牧民族有着天壤之别,所以一旦发生纠纷,更倾向于息讼止争,化解了事。

游牧民族要随着季节的变迁,驱赶牛羊去往不同的草场,不时改变放牧地点,整个家庭也随之转移。而农耕民族则定居一地,安土重迁,在同一块土地上持续精耕细作,由于世代定居一地,使得同一地的居民之间十分熟稔,甚至很多都是同宗同族。《杂卦》曰:"讼,不亲也。"为了维系亲族之间的和睦关系,自然要极力避免讼争。农耕定居文明下的熟人社会,一旦发生争执纠纷,往往不愿将矛盾公开化,一般更倾向于由地方士绅主持,通过宗亲关系进行内部调解,大事化小,小事化了,追求和谐,讲求和睦。

(二)敬德保民思想的影响:争讼违德,重德轻讼

西周统治者认为,夏桀无道,故商汤伐桀,商纣无德,故武王伐纣,夏商之所以失去统治地位,是由于"不敬厥德,乃早坠厥命"①。于是提出"敬德保民"的思想,认为"皇天无亲,惟德是辅。民心无常,惟惠之怀"②。而后周公制礼作乐,践行了这一思想。

争讼必然违德,重德必然轻讼,在西周敬德保民思想的影响下,讼争被视为不当之举,各级大小贵族都尽量避免在自己辖区内发生纠纷,极力提倡息讼止争,导致息讼思想在各地大行其道。

(三)礼刑并用的结果:辩证的息讼观

周公制礼作乐,《周礼》规定政治制度,《仪礼》规范人的行为,一旦起了纠纷,就由礼制来判断是非,故《礼记·曲礼》有言:"分争辨讼,非礼不决。"至春秋战国礼崩乐坏,纷争四起,光靠原来通行的礼制已经无法规范人们的行为,故不得不决于"刑""法"。但是,"刑"与"法"终究只是不得已而采取的工具,周朝统治社会的核心精神还是礼。礼与刑交替并用,构成了社会治理的两大法宝,正所谓"礼之所去,刑之所取,失礼则入刑,相为表里"③。礼的精神反对讼争,主张息讼止争。而刑的精神则主张对簿公堂,分对错,明是非。礼刑并用的结果,反映在讼卦上,就是辩证的息讼思想:根本上反对讼争,但是一旦被无理凌犯,亦该积极应诉,明辨是非。是非既明之后,就该及时抽身,不得纠缠于讼事,否则必无善果,必坠深渊。

---

① 陈戍国:《尚书校注》,岳麓书社2004年版,第140页。
② 陈戍国:《尚书校注》,岳麓书社2004年版,第161页。
③ [南朝宋]范晔:《后汉书》,中华书局2007年版,第455—456页。

（四）义务本位：森严的等级，固化的阶级

西周之时，等级森严，贵族生而为贵，庶人生而为贱，奴隶更是被剥夺了所有的人权与财富。而在贵族之中，又分为公、侯、伯、子、男五等。这些人虽同为诸侯，但是上下有序、尊卑有别。同一等级内部又有更细密的等级划分。这些贵贱等级制度经由礼的形式固定下来，成为天经地义必须遵守的规则。各级身份和地位父传子、子传孙，世代相传，万世不易。贵族世卿世禄，平民的子孙还是平民，奴隶的后代更是永无翻身之日。

在等级森严的制度下，每个人都有自己固定的位置。"贵贱有等，上下有序，各安其位，各奉其事。"①每个人都要恪守自己在这一等级制度下的家庭角色、社会角色和政治角色。由于阶级、阶层完全固化，各阶级、阶层之间缺乏流动性，所以不同阶级、阶层的人员之间一般不会发生纷争。贵族若与平民有争执，自然是贵族胜出；大贵族与小贵族之间发生纷争，自然是大贵族胜出。在此大背景下，处于下一阶级、阶层的人，即便被无理侵夺，也只能忍气吞声，而不会提起诉讼，自取其辱。其结果，息讼思想自然大行其道。

（五）刑民合一，以刑代民

梁启超曾云："古代所谓法，殆与刑罚同一意义。"又云："而古代所有权制度未确立，婚姻从其习惯，故所谓民事诉讼者殆甚稀，有讼皆刑事也。"②西周之时的法律，刑民合一，法即刑。一旦涉诉，即便原本只是民事纠纷，败诉一方所遭受的并不只是财产的损失，还要遭受酷刑的折磨。《周易》不少卦辞爻辞就涉及了当时的一些残酷刑罚的具体形式，其中尤以噬嗑卦为最。"灭趾""灭鼻""灭耳"……动辄施以残酷的肉刑，令人不寒而栗，故人们视诉讼为畏途，生怕一旦败诉，将会遭受非人的肉刑处罚。此外，由于刑民合一，民众往往将参与民事诉讼的行为跟涉及刑事犯罪混为一谈，故视涉诉为耻，厌讼耻讼之风盛行，息讼思想自然而然大行其道。

（六）官府限讼、止讼

西周以德治礼治为本，讲求社会和谐，路不拾遗、夜不闭户的大同世界是当时统治者的至高追求，所以天子诸侯都将一地纷争讼事之多少作为考核地方官员的重要标准。基于天子诸侯的这一要求，各地官员都着力于减少讼争，努力将讼事消弭于萌芽，所以大力推行息讼宁事之作风，而对于那些坚持走司法途径维

---

① 李治安、孙立群：《社会阶层制度志》，上海人民出版社 1998 年版，第 62 页。
② 梁启超：《先秦政治思想史》，商务印书馆 2014 年版，第 57 页。

护自身权利的人则给其贴上"讼棍""刁民"的标签,对其进行严惩,以震慑民众。对于涉诉双方,不论对错,都会予以惩戒,后世原告击鼓鸣冤之前,先给其打上一顿杀威棒,亦是此理。当代人民调解制度的盛行,法院对于和解率的要求,从某种意义上来说,也是这一息讼思想的延续。

（七）诉讼代价太大:费时费钱

西周之时,经济水平低下,普通人果腹都有困难。在当时的经济条件下,即便是大部分中小奴隶主阶级,也没有太多的钱财可以浪费,而打官司的代价则十分巨大。按《周礼·秋官司寇·大司寇》所载"以两造禁民讼,入束矢于朝,然后听之。以两剂禁民狱,入钧金,三日乃致于朝,然后听之","束矢"与"钧金"为西周之时狱讼双方致官之物,相当于提前缴纳的诉讼费。以财货相告者为"讼",以罪名相告者为"狱"。前者为民事诉讼,后者为刑事诉讼,故西周之时,民事案件的诉讼费为"矢",刑事案件的诉讼费为"金"。"金"为铜,取其坚,"矢"为箭,取其直,喻秉公断案之义。一旦判决结果下来,胜诉一方退还金、矢,败诉一方则予以没收。"钧"为古代计量单位,合三十斤。一束箭、三十斤黄铜,这对于普通家庭来说,是极大的一笔支出。有学者认为,讼卦九二爻之"不克讼,归而逋。其邑人三百户,无眚"所述即为纣王囚文王的故事,后来纣王放归文王,文王则以三百户的税收上缴纣王。[①] 从此例可以看出,即便是大奴隶主,甚至贵为诸侯之长,一旦涉及诉讼,所应缴纳的财货费用于其亦是极重的负担。

此外,一旦涉及诉讼,除了钱财的损失之外,还要牵扯诸多精力,如果官司旷日持久,给争讼双方带来的损失更是难以估量,所以若非迫不得已,一般人们都不愿意打官司,宁可息讼了事。

第四节 清官传统与判例法

一、清官传统:利见大人

中国自古就有清官传统,在《周易》中更是经常能看到"利见大人"这四个字。所谓"大人"如前文所述,在《周易》中特指有德且有位之人,也就是说,要符合大人的标准,不仅要位居高位,拥有对讼事的判决权,而且必须是一位品德高

---

① 崔瑞:《"讼"卦管窥西周法制思想》,载《理论界》2013年第8期,第90页。

尚的人。对于品德高尚的标准,即如《象传》所云:"尚中正也。"孔颖达释之曰:"中则不有过差,正则不有邪曲。"①老百姓一旦涉诉,唯一能期待的就是可以遇到一位秉持中正的"大人",以期获得公正的裁决。当然,除了听断狱讼的法官需要中正之外,讼者亦须中正,否则心有邪曲之讼者遭遇秉持中正之法官,必将遭受严惩。故讼卦第五爻《象传》有云:"'讼元吉',以中正也。"其"中正"二字之意可有并存之二解:其一,讼者中正不曲;其二,法官中正不阿。

　　对于法官品德中正之要求,自传说时代的第一个法官皋陶始,一以贯之,一直到今天,依然是司法工作的重中之重。孔子曰:"其身正,不令而行;其身不正,虽令不从。"(《论语·子路》)孟子曰:"惟仁者宜在高位。"(《孟子·离娄上》)王弼曰:"无善听者,虽有其实,何由得明? 而令有信塞惧者得其'中吉',必有善听之主焉,其在二乎? 以刚而来正夫群小,断不失中,应斯任也。"②孔颖达曰:"所以于讼之时,利见此大人者,以时方斗争,贵尚居中得正之主而听断之。"③宋之胡瑗在其《周易口义》中认为:"利见大人者,夫争讼之所由兴,皆由情意之相违戾,上下之不和同。斗讼一生,奸伪万状,然刑狱之情至幽至隐,必得大才大德之人以明断其事,则情伪利害是非曲直可晓然而决矣。何则? 盖大人者才识明达智虑通晓,虽幽隐纤芥,皆能察辨之。故讼者往求而决之宜矣!"贤人执政与清官情结一直是中国社会的主导思想,海瑞、包拯这些奉公守法、廉洁贤能的清官循吏,深受老百姓的追捧崇拜,这从明清公案小说的流行可见一斑。直至今天社会主义法治国家,拦轿喊冤、进京告状的例子依然屡见不鲜,可见对于能秉持中正的清官的渴望,并没有因为司法制度的现代化、完备化、系统化而削减。

二、判例法的诞生:从神判到人判

　　人类从混沌蒙昧走向文明开化之初,个体的力量相对于自然界的洪水猛兽、雷电冰雹而言过于弱小,基于对自然界神秘力量的畏惧与崇拜,早期的人类往往将人事决于自然神灵,司法领域也不例外。传说中,皋陶决狱之时,一旦遇到疑难案件,无法根据已有线索判断谁是谁非,此时,皋陶就会命人牵出一头神兽獬豸。獬豸性知有罪,有罪触,无罪则不触。古人之所以以神兽獬豸判断善恶是非,是因为认为它秉承了上天神灵的意志。神明裁判的思想在《周易》中体现得

---

① [魏]王弼、[晋]韩康伯注,[唐]孔颖达正义:《周易正义》,中国致公出版社 2009 年版,第 54 页。
② [魏]王弼撰,楼宇烈校释:《周易注校释》,中华书局 2012 年版,第 28 页。
③ [魏]王弼、[晋]韩康伯注,[唐]孔颖达正义:《周易正义》,中国致公出版社 2009 年版,第 53 页。

十分明显,大壮卦所描述之神羊裁判就是神明裁判的典型方式。

但是,《周易》之中,虽然有不少神明裁判的痕迹,却更重视在诉讼过程中人的因素,尤其是对于居中裁判之"大人"的要求,充分表明了其人治特征①。殷人尊神事鬼,周人敬德保民。周人对于鬼神的态度是敬而远之,虽然对于鬼神仍然要进行祭祀,但是其重心已经从鬼神之事转向人事,敬德保民思想开始盛行。《彖传》曰:"汤武革命,顺乎天而应乎人。"认为夏桀商纣暴虐无道,臣民离心离德,因而失去天命,商汤周武则上应天意,下体民心,因此取而代之。天意就是民心,民心与天意合二为一,天子欲得天命,就必须要获得人心。整个社会逐渐从神本位过渡到人本位。反映在司法活动中,虽然神明裁判的痕迹仍然很重,但是已经处于次要位置,甚至其合理性也开始受到怀疑。人治思想开始盛行,反映在司法领域就是人判,经由"大人"来判断是非曲直,而不是交由虚无缥缈的神灵指示来进行裁判。

武树臣先生认为,西周法律的最大特点是"单项立法",即分别规定违法、犯罪的行为和刑罚种类,这两者没有合为一典。法官依据上述两项规定,结合具体案情,作出判决,于是就产生了判例。② 此外,武树臣先生认为,《左传·昭公六年》的"议事以制",即选择适当的判例故事来判案,其意思与《周礼·地官·遂师》中的"比叙其事而赏罚"相同。③ 西周之时,法治理念相对落后,犯罪与刑罚之间并无一一对应的关系,这就导致了违法犯罪行为与具体的惩罚措施之间的关联需要由法官("大人")根据具体案情来决定,从而赋予了断案法官巨大的自由裁量权。

在武树臣先生的基础上,有的学者进一步认为讼卦中初六爻的"不永所事"指"判决没有完全符合先例",而六三爻的"食旧德,贞厉,终吉。或从王事,无成"可以解读为:如果判决超出了先例的判决理由的精神(旧德),占卜得险兆,但最后还是吉利的;如果坚守先王之成事,就不能作出判决。④ 九四爻的"不克讼,复即命渝,安贞吉"则被解读为:遇到不能作出判决的狱讼,应该请求"王"来作裁决,等到王命就可以作成判决了。⑤ 这样解读的结果,使得整个讼卦与判例

---

① 古希腊柏拉图讲人治是当权者恣意用权,古代儒家的人治是"圣人之治",是以人的道德约束权力,所以称"为政以德",二者不可同日而语。

② 武树臣:《儒家法律传统》,法律出版社 2003 年版,第 185 页。

③ 武树臣:《中国法律文化大写意》,北京大学出版社 2011 年版,第 5 页。

④ 孟勇:《对〈周易·讼〉卦的浅析解读》,载《内蒙古农业大学学报(社会科学版)》2010 年第 6 期,第 284 页。

⑤ 孟勇:《对〈周易·讼〉卦的浅析解读》,载《内蒙古农业大学学报(社会科学版)》2010 年第 6 期,第 284 页。

制度完全统一起来,但是笔者以为,如此解读过于刻意,表面上看来能够自圆其说,但其实有不少矛盾的地方,主要是因为对于"事"之含义的误解。

《说文解字》云:"事,职也。从史。""事"之本义为官员的职位,往往特指掌管文书记录的职位,如《韩非子·五蠹》所言:"无功而受事,无爵而显荣",即指未有功劳却获得职位任命,未有爵位却得享尊荣。"事"亦可由"职位"引申为职守、政事、事务,譬如《左传·昭公二十五年》有云:"为政事、庸力、行务,以从四时。"杜预注曰:"在君为政,在臣为事。"①《礼记·乐记》有云:"事盖济也。"《荀子·王霸》有云:"事至佚而功。"《战国策·秦策》有云:"陉山之事。"《国风·召南·采蘩》有云:"公侯之事。"《论语·学而》有云:"敏于事而慎于言。"这些先秦典籍中的"事"皆可解释为事务、职守之意。

而讼卦中的"不永所事"之"事"应解为"讼事",而"或从王事"之"事"可解为事务、职守。若硬要将"事"解为"先例",将"王事"解为"先王创制的成事、判例",就会产生逻辑上的混乱。先王创制的判例自然要遵循,而不遵循先王判例(不永所事)的结果为何是"终吉"呢?若"王事"为先王创制的先例,"从王事"天经地义,为何结果却"无成"呢?基于此,笔者以为武树臣先生认为从《左传》《尚书》等先秦典籍可以证明西周之时存在遵循先例的判例法雏形,这一观点是正确的。除了《左传》之中,叔向所言"昔先王议事以制,不为刑辟"之外,《尚书·吕刑》之"上下比罪",《礼记·王制》所载之审判案件"必察小大之比以成之",这些皆是遵循先例原则在先秦时期的体现。但是其他学者基于此而认为讼卦之中的"事"即是判例之意,则有些过度解读了,会导致逻辑混乱。讼卦之"或从王事"其义应与《诗经·小雅·出车》之"王事多难"之"王事"相同,即谓跟随天子做事。

---

① 杨伯峻编著:《春秋左传注(修订本)》,中华书局 2016 年版,第 1622 页。

第二章　明罚敕法

《象传》曰："雷电噬嗑，先王以明罚敕法。"所谓明罚敕法，就是严明刑罚，整顿法度，其核心要义在于明刑，也就是将法律制度公之于众，使民众知晓法律的内容。《周易》诸卦之中，从字面上看，明罚敕法之精神主要体现在噬嗑卦、师卦和大有卦之中，而明罚敕法具体践行之方式则可见于蛊卦与巽卦。师卦所涉主要为初六爻辞"师出以律，否臧凶"，以及《象传》所解"'师出以律'，失律凶也"。噬嗑卦所涉主要为其卦辞"噬嗑：亨。利用狱"，以及《象传》所解"雷电噬嗑，先王以明罚敕法"。大有卦所涉则为六五爻辞"厥孚交如，威如，吉"。蛊卦所涉为卦辞"先甲三日，后甲三日"。巽卦所涉为九五爻辞"先庚三日，后庚三日"。

第一节　明罚敕法之精神

一、师卦："师出以律"

讼卦之后为师卦，《序卦传》曰："饮食必有讼，故受之以讼。讼必有众起，故受之以师。""师"即军队，按西周的军制，五人为一伍，五伍为一两，四两为一卒，五卒为一旅，五旅为一师，所以一师之众为二千五百人。[①] 因饮食而起争执，于是有讼事，讼争之最激烈状态即为战争。战争若想能得胜，军队之纪律严明是首先要务。若要军纪严明，首先必须明罚敕法，故师卦之中，蕴含着丰富的明罚敕法之精神，主要表述为"师出以律"。欲解初六爻之"师出以律"，首先需要对师卦做一个整体解读，尤其是统领师卦卦义之卦辞必须解读清晰。

师卦卦辞曰："师：贞，丈人吉，无咎。"《周易》之中，随处可见"大人"一词，但是唯独师卦卦辞中出现了"丈人"二字。所谓"丈人"，王弼、孔颖达谓之"严庄尊

---

① 傅佩荣：《傅佩荣译解易经》，东方出版社 2012 年版，第 64 页。

重之人"。朱熹认为"丈人"乃"长老之称",亦即老成持重之人。而唐人李鼎祚则于其《周易集解》中引《子夏易传》之言,将之直接释作大人,高亨从之,认为所谓大人即贵族之称。我国台湾学者傅佩荣认为,由于"丈人"二字在《易经》中仅于此处出现一次,故很可能是"大人"的误写,并将之释为"有威望的长者"。虽然古今各大家对"丈人"二字的解读稍有出入,但是并不影响对整个师卦的理解。结合师卦之"师"为众人、军队之意,此处的"丈人"应为"师之正",亦即军队的长官。军队唯有得到庄严持重之长者监临主领,方能慑服众人,吉而无咎。否则,众心不齐,必生咎害。

《彖传》释之曰:"师,众也。贞,正也。能以众正,可以王矣。刚中而应,行险而顺,以此毒天下而民从之,吉又何咎矣?"丈人威严,可以正众人,继而王天下,即所谓"王者之师"。"刚中"谓九二,六爻中唯一的阳爻,居于下卦中位,象大人守正中之道,九二不仅上应六五,且初六、六三、六五、上六亦为阴爻,五阴绕一阳,五柔应一刚,正所谓上下皆应,故谓之"刚中而应"。师卦之下卦为坎,上卦为坤,坎为险恶,坤为柔顺。兵凶战危,行师必履险地,但由于有丈人督正,且能顺乎客观形势、国家礼法,乃至人心,故"行险而顺",最终化险为夷。

关于"毒天下"之"毒"字之解,一说认为"毒"为"病","病"即"疫",而"役"通"疫",故王弼据此以为"毒,犹役也"[①]。"毒天下"即为役使天下之意。另一说认为"毒"读为"督","督"即治理,故高亨据此以为"毒天下"即"督天下""治天下"之意。笔者以为以上二解皆有一定道理,但是将"毒"与"役"分别解为"病"与"疫"从而将"毒"解为"役",或者以读音相同为由将"毒"解为"督"从而将"毒"解为"治",过于刻意,有牵强附会之嫌。遍观诸大家之注解,笔者以为朱熹之解最为简洁且有理,他并未做任何附会猜测,而是直接以字面之义做解:"毒,害也。师旅之兴,不无害于天下。然以其有是才德,是以民悦而从之也。"[②]认为战争兴则百姓苦,师旅兴则必有害于天下,只是因为监领之人为庄严大人,所兴为王者之师,故天下百姓心悦诚服而追随之。商汤伐夏桀,周武伐商纣,天下黎民起而应之,即是此理。陈毅所语"淮海战役的胜利是人民群众用小推车推出来的"亦是此理之例证。战争必然使得民众遭受苦难,然而王者之师、正义之师却能得到百姓的支持,其结果必将吉而无咎。

《象传》曰:"地中有水,师。君子以容民畜众。"师卦上坤为地,下坎为水,地坤广大,坎水众多,此为"地中有水"之象,意蕴"大地之内有群众",国君宜容纳

---

① 〔魏〕王弼撰,楼宇烈校释:《周易注校释》,中华书局2012年版,第33页。
② 〔宋〕朱熹:《周易本义》,廖名春点校,中华书局2009年版,第62—63页。

其民,畜养其众。"水不外于地,兵不外于民。"①水聚地下,犹如兵藏民中,故能容民,方可畜众,然后可聚王师,继而方能王天下。

如何方能"容民畜众"?一方面,师之正(丈人)应严明律法,惩戒违法犯罪之行为,为民除害,使民众得享安宁生活;另一方面,师之正虽尚威严,但仍需宽以待民,当赦其小过,不可纯用威猛,否则过犹不及。统而言之,律法必须明晰,但不可过于严苛。

理解了师卦之卦辞,把握师卦之基本精神,进而就容易解读其爻辞了。《易经》曰:"初六:师出以律,否臧凶。"初六为师之始,亦即出师之时。出师之时,最忌散乱,军纪散乱,则行师必败,故行师之始,整齐师众为首务,师出必须以律,失律则散,散则必败。"否"谓破败,"臧"谓有功。"否臧凶"即"否臧皆凶"。《象传》曰:"'师出以律',失律凶也。"行师之始,必须明罚敕法,齐整师众,此为第一要务,若违反律法,则不论功过,都需接受惩戒。也就是说,失律行师,有过固然要罚,有功亦为法所不赦。当然,所谓"失律"并非一概而论,正所谓"将在外,君命有所不受",领军之将领必须因时因地制宜,根据具体情况,按照实际需要,制定行军打仗之策略,进退有据,而不必循规蹈矩,皆依君命。当然,若因徇私情而违抗君命,触犯律法军令,则为"失律",法所不赦,即便有功,亦须严惩。

师卦所涉及明罚敕法之精神者,主要为其卦辞及初六爻辞,九二、六三、六四、六五、上六诸爻皆与此无关,故不予详解。

结合以上对于师卦卦辞、初六爻辞,以及《彖传》《象传》相关内容之解读,师卦"师出以律"所蕴含之律法精神为:法律必须清晰明了地公之于众,将其内容通晓于百姓,严格执行之,若有违反律法之行为,不论其结果是善是恶,都应予以惩戒,但同时律法亦不可过于严苛,而应宽以待民,赦其小过,如此方能既慑服百姓,又容民畜众,得到民众之真心拥戴,进而行王师,以王天下。

二、大有卦:"厥孚交如,威如"

认为大有卦六五爻辞"厥孚交如,威如,吉"与明罚敕法之精神有关涉的观点主要来自高亨先生。高氏在《周易大传今注》中将该爻辞解为:"厥,其也,指统治者。孚,罚也。交借为皎。皎如犹皎皎然,明察之貌。威如犹威威然,威严之貌。统治者之刑罚,既明察而得当,又威严而可畏,则臣民服,是吉也。"②自古及今,

---

① [宋]朱熹:《周易本义》,廖名春点校,中华书局2009年版,第63页。

② 高亨:《周易大传今注》,齐鲁书社2009年版,第141页。

绝大多数学者对此爻之解读都与高氏不同,其主要区别在于对"孚"字之解。从王弼、孔颖达、朱熹,到楼宇烈,都将该爻之"孚"字解为"信",唯独高亨先生将之解为"罚",认为乃"刑罚"之意,进而将整个爻辞解为"统治者之刑罚需明察得当,威严可畏"。高亨之解与明罚敕法之精神相合。高亨先生何以将"孚"字解为"罚",其书该处未做说明,不过通篇考察高氏之《周易大传今注》,可以发现其一贯喜将"孚"字解为"俘"①,即"俘虏"之意。由"俘虏"而引申出"刑罚""惩戒"之意。

到底高亨先生之解为是,还是其余大家之解为是,单看六五爻,是无法判断的。大有卦六五为阴爻,其余五爻皆为阳爻,上下五刚皆应于一柔,故要准确判断六五爻之确切含义,必须要将其余五个阳爻之爻辞进行整体剖析,并结合卦辞做解,方能得出准确结论。

（一）大有卦卦辞解析

大有卦卦辞曰:"大有:元亨。"大,为丰富之意,有,为包容之象,所谓大有,即包容丰富之象,可引申为年谷丰收之意。大有之年,即为丰年。所谓"元亨",元者为大,亨者为美,元亨意蕴事业大且美之意。

《彖传》曰:"大有,柔得尊位大中,而上下应之,曰'大有'。其德刚健而文明,应乎天而时行,是以'元亨'。"柔指六五,阴爻居上卦中位,且位于乾卦之上,故谓之"柔得尊位大中"。除却六五,其余五爻皆为阳爻,六五上有上九相应,下有初九、九二、九三、九四相应,故得"上下应之"之象。六五为至尊天子,谦逊重才,靡所不纳,其余五爻为有才德之大臣,群贤毕集,尽心辅佐。上有天子虚怀若谷广纳天下才俊,下有群臣一片赤心竭力保驾护航,如此上下相应,欣欣向荣,则朝廷之福,天下之福,故谓之大有。

大有卦下乾上离,乾为刚健,离为文明,故谓之"其德刚健而文明"。刚健有为则不滞于物,文理明察则不犯于物。不滞于物则路顺,不犯于物则理明,路顺理明则应乎天道。六五下应九二,九二位于乾之中位,乾卦为天,即谓之"应乎天"。西周之时,讲究以德配天,德应于天则行不失时,"应乎天而时行",结果万物大得亨通,故谓之"是以'元亨'"。若套之以律法精神,则乾之刚健,不滞于物,指律法应严格执行,不受其他案外因素干扰;离之文明,不犯于物,指律法应公之于众,使民众明确知晓其内容,不得因律法之晦涩、不公开而侵犯民众之权利。

---

① 高亨喜将"孚"解为"俘",如讼卦卦辞之"有孚,窒惕",高氏注云:"孚,古俘字。"详见《周易大传今注》第86页。

《象传》曰:"火在天上,'大有'。君子以遏恶扬善,顺天休命。"乾为天,离为火,下乾上离,故谓之"火在天上"。天本在上,火又在天之上,可谓天火熊熊,无所不照,阴邪无藏匿之所,丑恶无容身之处,人间涤荡净尽,处处皆光明。邪恶被遏止消弭,良善得以弘扬褒奖,天道赏善罚恶,此举顺乎天德,休美物之性命①,此即谓"遏恶扬善,顺天休命"。若以律法之精神考之,则乾天可解为天子君王,离火耀天指天子明察秋毫,洞若观火,知百官之忠奸贤愚,于是亲贤臣,远小人,政治清明,上下有为,惩奸除凶,赏善罚恶,人人奋发,天下昌盛,乃有丰年盛世之象,谓之"大有"。

(二)大有卦爻辞解析

想要准确把握大有卦六爻爻辞之含义,必须要紧紧围绕着六五,从五阳皆应于六五这一核心进行解读。唯其如此,方能正确解读初九、九二、九三、九四、上九之确切含义,也才能明晓六五之"厥孚交如,威如"之真意。

"初九:无交害,匪咎,艰则无咎。"交害为交切之害之意。初九为大有卦之始,本该谦逊退让,然初九阳爻刚健有为,并无谦退之德,上未有应(九四为阳爻),且未能履中,必然致害。幸得初九乃事之初,无急迫交切之害,尚有挽救余地,故曰:"无交害,匪咎。"也有学者认为大有卦唯一的阴爻为六五,其余五爻皆为阳爻,都想与之应和,而初九与六五相距最远,故"无交"。然而初九却不安分守己,勉强出头,结果则如初富而生骄奢之念,将有"害",故谓之"无交,害"。②这两种解释虽然对于"无交害"之含义论述不一,但是却不影响对于初九爻辞内涵的理解。二者都认为初九本应谦逊退让,却无谦退之德,只是因其尚处于初始,故无咎害,若长此以往,必将惹出祸端。"艰则无咎"指若初九安于艰难,经历磨难,则必无咎害。

"九二:大车以载,有攸往,无咎。"九二位于下卦中位,且上应六五,居中且应,乃六五所最信任重用之人,所以被委以重任,犹如大车载物,持中稳重,不会有倾覆之危,故宜有所往,往而无咎,足堪重任。

"九三:公用亨于天子,小人弗克。"九三处下体之极,刚健得正,位极人臣,有公侯之象。"亨"即"享","亨于天子"指得到天子(六五)的设宴款待,有通天之意。公侯可直达天子,而庶民则不能,故曰"小人弗克"。

"九四:匪其彭,无咎。"九四为阳爻居阴位,失其位,其上为六五天子至尊,其下为九三公侯权臣,六五为阴,天子柔弱,九三为阳,公侯强势,九四处此进退

---

① 《尔雅·释诂》有云:"休,美也。"休命即指使自己之命运变得美好。

② 傅佩荣:《傅佩荣译解易经》,东方出版社2012年版,第113页。

两难之境地,祸至旦夕,如何方能免祸无咎,则须"匪其彭"。关于"彭"字之解有二。其一,以为彭者,旁也,即指九三,王弼、孔颖达如是。[①] 其二,以为彭者,盛大之貌,即指九三之权势滔天,程颐、朱熹为其代表。此二解对于"彭"之意虽有别,或解为"旁",或解为"盛",但都指九四旁边的九三其势盛大逼人。九三虽然位极人臣,权势滔天,甚至威胁到天子之位,但终归无天子之命,最多算个分权之臣。故九四必须明确立场,反对九三,支持六五,弃三归五,一心维护天子权威,如此方是正道,终得无咎。

"六五:厥孚交如,威如,吉。"关于大有卦之六五爻其解甚多。"厥"字无异议,皆解为"其",主要争议在于"孚"字之解。王弼、孔颖达、朱熹等人都将"孚"字解为"信","交"为"交接","如"为语气助词。"厥孚交如"即是"其信交接"之意。但是,对于"威如"之意,王弼、孔颖达二人与朱熹的理解不一。王、孔认为"威者,畏也"。六五以柔处尊,以大处中,且上下皆应,故其诚信,无有伪诈。因六五既诚且信,故人人敬畏,是以"威(畏)如",终乃得吉。朱熹则认为虽然六五谦逊待人,上下皆应,乃有孚信之交,但是"君道贵刚,太柔则废,当以威济之则吉"[②]。对于六五之谦逊待人,孔、王二人予以全面肯定,朱熹则辩证地提出补充意见,故而对"威如"之解双方有异,但是对于"厥孚交如"之理解却是一致的,皆解为"其信交接"。

与王、孔、朱等人不同,高亨先生将"孚"解为"罚",并认为"交"即是"皎","皎如"即"皎然"之意,寓意统治者之刑罚明察得当,"威如"即"威然",寓意统治者之刑罚威严可畏。基于此,高亨先生将大有卦六五爻辞"厥孚交如,威如,吉。"解为:统治者之刑罚明察得当,且威严可畏,故民皆臣服,结果乃吉。

《象传》曰:"'厥孚交如',信以发志也。'威如'之吉,易而无备也。"人有诚信,方能发志,亦即明其志。信不立,则志难明。"信以发志"故能"厥孚交如"。后半句"易而无备"故能得"威如之吉","易"与"备"之解纷争较多。孔颖达将"易"解为"简易",将"备"解为"防备",认为六五以大处中,不私于物,唯行简易,无所防备,物自畏之,故云"易而无备"。朱熹将"易"解为"取而代之",将"备"解为"畏备",即"畏惧戒备"之意,认为六五过于柔弱,他人对其并无畏惧戒备之心,将取而代之,故云"易而无备"。高亨先生则引《礼记·中庸》"君子居易

---

① 楼宇烈先生认为,孔颖达根据王弼所注之"三虽至盛……常匪其旁……旁谓三也。"从而将"彭"解为"旁"是对王弼注的误读,其实王弼训"彭"为"盛",故云"三虽至盛",而后以"旁"代"彭",故云"常匪其旁"。详见[魏]王弼撰,楼宇烈校释:《周易注校释》,中华书局 2012 年版,第 60—61 页,校释[一七]。

② [宋]朱熹:《周易本义》,廖名春点校,中华书局 2009 年版,第 84 页。

以俟命,小人行险以徼幸"之语,证明"易"乃"平安"之意,而"备"借为"惫",即"病困"之意,认为《象传》该注之意为人诚信则其志明,信立而威亦立,众人畏服,遂能平安而无病困,所以得吉也。单看孔、朱、高三人对于《象传》该注之解,各有独到之处,皆能自圆其说。但是,高亨本人对于大有卦六五爻辞之解与《象传》相悖,故高亨对大有卦六五爻辞之解与其对《象传》该注之解自相矛盾。

为了准确辨析六五爻之真意,必须全面解析大有卦,故先将上九爻一并解析完毕,再回头论述六五爻该做何解为是。

"上九:自天祐之,吉无不利。"上九处大有卦之极,为上位者,却能不累于物,下应于六五,有"尚贤"之德;六五为阴,上九以刚乘柔,有"思顺"之德;六五"厥孚交如",为信德,上九履之,有"履信"之德。上九有此三德,故"自天祐之,吉无不利"。《系辞》曰:"祐者,助也。天之所助者,顺也;人之所助者,信也。履信,思乎顺,又以尚贤也,是以'自天祐之,吉无不利'也。"由此可知,唯有六五之"孚"解为"信",上九之"三德"方得完备,其解亦能圆融。

笔者以为,六五爻中,高亨先生将"孚"解为"罚",认为乃"刑罚"之意,过于牵强,其并未给出论证的过程,不足为信。通观全卦,初九、九二、九三、九四、上九,五爻皆阳,唯有六五为阴爻。从上文解析之各爻爻辞可知,五个阳爻之吉凶,亦取决于其与六五之关系上。六五为尊、为中、为大,但是因其为全卦唯一的阴爻,故有谦逊、退让、柔弱之意,这与高亨先生所解之"明察得当""威严可畏"相去甚远,甚至截然相反。既然"交如""威如"不可解为"明察得当""威严可畏",则"孚"解为"刑罚"亦失去了立足根本,故高亨先生对于六五爻之解不足取。既然"孚"不该解为"罚",则该解为"信",故大有卦六五爻"厥孚交如,威如,吉"所述并非明罚敕法之精神,乃民法之诚信原则。

三、噬嗑卦:"利用狱"

噬嗑卦曰:"噬嗑:亨。利用狱。"狱即罪案、官司。"噬,啮也;嗑,合也。"[①]噬,用牙齿咬;嗑,上下门牙合拢,咬有壳的或硬的东西。口中有物,则上下不能相通,用牙齿噬咬该物,使之碎裂,则上下乃合,得以亨通。噬嗑卦以物在口中这一形象的卦象,比喻法律(刑法)在调整人的社会关系中的作用。生活中,人与人之间有纷争、有不平,当由刑法去之,使上下齐整,人与人之间得享亨通。故欲社会和谐,必先明罚敕法。

---

① [魏]王弼撰,楼宇烈校释:《周易注校释》,中华书局 2012 年版,第 81 页。

　　噬嗑卦上离下震,离为电,为明,震为雷,为动。雷声震响,闪电明耀,其威势煌煌,震慑群邪,犹如律法颁行天下,威服四海。故《象传》曰:"雷电噬嗑,先王以明罚敕法。"上震为刚,下离为柔,《象传》曰:"刚柔分动而明,雷电合而章。"孔颖达解曰:"雷电既合,而不错乱,故事得彰著,明而且著,可以断狱。"①也就是说,震雷与离电合,二者并行,分明而不错乱,可以使得诸事文理清晰,由于明晰且显著,可凭之听断狱讼。该卦以雷喻律法之威严,以电喻律法之明晰,雷电合而章譬喻律法之既严且明,唯有严明律法、明罚敕法,方能震慑群邪,使得人与人之间无有芥蒂,尽享亨通,从而达到建设和谐社会之目的。

　　经由上述分析可知,《周易》明罚敕法之精神主要体现于师卦之初六爻"师出以律"和噬嗑卦之卦辞。大有卦之六五爻"厥孚交如,威如"所涉乃民法之诚信原则,而非明罚敕法之精神。

第二节　明罚敕法之践行

　　《周易》之中,有两处明确提到律法公布的具体方案,分别为蛊卦之卦辞"先甲三日,后甲三日",以及巽卦之九五爻辞"先庚三日,后庚三日"。

一、蛊卦:"先甲三日,后甲三日"

　　蛊卦卦辞曰:"元亨,利涉大川。先甲三日,后甲三日。"蛊,事也。朱熹认为,蛊指坏极而有事。如果遇到有人做坏事,应该积极主动地运用法律予以惩戒,利在拯难,故"利涉大川"。行坏事之人遭到律法惩戒,拨乱反正,风气为之一清,故得元亨。

　　对于"先甲三日,后甲三日"之"甲"字,历来有两种截然不同的解释。王弼、孔颖达认为,"甲"指创制之令,亦即统治者所制定的法律。我国上古历法将一年分为十二个月,每月有三旬,每旬有十日,按序为甲、乙、丙、丁、戊、己、庚、辛、壬、癸。每旬第一日为甲日,孔颖达据此以为:"甲为十日之首,创造之令为在后诸令之首。故以创造之令谓之为甲。故汉时谓令之重者谓之'甲令',则此义也。"②所谓"先甲三日,后甲三日"指法律制定出来之后,不能直接适用,否则,民

---

① ［魏］王弼、［晋］韩康伯注,［唐］孔颖达正义:《周易正义》,中国致公出版社2009年版,第104页。
② ［魏］王弼、［晋］韩康伯注,［唐］孔颖达正义:《周易正义》,中国致公出版社2009年版,第96页。

众因为不熟悉新律法之内容而遭受惩戒是不正义的,此即所谓"不告而诛谓之虐"。故在律法正式公布之前三日,应该积极进行宣传,律法公布之后的三日,要细细进行解读。而后,若仍有人违反律法,则为明知故犯,应按律予以惩戒。

郑玄、朱熹等人则认为,每旬十日,循环往复,则辛日为甲日之前三日,亦即"先甲三日",丁日为甲日之后三日,亦即"后甲三日"。辛者,新也,改过自新之意。丁者,叮咛也。朱熹认为,对于所遭遇之坏事应积极改过自新,使之不会有太大的恶果,只要能够积极改过,则可重新开始,而当重新开始之时,必须要以前车之鉴殷勤叮咛之,使之不会再次犯错,故其曰:"前事过中而将坏,则可自新以为后事之端,而不使至于大坏,后事方始而尚新。然更当致其丁宁之意,以监其前事之失,而不使至于速坏。"[①]

王弼、孔颖达将"甲"引申为"创制之令""法律",郑玄、朱熹则将"甲"理解为"甲日",其实后者所谓"甲日"亦即"创制律法之日"。也就是说,王、孔之"甲"为律法制度,郑、朱之"甲"为律法制度制定之日,二者对于"甲"之理解虽有不同,但是对于"先甲三日,后甲三日"之解析却并无本质不同,都蕴含着这一思想:国家、政府应积极宣传律法之内容,使得民众知法守法,而后方能按律惩戒明知故犯之人。

《彖传》曰:"蛊,刚上而柔下。巽而止,蛊。蛊,元亨,而天下治也。'利涉大川',往有事也。'先甲三日,后甲三日',终则有始,天行也。"蛊卦艮上巽下,艮卦为山为刚,巽卦为风为柔,故谓之"刚上而柔下"。上刚则有施法之威,下柔则有守法之本。艮卦为止,巽卦有谦逊之意,故"巽而止"即谦逊而静止。君王处上,臣民居下,谦逊静止,互不侵凌,各居其位,各安其分,有天下大治之象,故谓之"元亨,而天下治也"。当有坏事发生,需要积极应对解决,予以治理,所以要"往有事"。

"天行"即"天道运行"之意。甲之前三日,甲之后三日,再加上甲日,共计七日。《周易》体系下,七日乃又一个轮回往复之始。以月份为例,一年十二个月,秋冬六个月阴气为主,春夏六个月阳气为主,每至第七个月,阴阳之气的主导地位就开始变化,如此年年循环往复,故复卦曰:"反复其道,七日来复。"爻数亦是如此,每卦六爻,由初、二、三,而四、五、上,六爻之后又回复原点,为初爻。故终点即是起点,天道循环,七日乃复,律法之公布亦需遵循这一天道规则,于公布之前后三日进行详尽宣传,使得新创制的律法能够广为人知,并与民众之生活协调起来,融入其中,此即所谓"'先甲三日,后甲三日',终则有始,天行也"。

---

① [宋]朱熹:《周易本义》,廖名春点校,中华书局 2009 年版,第 93 页。

《象传》曰:"山下有风,蛊。君子以振民育德。"艮卦为山,巽卦为风,艮上巽下,谓之"山下有风"。山为贤人君子,风能泽润百姓,贤人君子宣德教于民,百姓皆受润泽熏陶,结果民振而德育,故谓之"君子以振民育德"。

《彖传》从律法之宣传角度解析,《象传》从道德之教化角度解析,若从蛊卦之卦辞本义出发,其着眼点在于新律之施行所应履行的程序。新律甫一公布,不能直接拿来规范民众之行为,否则会因为民众对于新律内容之不熟悉而导致不公平、非正义的结果。正确的做法是,在新律实施的前后三日,开动宣传机器,积极进行普法宣传,让新律内容深入人心,使得新律真正融入百姓的生活之中,之后若仍有人违反新律,则予以严惩,以儆效尤。唯其如此,方能既维护律法的权威,又保证公平与正义。

二、巽卦:"先庚三日,后庚三日"

巽卦,巽上巽下。巽为风,风为君子教命,两巽相重,为重巽之象,蕴意君主重申其教命。故《象传》曰:"重巽以申命。"巽者,古通逊,有谦逊卑顺之意。上巽则能接于下,下巽则能奉于上,上下皆巽,无违逆之象,君唱臣和,政通令行。《彖传》又曰"刚巽乎中正而志行",其所指为九二、九五。重巽过谦,过于谦逊则律法无有威严,民不畏则不从,幸得二、五皆为阳爻,虽逊却不失刚阳,且分处二卦之中位,不失其中,故得"志于行"。初六、九四各处卦下,"柔皆顺乎刚",其道乃弘。巽卦之意在于律法之践行,既要君子教命,臣民卑逊无违逆,又要彰显律法之威严,刚正居中方能威服天下。

巽卦之中,与明罚敕法相关者主要在于九五爻:"贞吉,悔亡,无不利。无初有终。先庚三日,后庚三日,吉。"巽卦之要义在于谦逊退让,而九五为阳爻居阳位,以阳居阳,与巽卦卑顺之义相违,本应有悔,然本卦所要阐述的是君上申行教命,过谦则民心易生懈怠不敬,有损君上之威严,不利律法之遵行,幸得九五以阳居阳,居中且正,以宣律令,民莫敢违。贞正得吉,亡其悔,无有不利,故谓之"贞吉,悔亡,无不利"。

关于"无初有终"之解,王弼、孔颖达认为,所谓"无初"指若以刚直直接加之于民,则初始之时,民皆有怨而不悦。但是若能秉持中正之心,则民终将教而化之,故谓之"有终"。其意即谓新律之施行,初始之时,民众难免会有抗拒的心理,唯有坚持本心,秉公持正,方能收获民心,最终人人悦而从之。朱熹则曰:"有悔,是无初也。亡之,是有终也。"[1]认为"无初有终"仅是对于"悔亡"之解

---

① ［宋］朱熹:《周易本义》,廖名春点校,中华书局 2009 年版,第 201 页。

析。王、孔与朱熹之解虽然有异,但是所定论点基调皆同:九五刚直,与巽卦谦逊之义相违,却因居中且正,合于教命之行,初虽有悔,终则无咎。

"先庚三日,后庚三日"之"庚",王弼以为"申命令谓之庚"①,孔颖达从之。结合蛊卦"甲"字王、孔二人之注,二人以为"甲""庚"皆为申命之谓,亦即律令之颁行。王弼云:"夫以正齐物,不可卒也;民迷固久,直不可肆也,故先申三日,令著之后,复申三日,然后诛而无咎怨也。"②律法之施行,其目的在于正人齐物,但因为民众对于新法之内容并不熟悉,仍然习惯于安守旧法,难以一蹴而就,故须积极推行普法活动。律法正式实施之前,应先宣传三天,使之深入人心,街头巷尾人人知晓,正式施行之后,还须再次广为宣传三天,而后若还有人明知而故犯,则按律行事,该诛则诛,该罚则罚。唯其如此,则民众方不会因为受罚而生怨咎。

蛊卦之"甲"应为申命之谓,王弼、孔颖达所解甚详,亦甚为有理有据,足以服人。然而对于巽卦之"庚"何以亦应解为申命,孔、王二人未做解释。笔者以为,非其不愿,实难以此做解,故而回避之。而巽卦之"庚"若不能解为"申命",则因"先甲三日,后甲三日"与"先庚三日,后庚三日"之句型如此相似,蛊卦之"甲"解为"申命"亦恐遭非议,故而王、孔不言。

庚位居天干第七,庚前三日为丁日,庚后三日为癸日。朱熹据此以为:"庚,更也,事之变也……丁,所以丁宁于其变之前。癸,所以揆度于其变之后。"③在蛊卦之中,朱熹以谐音将丁日解为叮咛,将辛日解为自新,与此相同,于巽卦之中,朱熹亦以谐音为由,将庚日解为变更,将丁解为叮咛,将癸解为揆度。新律颁行,旧法随之无效,此为律法之变更。律法变更之前后,须殷勤叮咛反复揆度,甚合巽卦之主旨,亦与蛊卦之"先甲三日,后甲三日"相互印证。然而,以谐音做解,难免有牵强之感,虽能自圆其说,却终有避重就轻取巧之嫌。

综上所述,结合蛊卦"先甲三日,后甲三日"与巽卦"先庚三日,后庚三日"之解析,王弼、孔颖达将"甲""庚"二字解为申命之谓,郑玄、朱熹以谐音解丁、辛、庚、癸。笔者以为,二者都有牵强附会之处,其实大可不必如此复杂。甲日、庚日皆指律法颁行之日,该字本身并无独特含义,何以取这两日为例,只是因为天干十日中,甲日与庚日所处位置较为特殊。甲为首日,万象更新之始。庚为天干第七,"七日来复",周而复始,亦有更新之意。新律颁行,代替旧法,行于天下,正是万象更新、重新开始之意,与甲日、庚日之特殊位置暗合,故《周易》以"甲日"

---

① [魏]王弼撰,楼宇烈校释:《周易注校释》,中华书局2012年版,第209页。
② [魏]王弼撰,楼宇烈校释:《周易注校释》,中华书局2012年版,第209页。
③ [宋]朱熹:《周易本义》,廖名春点校,中华书局2009年版,第201页。

"庚日"指代新的律法颁行之日。至于"三日"则是虚指,为"多日"之意,并非特指甲日、庚日之前三天与后三天。其意思在于新的律法之颁行,需要尽量进行更多时间的宣传,使得律法之内容深入民心,而不要急于按新律惩戒民众。

第三节 孔子对明罚敕法之态度①

《易传》之作者为谁,千年以来聚讼纷纭。第一种观点认为《易传》乃孔子所作。司马迁曰:"孔子晚而喜《易》,序《彖》《系》《象》《说卦》《文言》。"②孔颖达曰:"伏羲制卦,文王系辞,孔子作十翼。"③二人皆认为《易传》乃孔子所著。第二种观点则认为《易传》并非一人所作,该说以宋之欧阳修与近代之冯友兰为代表。虽然《易传》是否为孔子所著一直莫衷一是,但是不可否认的是,《周易》与孔子的学问体系或者说整个儒家学问体系之间具有千丝万缕的联系,尤其是儒家伦理观在《周易》之中随处可见。即便后来不少易学研究者提出《易传》蕴含着道家天道哲学、阴阳家阴阳学的观点,但是这只能说明《周易》之博大精深,包罗万象,并不能因此而否定孔子、儒学与《易经》《易传》之关系。孔子晚年读易,韦编三绝,不论十翼是否为其所作,其对《周易》之喜爱与肯定不证自明。笔者从孔子对于法律公开化,亦即明罚敕法的态度入手,侧面论证《周易》所蕴含的明罚敕法之精神。

在孔子对待法律的态度上,最为人所诟病的,就是《左传》所载的晋铸刑鼎,而孔子反对一事。中国法律制度史的通说认为,晋铸刑鼎是历史的进步,代表了先进的新兴地主阶级的改革方向,而孔子反对铸刑鼎说明孔子反对成文法的公布,反对明罚敕法,是没落的奴隶主阶级利益的代表,阻碍了社会的进步与发展。

孔子主张贵贱有序,大力维护"贵贱不愆"的宗法等级制度,其思想具有时代的局限性,这一点是无法否认,也不该否认的。但是并不能因为他反对铸刑鼎,就认为他反对公布成文法,反对明罚敕法,更不能认为他要通过反对成文法的公布来达到阻止社会变革的目的。

春秋末期,关于成文法的公布,有三件大事:其一为郑执政子产铸刑书;其二

---

① 本节内容已修改发表,详见徐崇杰:《从晋铸刑鼎看孔子对法律公开化的法理辨析》,载朱勇主编:《中华法系》第 11 卷,法律出版社 2018 年版,第 149—167 页。

② [汉]司马迁:《史记》,韩兆琦评注,岳麓书社 2012 年版,第 774 页。

③ [魏]王弼、[晋]韩康伯注,[唐]孔颖达正义:《周易正义》,中国致公出版社 2009 年版,第 7 页。

为晋铸刑鼎;其三为郑大夫邓析制竹刑。要深入了解孔子对于法律公开化的态度,除了要分析孔子对于晋铸刑鼎的态度,还必须了解孔子对于子产铸刑书与邓析制竹刑的态度。

一、关于郑子产铸刑书

公元前536年,郑国的执政子产"铸刑书",开创了中国古代公布成文法的先河,打破了之前"刑不可知,则威不可测"的惯例。对于子产铸刑书公布成文法一事,孔子并未有任何批评,反而对子产"不毁乡校"之举大加赞赏:"以是观之,人谓子产不仁,吾不信也。"(《左传·襄公三十一年》)得闻子产逝世,更是悲痛不已,"及子产卒,仲尼闻之,出涕曰:'古之遗爱也。'"(《左传·昭公二十年》)赞扬子产继承了古人仁政爱民的遗风。

对于子产所铸刑书,孔子并无一言相责,但是子产这一行为却遭到了保守势力的强烈反对,其中尤以主张"奉之以旧法,考之以先王"(《左传·昭公五年》)的叔向(羊舌肸)为典型代表。叔向为晋国大夫,听闻郑国执政子产铸刑书,特意写信,极力反对这样的政治措施。叔向反对铸刑书的理由有以下四点。

其一,"先王议事以制,不为刑辟"(《左传·昭公六年》)。叔向认为先王的传统是不制定成文法的,只有到了政治衰败的时候才会制定成文法,而且也不会公之于众。铸刑书一事与旧制不符。其二,铸刑书以后,"民知争端矣,将弃礼而征于书"(《左传·昭公六年》),西周的礼制传统将会遭到破坏。礼制一旦遭到破坏,原有的统治基础将会动摇。其三,"民知有辟,则不忌于上"(《左传·昭公六年》),上层贵族的权威性将受到挑战,旧贵族的特权地位将受到威胁。其四,老百姓知晓法律的内容之后,"并有争心,以征于书",大家都会援引对自己有利的法条,互不相让,为了打赢官司,无所不用其极,这将导致"乱狱滋丰,贿赂并行",最终良好的社会秩序也会随之而崩溃。

郑子产铸刑书二十三年后,亦即公元前513年,晋国也铸了刑鼎,只是此时叔向已亡。甚至在此前一年,亦即公元前514年,因叔向之子羊舌食我牵连祁氏"换妻事件",羊舌氏以"助乱"的罪名被政敌灭族。可以想见,假如叔向尚在世,作为坚守旧制的他,对于晋铸刑鼎一事,必然以死相抗。晋铸刑鼎之后,孔子代叔向发出了声音,"仲尼曰:'晋其亡乎!失其度矣……且夫宣子之刑,夷之蒐也。晋国之乱制也,若之何以为法?'"(《左传·昭公二十九年》)对其进行痛斥。

郑铸刑书,叔向反对,晋铸刑鼎,孔子反对。但是孔子却没有对铸刑书的子产提出质疑,反而对他评价甚高,这是很值得研究的。

子产所铸刑书内容并没有流传下来,但是从子产的言行可以推断出该刑书的价值取向。子产推行田制改革,对旧有的土地制度加以改革整顿;"作丘赋",打破国野分界,把原来只有国人才有资格承担的兵役扩大到"野人"。这些改革促进了国家和社会的发展,但是也因为取消国人特权而受到特权贵族阶级的反对和阻挠。子产的制度改革具有进步的一面,但是在对待"周礼"上,他的观点与孔子相近,认为"礼"是"天之经也,地之义也,民之行也。天地之经,而民实则之"(《左传·昭公二十五年》)。子产虽然铸刑书,推行法治,但是依然承认宗法道德观念在治理国家时的作用,并未否定礼治。所以,孔子并不排斥子产铸刑书这一行为。

叔向反对郑铸刑书,认为法律一旦公布,民众知晓法律的内容之后,必然会威胁到旧贵族的特权地位,所以他反对公布成文法。但是孔子反对晋铸刑鼎的理由却是刑鼎所铸"夷之蒐"不符合周礼,属于"乱制"。所以叔向与孔子二人虽然都曾反对铸刑鼎(刑书),但是其不同点在于,叔向反对公布成文法,孔子并不反对公布成文法,而只是反对公布他心目中的"恶法"。所以,即便子产尚"周礼",叔向仍然反对他公布成文法,而孔子却不反对,反而对子产大为推崇。笔者认为,子产仁政爱民,其法理思想与孔子以"人而不仁,如礼何?人而不仁,如乐何?"(《论语·八佾》)对周代"礼乐制度"的批判性反思有"同声相契"的性质,故他们对于周代的"礼乐制度"都不是简单而保守地维护,而是以"仁义为本"进行批判性创新。

二、关于邓析制竹刑

子产铸刑书之后,郑国大夫邓析"欲改郑所铸旧制,不受君命,而私造刑法,书之于竹简,故言'竹刑'"①。据《吕氏春秋·审应览·离谓》所载,邓析"以非为是,以是为非,是非无度,而可与不可日变。所欲胜因胜,所欲罪因罪。郑国大乱,民口谨哗。子产患之,于是杀邓析而戮之,民心乃服,是非乃定,法律乃行"。

邓析不仅反对旧的奴隶主贵族阶层,同时也反对以子产为代表的继承了周礼的新贵族,他不仅私制与子产所铸刑书截然相悖的"竹刑",而且公开传授法律知识,"民之献衣襦袴而学讼者,不可胜数",最后使"郑国大乱,民口谨哗"。由此观之,子产自然有杀邓析的动机。但是,笔者以为邓析应该不是子产所杀。

其一,以史观之,子产有容人之量。

---

① ［晋］杜预:《春秋左传集解》,上海人民出版社1977年版,第1667页。

从现有史料来看,子产此人素有容人之量,最能证明这一点的是《左传·襄公三十一年》中所载的子产"不毁乡校"一事。"郑人游于乡校,以论执政。然明谓子产曰:'毁乡校,何如?'子产曰:'何为?夫人朝夕退而游焉,以议执政之善否。其所善者,吾则行之;其所恶者,吾则改之,是吾师也,若之何毁之?我闻忠善以损怨,不闻作威以防怨。岂不遽止?然犹防川:大决所犯,伤人必多,吾不克救也;不如小决使道,不如吾闻而药之也。'然明曰:'蔑也,今而后知吾子之信可事也。小人实不才。若果行此,其郑国实赖之,岂唯二三臣?'仲尼闻是语也,曰:'以是观之,人谓子产不仁,吾不信也。'"郑国大夫然明主张毁掉乡人聚会议政的乡校,子产认为乡校是获取民众反馈信息的渠道,执政者应该根据民众的意见来调整自己的政策,而不该堵塞言路。孔子据此认为子产所行可谓仁政。以此观之,子产不太可能因为邓析公开传授法律知识而将之处死。

其二,《左传》所载历史事件的真实性比《吕氏春秋》更可信。

据《左传·定公九年》所载:"郑驷歂杀邓析,而用其竹刑。"这一记载与《吕氏春秋》不同,认为杀邓析的乃驷歂,而非子产。《吕氏春秋》乃秦相吕不韦纠集门客撰写而成,秦以法强国,该书也以法家思想为主,而法家思想注重法令一统,自然不容邓析"以是为非,以非为是",致使法律的确定性遭到肢解,从而民心不稳,国家大乱。邓析虽死于驷歂之手,但同为执政,驷歂比之子产的声望相差太远,故为了达到宣传"乱法者必诛之"的效果,《吕氏春秋》将杀邓析一事的功劳按在子产身上,也就能够理解了。与《吕氏春秋》相比较,作为编年体史书的《左传》显然可信度更高。

邓析不仅向人们传授法律知识,还亲自上阵帮助别人诉讼,"与民之有狱者约,大狱一衣,小狱襦袴。民之献衣襦袴而学讼者不可胜数"(《吕氏春秋·审应览·离谓》)。这么一来,给统治者造成了严重威胁,作为郑国执政的姬驷歂并无前任子产、大叔的容人之量,杀邓析也就在情理之中了。

基于以上推论,邓析并非死于子产之手,"郑驷歂杀邓析,而用其竹刑"应是史实。那么驷歂为何要杀邓析,又为何要用其竹刑呢?

邓析所为之事有三:其一,改旧制,私造竹刑;其二,开坛讲学,传播法律;其三,行诡辩之术,助人诉讼。驷歂用竹刑,说明他并不反对竹刑的内容。既然驷歂认可竹刑的内容,那么他杀邓析不可能是因为其"改旧制,私造竹刑"。所以,驷歂杀邓析的原因只能是后两者。而邓析开坛讲学,所传播的法律自然是为驷歂所认可的竹刑,那么又为何会因此而遭遇杀身之祸呢?其实,其根本原因不在于传播法律,而在于助人诉讼。

以现代实体法与程序法的区分而言,刑鼎、刑书所公布的只是实体法的规定,规定人们如何规范自己的行为,以及一旦违反了规定后会受到怎样的惩罚。而邓析不但开坛讲学,传播法律,而且行诡辩之术,助人诉讼,其行为已经涉及诉讼法、程序法,他教会了老百姓一旦遇到法律纠纷的时候,如何进行诉讼,维护自己的权利。实体法的公布是有利于统治稳定的,因为知道了行为规范以及违规之后的惩戒,大部分民众自然会倾向于遵守法律的规定,不敢越雷池半步。而诉讼法、程序法的传播则使得民众知晓了维护自身权利的途径。前者教导民众守法,后者则教会民众维权。只要是统治阶级,不论是旧贵族奴隶主阶级,还是新贵族封建地主阶级,都不会乐于看到民众维权意识的提高的,所以即便驷歂认为"竹刑"的内容跟自己的政治理念一致,决定使用"竹刑",但是对于邓析开坛讲学、传播法律,甚至帮助、教会民众采用诉讼的方式进行维权一事,仍然无法容忍,必欲杀之以绝后患。

所以,针对邓析制"竹刑"而言,旧贵族奴隶主阶级不仅反对其内容,也反对其助人诉讼或教民诉讼,新贵族封建地主阶级虽然不反对其内容,却也反对其助人诉讼或教民诉讼。统而言之,虽然旧贵族支持合于周礼的律法,新贵族支持反对周礼的律法,但是不论新旧贵族,只要是统治阶级,都希望民众遵从律法,而绝不希望他们通过律法来维护自己的权利。

以阶级分析论而言,邓析可算是代表新兴地主阶级利益的革新派,他主张"不法先王,不是礼义"(《荀子·非十二子》),反对将先王作为自己效法的榜样,明确提出反对"礼治"的思想。其观点必然不容于一生以改铸并恢复礼制为己任的孔子。"克己复礼为仁。一日克己复礼,天下归仁焉。为仁由己,而由人乎哉?"(《论语·颜渊》)由此观之,孔子还是从"天下归仁"和"为仁由己"的主体性、公平性和社会治理的规范性方面对周公的"礼乐"制度加以创新和改铸。但是,创新改铸不同于彻底否定,孔子与邓析对待周礼的态度是完全不同的。此外,邓析"操两可之说,设无穷之词""以是为非,以非为是"的诡辩论,肯定也无法为孔子所接受。更不要说邓析行诡辩之术,助人诉讼,从而使得"郑国大乱,民口谨哗",这与孔子追求的"无讼"的"仁义"司法目的截然对立。

邓析生于公元前545年,孔子生于公元前551年,孔子年长邓析六岁。邓析卒于公元前501年,孔子卒于公元前479年,其时距邓析被杀已有二十二年。邓析所制之竹刑,孔子必有所闻,但流传后世之史料并无孔子评价邓析之言。其原因不可考,或许是曾有所言,却湮灭于历史,或者并未予以评价。可以想见的是,假若孔子对邓析制竹刑曾有评价,必然是痛斥否定的。但孔子批评的必然是竹刑的内容,而不会是将法律公开这件事,因为法律的公开化符合孔子的"为仁由己"的司法主体性思想。

相对而言,虽然孔子肯定会反对邓析"竹刑"之内容,但是对于邓析广泛传播法律知识的行为,孔子反而较其他人更能理解。因为孔子自己开办私塾,广收门徒,有教无类,其客观结果也开启了民智,与邓析的行为不谋而合。只不过一个改铸周礼,一个则反对周礼而已。如果邓析公开传播的法律,其内容符合周礼,估计孔子不仅不会反对,反而会大加赞扬,就如同对子产一样("人谓子产不仁,吾不信也"),因为子产的行为符合孔子"仁义"的标准。这就是说,孔子并不反对法律的公开与传播,他反对的是不符合他的"仁义"为价值基础的周礼的"乱制"。

三、关于晋铸刑鼎

既然孔子并不反对成文法的公布,却又为何那么激烈地反对晋铸刑鼎呢?要理解孔子反对晋铸刑鼎的原因,就必须要知道晋所铸刑鼎的内容。为方便起见,笔者将《左传·昭公二十九年》所载孔子反对晋铸刑鼎一文摘录如下:"冬,晋赵鞅、荀寅帅师城汝滨,遂赋晋国一鼓铁,以铸刑鼎,著范宣子所为刑书焉。仲尼曰:'晋其亡乎! 失其度矣。夫晋国将守唐叔之所受法度,以经纬其民,卿大夫以序守之,民是以能尊其贵,贵是以能守其业。贵贱不愆,所谓度也。文公是以作执秩之官,为被庐之法,以为盟主。今弃是度也,而为刑鼎,民在鼎矣,何以尊贵? 贵何业之守? 贵贱无序,何以为国? 且夫宣子之刑,夷之蒐也。晋国之乱制也,若之何以为法?'蔡史墨曰:'范氏、中行氏其亡乎! 中行寅为下卿,而干上令,擅作刑器,以为国法,是法奸也。又加范氏焉,易之,亡也。其及赵氏,赵孟与焉。然不得已,若德,可以免。'"

在上文所录孔子之言中,孔子提到晋国历史上的三个法律制度:"唐叔之所受法度"、"被庐之法"和"夷蒐之法"。孔子对"唐叔之所受法度"赞赏有加,认为它"以经纬其民,卿大夫以序守之,民是以能尊其贵,贵是以能守其业。贵贱不愆,所谓度也"。对于"被庐之法"孔子也是持肯定态度的,"文公是以作执秩之官,为被庐之法,以为盟主"。唯独对于"夷蒐之法"大加批判,认为它是"晋国之乱制",而此次晋铸于刑鼎上的正是"夷蒐之法"。从这里也可以看出,孔子之所以反对晋铸刑鼎,并不是反对铸刑鼎本身,而是反对将"夷蒐之法"这一孔子心目中的"乱制"铸于鼎上。如果铸于鼎上的是孔子心目中的良法"唐叔之所受法度"或者"被庐之法",估计孔子不仅不会反对,反而会大加颂扬。

那么,何以孔子会将前两个法律制度视为良法,却将"夷蒐之法"视为"乱制"呢?下面考察一下三个法度的详情。

(一)"唐叔之所受法度"

据《左传·定公四年》所载,鲁定公四年,诸侯歃盟伐楚,因为先歃者为后歃者之长,蔡国与卫国为谁该先歃起了争执。周王室的大夫苌弘曰:"蔡叔,康叔之兄也。先卫,不亦可乎!"其认为蔡叔度(蔡国先祖)乃康叔封(卫国先祖)之兄长,故蔡侯应先卫侯而歃。卫国太祝子鱼则认为先王尚德不尚长,并举当年周武王和周成王分封周公、康叔、唐叔之事以佐证。其中提到周公封地鲁国治以《伯禽》,康叔封地卫国治以《康诰》,唐叔封地晋国治以《唐诰》。孔子所云"唐叔之所受法度"即应指《唐诰》。《唐诰》并无文字流传下来,其具体内容不可考,但是同一时间制定的《康诰》之内容却可见于《尚书》。《康诰》开篇即提出治国应"明德慎罚",通篇所讲都围绕着先仁后罚、以德服人进行。伯禽乃周公旦长子,代周公受封鲁国,后世并无《伯禽》一书流传,但伯禽坚持以周礼治鲁却是人所共知的史实。以此推论,唐叔所受之《唐诰》其思想必然也遵循周礼,符合明德慎罚的要求,故孔子视之为良法。

(二)"被庐之法"

据《左传·僖公二十七年》所载,鲁僖公二十七年(公元前633年)冬,楚军围宋,宋公求救于晋,晋文公决定伐曹、卫而解宋之围,"于是乎蒐①于被庐,作三军"。晋文公于被庐举行蒐礼阅兵,制定"被庐之法"。"被庐之法"并未流传后世,但是其上承晋之先祖唐叔之法度,合于礼制则可以推断而知。三军选帅,大夫赵衰推荐郤縠为中军将②,言其"说礼、乐而敦《诗》《书》",并认为"《诗》《书》,义之府也。礼、乐,德之则也。德、义,利之本也",晋文公从之。这些观点正与孔子的观点契合。

除了赵衰主动推荐遵循礼乐、重视《诗》《书》的郤縠为中军将之外,在上军、下军选帅过程中,狐毛、狐偃、赵衰、先轸等一干重臣,亦皆相互让贤。公元前632年,中军将郤縠战死,赵衰向晋文公推荐先轸继任,文公从之。鲁僖公三十一年(公元前629年),上军将狐毛卒,文公想让赵衰继任狐毛的职位,赵衰再次

---

① 蒐,原为田猎之意。大蒐礼是春秋时期,诸侯国借用田猎活动来组织军队、任命将帅、训练士卒的重要军事活动,也是当时推行政策、加强统治、准备战争的重要手段。

② 晋文公回国后建立有别于周室的军政合一制度,分为中、上、下三军制,每军各设一将一佐,按地位高低分别是中军将、中军佐、上军将、上军佐、下军将、下军佐,合称六卿。他们按照"长逝次补"的规则轮流执政,协助晋侯管理国家军事、政治事务。

礼让他人,认为"城濮之役,先且居之佐军也善,军伐有赏,善君有赏,能其官有赏。且居有三赏,不可废也"①,推荐在城濮之战中有功的先且居(先轸之子)为上军将,文公从之。晋国诸臣之间相互礼让,选贤举能,十分符合孔子礼让治国的政治理念。

另外,从"被庐之法"实施过程中的表现来看:"晋侯始入而教其民,二年,欲用之。子犯曰:'民未知义,未安其居。'于是乎出定襄王,入务利民,民怀生矣,将用之。子犯曰:'民未知信,未宣其用。'于是乎伐原以示之信。民易资者不求丰焉,明征其辞。公曰:'可矣乎?'子犯曰:'民未知礼,未生其共(通"恭")。'于是乎大蒐以示之礼,作执秩以正其官,民听不惑,而后用之。"(《左传·僖公二十七年》)晋文公采纳子犯(即狐偃)的建议,通过被庐之法的实施,使得民众知义、知信、知礼,而后"出谷戍,释宋围,一战而霸,文之教也"(《左传·僖公二十七年》)。

"被庐之法"施行百年之后,孔子总结道:"以不教民战,是谓弃之。"(《论语·子路》)认为用不教之民以战,必有败亡之祸,而"善人教民七年,亦可以即戎矣"(《论语·子路》),即教民以孝悌忠信,七年乃成,民知亲其上,死其长,故可以即戎为兵。孔子的这些观点都与晋所行"被庐之法"一脉相承,自然视其为当行之良法。

(三)"夷蒐之法"

按《左传·昭公二十九年》所载,鲁昭公二十九年,"冬,晋赵鞅、荀寅帅师城汝滨,遂赋晋国一鼓铁,以铸刑鼎,著范宣子所为刑书焉。仲尼曰:'……且夫宣子之刑,夷之蒐也。晋国之乱制也,若之何以为法?'"从上文可知,晋铸于刑鼎之上的乃"夷蒐之法",为何孔子称其为"晋国之乱制"?这就需要对"夷蒐之法"的内容及其立法背景进行考证,唯其如此,方能正确了解孔子对于法律公开化的真实态度。以下我们就以孔子的"仁义为本,礼乐为用"的法理原则,对"夷蒐之法""范宣子刑书"以及铸刑鼎所揭示的司法目的作进一步的法理评析。

四、孔子法律公开化思想的评析

(一)赵盾与"夷蒐之法"的思想启示

按《左传》所载,鲁文公六年,"春,晋蒐于夷"(《左传·文公六年》)。"夷蒐之法"即成于此,其主要内容从赵盾(即赵宣子)执政所行之法可以得知:"制事

①　张永祥:《国语译注》,上海三联书店2014年版,第246页。

典,正法罪,辟狱刑,董逋逃,由质要,治旧污,本秩礼,续常职,出滞淹。"(《左传·文公六年》)这九条中,关于刑罚的规定为"正法罪,辟狱刑,董逋逃"①三条,而关于守礼则只有"本秩礼"一条,显然是一个以刑罚为主而忽略了礼制的法度,这与孔子"德主刑辅"的思想相悖。

最令孔子对"夷蒐之法"产生厌恶之情的是,赵盾所行之法,虽然名义上有"本秩礼"这一条,但是当时晋国这些大臣,如阳处父、先克、赵盾、狐射姑、箕郑父等人之行为却绝不符合周礼之要求。先克乃先轸之孙、先且居之子,赵盾乃赵衰之子,狐射姑乃狐偃之子,他们并无其父祖礼让之风,而是党同伐异,争权夺利,手段极其卑劣,无所不用其极。

鲁僖公三十一年(公元前 629 年),狐偃、狐毛相继去世。公元前 628 年冬,晋文公卒,晋襄公继位。公元前 627 年,中军将先轸战死,先且居为元帅,赵衰佐中军。公元前 622 年,中军将先且居、中军佐赵衰、上军将栾枝、上军佐胥臣这几位重臣于同一年先后去世,六卿之中的前四个位置全部空缺。

自当年晋文公重耳归国,晋国便一直存在着新老两派势力的斗争,老牌势力主要包括晋惠公、晋献公时代已经发达的家族,而新派势力则指晋文公、晋襄公时代倚重的贤臣。文公之时,新派势力得到迅猛发展,六卿之位基本都由他们占据。襄公继位之后,基本上是萧规曹随,父亲生前所用重臣,一律官居原职。此次,趁着六卿之位空缺,晋襄公打算重组六卿,重建三军,重用老牌势力,以平衡诸卿利益,于是于公元前 621 年春天,"夷之蒐,晋侯将登箕郑父、先都,而使士縠、梁益耳将中军"②,决定以士縠为中军将,梁益耳为中军佐,箕郑父为上军将,先都为上军佐。这么一来就将新派势力先且居、狐偃、赵衰之后人排除在六卿之外。

先克、狐射姑、赵盾不满,于是由先克进言:"狐、赵之勋,不可废也。"(《左传·文公八年》)认为当年"五贤士"③追随晋文公重耳流亡,功劳其大,其勋不可废,否则会令忠臣寒心。故,狐偃、赵衰有大功于晋,其子狐射姑、赵盾不可废。言外之意,先轸、先且居同样为晋呕心沥血,其子先克亦不可废。晋襄公无奈,只得重新调整人事安排,"使狐射姑将中军,赵盾佐之"(《左传·文公六年》)。士縠、梁益耳、箕郑父、先都等人于是对先克、狐射姑、赵盾心生不满。

---

①　按《春秋左传正义·卷十九上》孔颖达疏:"正法罪"者,准所犯轻重,豫为之法,使在后依用之也;"辟狱刑"者,有事在官未决断者,令于今理治之也;"董逋逃"者,旧有逋逃负罪播越者,督察追捕之也。

②　见之于《左传·文公八年》,此文虽载于鲁文公八年,从"夷之蒐"三字可以看出是在回忆"夷蒐"之时发生的易帅之事,亦即"五将乱晋"之起因,其事应发生在鲁文公六年。

③　五贤士,指狐偃、赵衰、贾佗、先轸、魏犨五人,追随晋文公重耳流亡,后助之复国并成其霸业。

身为中军佐的赵盾依然不满意,不愿居于狐射姑之下,便找到了大夫阳处父。因为阳处父当年乃赵衰部下,所以亲近赵盾,便语于晋襄公:"不可!古者君之使臣也,使仁者佐贤者,不使贤者佐仁者。今赵盾贤,夜姑(射姑)仁,其不可乎!"(《穀梁传·文公六年》)请求晋襄公收回成命,而后,"改蒐于董,易中军"(《左传·文公六年》),使赵盾将中军,同时成为执政正卿,而将原本的中军将狐射姑降为中军佐。狐射姑因此对阳处父和赵盾怀恨在心。这就是所谓的"一蒐而三易中军帅",埋下了晋国内乱的祸根。

同年八月,晋襄公去世,赵盾欲立在秦国做人质的公子雍,狐射姑则支持公子乐。赵盾先派人杀死公子乐,而后又阻止公子雍归国,改立夷皋为晋灵公。原本就怀恨在心的狐射姑则派堂弟狐鞫居刺杀了阳处父。赵盾为了替阳处父报仇,杀了狐鞫居。狐射姑逃亡,客死他国。先克升任中军佐。

公元前620年,趁着秦晋两国因为晋国继位之争而发生令狐之战之机,中军佐先克以军事所需为由夺得大夫蒯得封地堇阴。蒯得不忿,与先前争权失败的士縠、梁益耳、箕郑父、先都联合作乱夺权,并于两年后杀了先克,史称"五将乱晋"。但紧接着五人就被中军将赵盾一一捕杀。

先克、阳处父、赵盾、狐射姑、"五将"等人为了谋取私欲,钩心斗角、相互残杀的做法,自然不符合孔子礼让为先、遵循周礼的政治理念。而后来晋灵公屡次无故欲杀赵盾,赵盾与其弟赵穿弑君另立,君王无德,臣下不忠,在孔子的心目中,无疑属于乱制。正如杜预所言:"夷蒐在文六年,一蒐而三易中军帅,贾季(狐射姑)、箕郑之徒遂作乱,故曰乱制。"(《左传·昭公二十九年》)

这里还有一个疑问:按《左传·昭公二十九年》所载,"冬,晋赵鞅、荀寅帅师城汝滨,遂赋晋国一鼓铁,以铸刑鼎,著范宣子所为刑书焉",铸刑鼎者是赵鞅、荀寅,刑鼎所铸法度的内容则是"范宣子所为刑书"。但是孔子却说"且夫宣子之刑,夷之蒐也",认为刑鼎所铸的是"夷蒐之法"。而且杜预也说:"范宣子所用刑乃夷蒐之法也。"那么"范宣子刑书"与"夷蒐之法"是否是同一回事?它们之间的法理关系与孔子的法理思想又有哪些契合处呢?

(二)"范宣子刑书"与"夷蒐之法"的辩证关系

晋国史上,比较有名的几次律法修订,除了上文所提及的唐叔之《唐诰》、晋文公时期的"被庐之法"和赵盾所行的"夷蒐之法"之外,还有"范武子之法"、"士渥浊之法"和"范宣子刑书"。

因为赵盾所行"夷蒐之法"过于强调严刑峻法,而且抑制公室势力维护世卿家族利益,晋景公不愿坐看世卿家族势力超出控制之外,就命令士会(范武子)

前往周王室学习周礼。学成归来之后,士会依据周礼制定了"范武子之法"。该法目的在于加强公室抑制世卿家族。不久,晋景公制造了"下宫之难",诛杀专权的赵氏满门,仅留一个孤儿赵武。晋悼公时期,既大力提拔公室,以与世卿家族对抗,同时为了安抚世卿家族,让士会的侄儿士渥浊修改"范武子之法",暂时缓和了公室与世卿家族的关系。春秋后期,公室衰微,私家兴起,尤其是晋国在六卿执政之下,"政在家门,民无所依"(叔向语)。为了进一步巩固世卿家族的势力,打压公室,执政正卿中军将士匄(范宣子,士会之孙)将刑法从国家总法中分出,单独形成"范宣子刑书"。该法具体内容已不可考,但是它废除了贵族特权,具有一定的进步性,"三家分晋"之后韩赵魏的法典以及众多法家人物都受到了它的影响。

从上文可知,赵盾所制定的"夷蒐之法"与士匄所制定的"范宣子刑书"显然不是一回事。那为何孔子会说"且夫宣子之刑,夷之蒐也"呢?

有一种观点认为,因为赵盾谥号"宣",被后人尊为赵宣子,所以其所行的"夷蒐之法"后世往往称作"赵宣子之法"。孔子所谓的"宣子之刑"指的不是"范宣子刑书",而是"赵宣子之法",也就是所谓的"夷蒐之法",所以他才会说"且夫宣子之刑,夷之蒐也"。但是,这一假设有一个无法解决的问题,因为《左传》同一篇中,明明说"以铸刑鼎,著范宣子所为刑书焉",岂非自相矛盾?所以,该说不可取。

杨景凡、俞荣根先生则认为范宣子执政初期一度承用过"夷蒐之法",因为"晋自赵盾执政后,六卿擅权,政局混乱,几十年未见有蒐军制法之事。范宣子上台伊始,承用夷蒐旧法,即便有所修改,亦以它为蓝本,只及枝叶,未动根本"[1]。该说有一定的可参考性。自赵盾执政至范宣子上台,信史有明确记载的就有"范武子之法"和"士渥浊之法",如果范宣子因为刚刚执政,尚来不及制定自己的律法,按理他应该沿用时间较近的其族叔所制定的"士渥浊之法"或者其祖父所制定的"范武子之法",而不应该是早已废弃多年的"夷蒐之法"。范宣子之所以舍"士渥浊之法"与"范武子之法"而取赵盾的"夷蒐之法",其原因应为"士渥浊之法"秉周礼而定,维护公室势力打压世卿家族,与范宣子的执政理念不符。"范武子之法"虽然较为折中,兼顾公室与世卿家族利益,但仍无法满足范宣子的政治需要。唯有"夷蒐之法"抑制公室势力维护世卿家族利益,其内容更符合范宣子的执政理念,便于其达成政治目的。

---

[1]　杨景凡、俞荣根:《孔子的法律思想》,群众出版社1984年版,第37页。

所以,晋刑鼎所铸刑书很可能为范宣子执政初期曾用之"夷蒐之法",当然也可能是经由"夷蒐之法"修正而成的"范宣子刑书",由于其精神与内容一脉相承,故孔子说"且夫宣子之刑,夷之蒐也",认为"范宣子刑书"与"夷蒐之法"乃彼此相关,无甚实质区别。

既然其内容实质为"夷蒐之法",却为何署上范宣子的名字?笔者以为,一个很重要的原因是荀寅为了拉拢范献子士鞅(范宣子之子)、范吉射(范献子之子)。当时虽然是赵鞅和荀寅二人共同铸刑鼎,但二人之间并非同心同德,都想要争夺日后执政之位。而"荀寅,范吉射之姻也"(《左传·定公十三年》)。按杜预的注解"婿父曰姻。荀寅子娶吉射女",荀范二人本是儿女亲家,所以荀寅为了加强与范氏的关系,而将所铸的法度放在范宣子名下。至于赵鞅为何会同意,应为权衡利弊的结果。晋铸刑鼎是在公元前513年,赵盾死于公元前601年,其间相隔88年,而"夷蒐之法"的制定更是在公元前621年,隔了足足108年。相对来说,范宣子于公元前548年去世,仅隔35年,民众对于范宣子执政的记忆尚存,用他的名义来颁布成文法,更具有权威性。而且,毕竟范宣子执政期间曾用该法,以其名字来命名,亦属顺理成章。

(三)铸刑鼎所揭示的司法目的

杨景凡、俞荣根先生认为"晋铸刑鼎时的执政虽是赵鞅,但铸鼎的主谋却是荀寅"[1]。这个观点值得商榷。首先,晋铸刑鼎为鲁昭公二十九年,即公元前513年,此时晋国执政并非赵鞅,而是魏舒(魏献子,公元前514年—公元前509年),而后分别是士鞅(范献子,公元前509年—公元前501年)、荀跞(智文子,公元前501年—公元前492年),然后才是赵鞅(赵简子,公元前492年—公元前475年)。另外,杨、俞两位先生以《左传·昭公二十九年》中蔡史墨所说"范氏、中行氏其亡乎!中行寅为下卿,而干上令,擅作刑器,以为国法,是法奸也。又加范氏焉,易之,亡也。其及赵氏,赵孟(赵鞅)与焉。然不得已,若德,可以免"来论证赵鞅铸刑鼎并非出于本意,而是迫不得已。这一论证亦有值得商榷之处。因为从蔡史墨的整句话来看,他的观点是范氏、中行(荀)氏擅铸刑鼎,倒行逆施,所以必定灭亡,而赵鞅因为不得已而铸鼎,所以如果能够勤于修德,则可以免于灭亡。蔡史墨怎么可能未卜先知,只能说明《左传》的作者是知道后来的"范、中行之乱"的结局的,为了解释为什么同样铸了"乱制"的刑鼎,范、中行氏灭族,赵氏却生存下来,甚至更加强大,只得虚构了赵鞅"不得已"铸鼎这么一个理由。

---

① 杨景凡、俞荣根:《孔子的法律思想》,群众出版社1984年版,第37页。

其实,晋铸刑鼎过程中,虽然范氏、中行氏、赵氏诸卿之间存在着权力争夺与利益冲突,但是有一个目标是一致的,那就是通过以下卿的身份铸刑鼎,挑战执政正卿魏舒的权威。春秋伊始,诸侯僭越天子、大夫僭越诸侯之事层出不穷,使得孔子哀叹"礼坏乐崩",而现在连执政正卿也开始受到下卿的挑衅,这对于孔子而言,是不可忍的。

综上所述,因为晋刑鼎所书为"夷蒐之法",大多为严刑峻法,不符合孔子"德主刑辅"的治国主张,属于"乱制",而且赵鞅、荀寅等人铸刑鼎的目的在于挑战正卿的权威,以下犯上,违背周礼,故孔子反对晋铸刑鼎。所以,孔子反对晋铸刑鼎事出有因,并非一概反对成文法的公布。

此外,还需指出的是,鼎乃国之重器,制成之后,一般都需要置于贵族的宗庙之中,而普通平民根本没有资格进入宗庙,也就没有机会一睹鼎上的刑文法度,所以将铸刑鼎与公布成文法完全画等号其实是值得商榷的。从这个角度来说,即便不考虑刑鼎所铸刑书的内容,支持铸刑鼎也并不意味着主张法律向平民公开,反而言之,反对铸刑鼎也并不意味着禁止法律向平民公开。

赵盾所行"夷蒐之法"中有"董逋逃"一条的规定,该条的内容是督捕逃亡奴隶和农民,属于奴隶制法。有的学者以此为由认为,孔子之所以反对晋将"夷蒐之法"铸于鼎上,是因为孔子反对维护奴隶制生产方式、阻碍社会进步的法律和政策,认同由奴隶制社会向封建制社会的进化,顺应了奴隶解放的时代潮流。[①]这就有些过分拔高孔子的思想觉悟了。孔子反对晋铸刑鼎,只是因为所铸律法的内容不符合他的治国理念,属于他心目中的"乱制",会产生"贵贱不愆"的结果,进一步导致礼崩乐坏。就本质而言,孔子依然是宗法贵族等级制度的坚定维护者,这是当时的制度惯性和文化传统使然。但同时我们也应该注意到孔子提倡"仁义"以创新或改铸"礼乐"制度的超越时代局限的贡献,他敢于对旧的政体说"仁者,人也,亲亲为大。义者,宜也,尊贤为大。亲亲之杀,尊贤之等,礼所生也"[②],这等于给礼乐制度奠定了一个新的价值取向,蕴含"礼乐"不仅由官方制定("周公制礼作乐"),而主要应关乎人伦日用的平等性与公开性。孔子时代的法制照儒家的看法就是"礼乐"制度,如果铸刑鼎、公布刑书有以"公开性"突破传统的"官方"单一的"权威性"的取向,那自然也就契合孔子以"仁义"改铸"礼乐"的法理意图,因此,孔子赞同制法、颁法、执法的公开性和稳定性与他的"仁义"思想所蕴含的公平性、主体性和生活伦理性也是相统一的。

---

① 杨景凡、俞荣根:《孔子的法律思想》,群众出版社1984年版,第35页。
② 王盛元:《孔子家语译注》,上海三联书店2012年版,第206页。

第三章　慎罚轻刑^①

《周易》之中,除了上述的息讼、明刑(明罚敕法)思想之外,还有十分明显的慎罚轻刑倾向。《周易》中的慎罚轻刑思想与夏商周之时的"天命"法律观有直接关系,不能简单地与后世儒家的德主刑辅思想画等号。

第一节　"天命天罚"法律观

一、天命观

人类刚刚诞生之时,力量孱弱,一旦遭遇洪水猛兽则动辄有灭族之祸。对于山川河流、风云雷电这些自然现象,以及对猛兽的畏惧,产生了最初的图腾崇拜。通过图腾崇拜的凝聚力,人类逐渐形成了一个个不同的部落群体。夏启废除禅让制,开启了父死子继、兄终弟及权力继承模式的先河。禅让制以贤德为部落首领继承的标准,部落首领拥有的更多是责任与义务,不是权力,而夏朝则以血缘关系为继承的标准,部落首领演化成国家统治者——奴隶主,拥有对其治下臣民生杀予夺的权力。为了维持统治,夏朝的奴隶主除了保持武力上的镇压与威慑之外,还利用宗教进行精神上的控制:宣传夏朝统治者受命于天,故能行使统治权,由此形成了"天命"法律观。在这一问题上,夏商周三朝一脉相承。

西周成王之时有《康诰》曰:"天乃大命文王。"西周康王之时有《大盂鼎铭》曰:"不显文王,受天有大命。"二者皆谓西岐之所以能代商而立,乃天命所归。为了加强"天命"说的可信度,统治者一方面加强对"天""神"的祭祀,另一方面极其重视占卜。作为卜筮之书的《周易》,其中自然有不少"天命"说的痕迹。譬

---

① 本章内容已修改发表,详见徐崇杰:《天命观与〈周易〉的慎罚轻刑思想》,载《犯罪与改造研究》2021 年第 10 期,第 39—44 页。

如,否卦九四爻之"有命无咎,畴离祉"、大有卦上九爻之"自天佑之,吉,无不利"与大畜卦上九爻之"何天之衢,亨",皆有天命之意蕴含其中。

以否卦九四爻为例,历代大家对于"畴离祉"各单字之解异议不大,一般都认为"畴"指类、同、匹之意,"离"借为"丽",附着之意,"祉"为福祉,然而因为对于"有命无咎"之解不同,导致对"畴离祉"整句的含义有不同解读。此爻"有命"之解有二。其一,王弼、孔颖达、楼宇烈认为,"命"为命令,指九四给初六所下之命令。故"畴"为"匹",特指九四所应之初六。否卦初六为阴爻,有小人之象,幸得其有应于九四,得九四之命令,是以无咎,故谓之"有命无咎"。初六附着于九四,而得福祉,故谓之"畴离祉"。其二,朱熹、高亨则认为"有命"之"命"为"天命",并非九四给初六的命令,而是上天给九四的命令。朱熹曰:"九四以阳居阴,不极其刚,故其占为'有命无咎'。而畴类三阳,皆获其福也。"①高亨则别出心裁地认为"畴"借为"寿",故该爻之意为:"筮遇此爻,已有天命安排,无灾咎,寿附于福,高年之寿附于富贵之福。"②笔者以为,将"畴"解为"寿"而将"畴离祉"解为"寿附于福"过于刻意,高亨先生之解不足取,朱熹之解为是。另外,"有命无咎"既处九四爻辞中,则被命者应为九四,无咎者亦是九四,故王、孔、楼之解不足取,朱熹之解为是:"命"者,天命也。若有天命加身,则所行皆为天意,自然无咎有福。

二、天命与天罚

夏启通过武力征伐,击败伯益而继位,以世袭制取代禅让制。有虞氏不服,起而反之。夏启领兵镇压之前,作战前动员,谓之《甘誓》:"有扈氏威侮五行,怠弃三正,天用剿绝其命,今予惟恭行天之罚。"夏启伐有虞氏,用的正是天命的名义,认为是上天要断绝有虞氏的国运,他只是代行上天的惩罚。

商汤伐夏桀,作《汤誓》曰:"非台小子,敢行称乱!有夏多罪,天命殛之……夏氏有罪,予畏上帝,不敢不正。"指出并非他犯上作乱,而是因为有夏罪孽深重,故而上天命令他征伐之。他是因为畏惧上天,所以不得不出征尔。

周武伐商纣,师渡孟津,作《泰誓》曰:"今商王受,弗敬上天,降灾下民……皇天震怒,命我文考,肃将天威……商罪贯盈,天命诛之。予弗顺天,厥罪惟钧。"牧野之战前,周武王又作《牧誓》曰:"今予发惟恭行天之罚。"他提出的理由

---

① 〔宋〕朱熹:《周易本义》,廖名春点校,中华书局 2009 年版,第 78 页。

② 高亨:《周易大传今注》,齐鲁书社 2009 年版,第 128 页。

也是商纣不敬上天,导致上天震怒,所以降下天命,令其诛灭,取而代之,故非其欲取天下,实乃顺从天命之举,代天行罚而已。

君王不仁,则代天行征伐之事,灭其国;臣民有罪,则代天行刑罚之事,惩其恶。"天命"观在法律思想上的体现便是"天罚"的理念,也就是代天行罚。

三、天命非恒与慎罚轻刑

夏朝统治者宣称自己乃天命所归,商汤伐夏亦以天命为据,西周伐商亦采此说。《康诰》本为周公旦代周成王任命康叔治理殷商旧民的命令,为了解释何以原本天命所归的商朝应由周朝取而代之的问题,《康诰》之中提出了"惟命不于常"的天命观,认为天命并非恒定不易,如果原来的统治者有失德之举,则天命将归于另外的贤德之人。夏桀商纣皆为失德之君的代表,故商汤周武代天征伐,取而代之。

原本天命所归的殷商之所以败亡,乃失德所致,德不配位,故天命转移。殷鉴不远,周朝若不勤修德政,亦难逃亡国下场,故周朝统治者强调以德配天。商纣失德,刑罚暴虐残酷而致民心大失,民心即天心,故而为了维护统治,周朝强调"敬天"与"保民"的一致性,而其重要手段之一就是慎罚轻刑。

慎罚轻刑思想包含着两个方面的要求:其一,施以刑罚必须慎之又慎;其二,惩罚力度以轻为宜。既然在刑罚方面要求宜"慎"且"轻",则必然要重视道德教化的作用,"慎罚"与"明德"二者相伴而生,缺一不可,也就是所谓的法德并举,故周公曰:"惟乃丕显考文王,克明德慎罚。"①

不过必须指出的是,西周之时的慎罚轻刑,或者说明德慎罚抑或法德并举,与后世儒家之德主刑辅不可混同。前者主张必须审慎施刑,不可轻罪重罚,而应罚当其罪,虽然强调道德教化的作用,但是仍应以刑罚为先。而德主刑辅的理念则以道德教化为先,刑罚惩罚仅作辅助而已,二者不尽相同。

第二节 《周易》中的慎罚轻刑思想

《周易》之中,涉及慎罚轻刑思想的卦比较多,其中较为明显的有蒙卦、贲卦、解卦、丰卦、旅卦和中孚卦,笔者先一一解析其义,再进行整理,比较归纳。除上述六卦之外,有的卦其卦义虽然与慎罚轻刑有关,但仅是泛指,而非特指律法

---

① 陈戍国:《尚书校注》,岳麓书社 2004 年版,第 126 页。

一事,则不予计入。譬如:《象传》对于兑卦之注解"刚中而柔外","刚中"可解为律法之严格执行,"柔外"可解为道德教化;节卦之卦辞"苦节不可贞",可解为律法固应严格,但不可过苛,否则过犹不及。此二处皆有慎罚轻刑之含义,但因并非特指律法一事,故略过不提。

《周易》之中,从字面上来看,明显涉及慎罚轻刑之思想的卦辞爻辞共计六处,分别为:蒙卦之初六爻辞:"发蒙,利用刑人,用说桎梏以往。"贲卦之《象传》:"山下有火,贲,君子以明庶政,无敢折狱。"解卦之《象传》:"君子以赦过宥罪。"丰卦之《象传》:"雷电皆至,丰。君子以折狱致刑。"旅卦之《象传》:"君子以明慎用刑,而不留狱。"中孚卦之《象传》:"泽上有风,中孚。君子以议狱缓死。"笔者按六十四卦卦序,一一辨析。

一、蒙卦:"发蒙,利用刑人,用说桎梏以往"

蒙卦卦辞曰:"蒙:亨。匪我求童蒙,童蒙求我。初筮告,再三渎,渎则不告。"懵懂孩童心有疑惑,故求教于师德高明之人,而非师德高明之人求教于懵懂孩童者。有求则应,师德高明之人将占筮所得之最初结果告之于懵懂孩童。求教于人,必须心诚,若不相信占筮结果,接二连三再次求筮,则是对占筮这一神圣行为的亵渎,应不予理会。

蒙卦初六爻辞曰:"发蒙,利用刑人,用说桎梏以往。"初六处蒙卦之始,而且九二以阳处中,居于初六之上,有以明照暗之象,故初六之蒙能发而去。蒙既发去,则事理皆明,事理既明,则可秉公断案。若有罪,则"利用刑人",刑戮于人,罚当其罪;若无罪,则"用说桎梏以往",脱去桎梏,予以释放。不论施之刑罚,还是无罪释放,只要案情清晰明了,据律而断即可。

结合蒙卦卦辞可知,蒙卦之初六爻辞,其落脚点并非在于刑罚之轻重,而是强调案件审理过程中应发蒙去疑,使得案情水落石出,方能得出公正之裁决,至于有时从轻发落,有时加重处罚,并非基于偏重法治或者偏重德治得出的结论,而是基于客观真实的案情而秉公决断的结果。故而蒙卦初六爻之"发蒙,利用刑人,用说桎梏以往"所强调者乃慎罚之理念,与轻刑无关。

二、贲卦:"君子以明庶政,无敢折狱"

《象传》曰:"山下有火,贲。君子以明庶政,无敢折狱。"贲卦上艮下离,艮为山,离为火,故曰:"山下有火。"山下有火,故内含文明。庶政谓各种政事,折狱即断狱,君子以文明处各种政事,不敢轻易折断讼狱。这句话的意思就是说,处理政务、折断狱讼之时，切不可盲目从事，不分青红皂白一律施以酷刑，而必须慎之又慎，赏功罚罪，明辨是非，其中包含着明显的慎罚思想。

三、解卦：“君子以赦过宥罪”

《象传》曰：“雷雨作，解。君子以赦过宥罪。”解卦上震下坎，震为雷，坎为水为雨，雷行于上，雨落于下，故“雷雨作”。雷雨既作，则草木生长，百果孕育。西周之时，讲究赏罚须顺应天时，草木瓜果生长孕育之时节不宜杀生施刑，故对于轻微过失应予赦免，对于严重的罪行也应宽宥，从轻发落，亦即“赦过宥罪”。雷比之于刑罚惩罚，雨比之于德教润泽，君子观此卦象，应尽量减轻刑罚，多施德教，“赦过宥罪”方是正道，这句话包含着明显的轻刑思想。

四、丰卦：“雷电皆至，丰。君子以折狱致刑”

《象传》曰：“雷电皆至，丰。君子以折狱致刑。”丰卦上震下离，震为雷，离为电，故曰：“雷电皆至。”雷霆动于九天之上，如律法之威严不可亵渎，闪电光耀大地，仿佛光明普照人间。君子观此卦象，须动而且明，当法天威以施刑罚，同时必须文明以察，明晓案情，按律以断狱讼，切不可轻重失宜，出入人罪。这句话虽未明言法德并举，但其认为既要坚持律法刑罚之威严，同时也要保证法官明察秋毫，依律断狱，不得轻罪重判、重罪轻判，清晰表明了其慎罚的态度。

五、旅卦：“君子以明慎用刑，而不留狱”

《象传》曰：“山上有火，旅。君子以明慎用刑，而不留狱。”旅卦上离下艮，离为火，艮为山，故曰：“山上有火。”山火逐草木而行，待草木燃尽，则薪尽火灭，故火不可久留于山上，犹如旅客寄托于他乡，终归只是匆匆过客，故谓之“旅”。朱熹曰：“慎刑如山，不留如火。”①火居山上，可照耀四方，犹如人之明察，可认识事物之全面，无有遗漏。君子断案，当明察案情，审慎用刑，从速判决，不宜拖延。此外，因山火无情，无论良花毒草，尽皆一体焚之，犹如听断狱讼之法官，不分青红皂白，不辨是非对错，尽皆施以刑戮，处以重罚，此非君子所为。君子观此卦象，当明白明慎用刑之重要性，切不可滥用刑罚，以致屈打成招，制造冤假错案。这句话十分清晰地表明了慎罚的思想。

---

① [宋]朱熹：《周易本义》，廖名春点校，中华书局2009年版，第197页。

六、中孚卦：“君子以议狱缓死”

中孚卦之核心要义在于诚实信用，笔者将于第四章“民事法律制度”之第一节"诚信原则"进行详细解读，而与慎罚轻刑思想相关之处主要为《象传》所注："泽上有风，中孚。君子以议狱缓死。"中孚卦上巽下兑，巽为风，兑为泽，故曰："泽上有风。"泽随风动，风起则波涌，风偃则波宁，从无虚妄，为忠诚守信之象，故谓之"中孚"。泽为黎民百姓，风为道德教化，泽上有风，风行泽上，即谓之道德教化润泽苍生，泽被天下。既为中孚诚信，则犯罪嫌疑人即便有错，亦非故意为之，罪非不赦，情有可原，应以道德教化为旨，赦免死罪，减轻处罚，教而改之，放其一条生路，使其改过自新，重新做人，此即谓"君子以议狱缓死"，明确表达了轻刑的理念。

此外，高亨先生认为，革卦之九四爻"悔亡，有孚改命，吉"中包含慎罚轻刑思想。按其所言，"孚"解为"罚"，"有孚"指君王下令惩罚其臣民，民将不悦而有悔。"改命"指君王更改其先前之命令而不罚，结果其悔可亡，终归于吉。[1] 此处之"孚"何以该解为"罚"，高亨先生未予言明。笔者以为，高亨先生之解不足取。"孚"应按通说解为"信"，"有孚"指"有信"之意。革卦上兑下离，水火相战而变生，于社会而言，当变革发生之时，民众往往会惊恐不安，故而有悔。要想打消民众之疑虑，则需领导变革之人深为民众所信服。只有一个深受民众信任的变革领导者才能真正实施变革，成功改命。若有信则悔亡，万民信念如龙，革故鼎新，一扫旧日颓貌，整个社会将呈现一片蒸蒸日上之势。此即所谓"悔亡，有孚改命，吉"。据此分析，可得出结论，革卦九四爻之"有孚改命"并非更改先前的命令不予惩罚之意，故并无慎罚轻刑的内容。

天命观是夏商周统治者巩固统治的手段，其在法律思想上的体现就是"天罚"的理念。为了解释西周代商的合法性，周朝统治者提出"惟命不于常"的新天命观，商纣暴虐，失德不仁，故周武取而代之，慎罚轻刑的法律思想随之诞生。慎罚轻刑的理念包含"慎罚"与"轻刑"两个方面。蒙卦之"发蒙，利用刑人，用说桎梏以往"、贲卦之"君子以明庶政，无敢折狱"、丰卦之"君子以折狱致刑"与旅卦之"君子以明慎用刑，而不留狱"，皆强调法官断案定罪之时，应审慎听断，明辨是非，侧重"慎罚"的理念。解卦之"君子以赦过宥罪"与中孚卦之"君子以议狱缓死"则重视道德教化，认为规范人之行为宜法德并举，主张施以仁政，强调刑罚不宜过重，侧重"轻刑"的理念。

---

① 　高亨：《周易大传今注》，齐鲁书社 2009 年版，第 360 页。

第四章　民事法律制度

　　前三章所述为《周易》中的法律思想,以下四章则系统归纳整理《周易》中涉及的法律制度,具体分为四个部分:民事法律制度、刑事法律制度、婚姻家庭法律制度和神明裁判制度。其中,民事法律制度主要包括诚信原则、契约行为、侵权行为和拾得遗失物;刑事法律制度以噬嗑卦为主,归拢《周易》中出现的犯罪行为与刑罚措施;婚姻家庭法律制度则从恋爱、婚姻和家庭生活三个角度进行归纳整理;神明裁判制度主要指履卦和大壮卦所描述的神虎裁判与神羊裁判现象。

　　《周易》中涉及的民事法律制度主要包括民法的基本原则——诚信原则,两种典型的债的产生方式——合同行为与侵权行为,此外,还有数处涉及拾得遗失物行为。另外,婚姻家庭制度本来也该归属于民事法律制度的范畴,但是因其内容较多,而且婚姻家庭法也有独立成法的惯例,故在民事法律制度之外,单列一章"婚姻家庭法律制度",予以专门讲述。

第一节　诚信原则

　　诚实信用原则是现代民法的基本原则之一,而《周易》之中诚信亦十分受重视。《周易》对于诚实信用原则之要求,主要体现在一个特殊的字——"孚"上。其中,中孚卦专论"中""孚"之真谛;损益二卦相互牵连,阐述了损益之道中对于诚信原则的坚守;其余诸卦涉及"孚"字者亦不在少数,论述了在人们各种行为中、不同场合下,坚守诚信原则的重要性。

一、"孚"

　　诚如前文解析讼卦之"有孚,窒惕"时所言,历代周易研究大家皆将"孚"解为"信","有孚"即"有信"。《周易》中出现"孚"或者"有孚"之处甚多,笔者以如下四卦解析"孚"之真意:小畜卦之"有孚,血去惕出"与"有孚挛如",泰卦之

"勿恤其孚"与"不戒以孚",大有卦之"厥孚交如",萃卦之"有孚不终"、"孚乃利用禴"与"匪孚"。

(一)小畜卦:"有孚,血去惕出","有孚挛如"

小畜卦六四爻曰:"有孚,血去惕出,无咎。"欲明此爻,须先解"血""惕"之意。坤卦上六爻曰:"龙战于野,其血玄黄。"坤卦六爻皆阴,上六乃阴之至极,阴气至盛而欲复返为阳,乃为阳所疑,阳遂发动,欲除去此阴,因其至盛,故不肯退,结果阴阳相战,"龙战于野"。上六虽盛极近阳,但仍属阴类,最终为阳所伤而灭,流血不止,"其血玄黄"。故"血"指阴阳相战而伤。"惕"如前文解析讼卦之"有孚,窒惕"时所分析,乃"警惕"之意。

小畜卦五爻皆阳,唯有六四为阴。六四以一阴畜众阳,且居于九三之上,以阴乘刚,为三所忌。九三上进而凌犯六四,阳犯于阴,阴阳相战而伤,故有"血"。六四畏惧九三之侵凌,时刻警惕,故有"惕"。六四虽然处境危险,但是幸得上九不应于九三,上九与六四共恶于九三。得上九之助,九三无法真正凌犯六四,故阴阳未得相伤而流血,六四警惕之心亦可消解,故而"血去惕出",终得"无咎"。为何上九愿意相助六四,只因其守信"有孚",故《象传》曰:"有孚惕出,上合志也。""上"指上九。六四与上九其志相合,共恶于三,二者相互守信,则血去惕出,乃得无咎。

小畜卦九五爻曰:"有孚挛如,富以其邻。""挛"指相互牵连,"挛如"即指相互牵连的样子。王弼、孔颖达认为,"邻"指九二。九五居中处尊,家境十分富足,却不独占己富,而分财于其邻九二,信守承诺,牵着九二,先富带后富,走向共同富裕。故《象传》曰:"'有孚挛如',不独富也。"高亨先生则一如讼卦之中,将小畜卦六四、九五两爻的"有孚"都解为"有俘虏",并将"有孚挛如"解为战争之时用绳索将俘虏及从敌方缴获的牛羊拘系困缚,从而连成一排。其解不足取。但是高亨先生在解释《象传》"'有孚挛如',不独富也"时,所解甚妙,认为:"有孚挛如"《象传》之意"谓人有信联系一贯,非忽而有信,忽而无信","人有信挛然而一贯,则能以其财物资助邻人,其富及于邻人"[1]。笔者以为,高亨先生将"孚"解为"俘虏",缺乏说服力,"孚"之意应解为"诚信"为妥,而王、孔二人将"挛如"解为九五"攀挛于二"亦不甚妥当,当采高亨对于《象传》之解为是。"有孚挛如",人之诚信须一以贯之,方为真诚信。

小畜卦六四爻告诫世人,唯有坚守诚信之人,方能得到他人的信任,并获得

---

[1]　高亨:《周易大传今注》,齐鲁书社2009年版,第108页。

帮助,从而消灾解难。小畜卦九五爻则告诫世人,诚信之坚守,必须一以贯之,不可中道易志,半途而废。

(二)泰卦:"勿恤其孚","不戒以孚"

泰卦九三爻曰:"无平不陂,无往不复。艰贞无咎。勿恤其孚,于食有福。""陂"者"坡"也,即山坡、斜坡之意,亦可解为"池",即低洼之处。不论采何解,"陂"字皆有不平之义。泰卦上坤下乾,乾本应居上,坤本应处下,故乾天三阳上升,坤地三阴下降,天地相交而得通泰,而九三居乾之上位,乃天地相交之处,阴阳交替之所,变化因之而生,平地起陂,往者复归,故谓之"无平不陂,无往不复"。若这一情形继续下去,乾体上行复归于上,坤体下潜复归于下,泰卦变为否卦,乾上而坤下,上下不交,天地不通,为否塞之状。反观泰卦,阴阳相交,天地互动,居此变革之世,虽活力无穷,却极易犯错而陷危殆之局,幸得九三为阳爻居阳位,居不失正,且与上六相应,动不失其应,只要坚守贞正,不失其义,乃得无咎,故谓之"艰贞无咎"。"恤"为"忧","孚"为"信","食"即"食禄"。九三居不失正,动不失应,居正且应,为诚信之人,而诚信之人必然信守承诺,无须担忧其信用问题。既然诚信守正,自然有福于食禄之事,故"勿恤其孚,于食有福"。

泰卦六四爻曰:"翩翩,不富以其邻,不戒以孚。""翩翩"乃运动自如、鸟飞轻疾之貌。诚如上文所言,泰卦上坤下乾,坤体乐下,乾体乐上,而六四为坤体之首,故不论形势使然,或是遵从内心所愿,皆欲"翩翩"而下。坤体三爻皆愿下,六四既下,其邻六五、上六自必从而下之,无须以财货动人心鼓动二邻下行,亦不必用强制命令使其不得不下。坤为地,本应居下方安,今高居乾天之上,不能脚踏实地,故而心虚不宁,因此无须财货诱人,坤卦诸爻皆自愿下行,只有"翩翩"而下,心中方得踏实安宁,故《象传》曰:"'翩翩,不富',皆失实也。"三阴下行,非为命令所迫,实乃自愿,其因即在于下行落地乃其心中所愿,无须命令,亦能孚信之,故《象传》曰:"'不戒以孚',中心愿也。"

泰卦九三爻告诫世人,为人居中守正、诚信待人,则有福报,必得食禄无忧。泰卦六四爻告诉世人,若有发自内心之信服,则无须以金钱诱之,亦无须律法强行命令,即能得到遵行,且效果良好。

(三)大有卦:"厥孚交如"

高亨先生将大有卦六五爻辞"厥孚交如,威如,吉"之"孚"解释为"俘",进而引申出"刑罚"之义。如前文第二章"明罚敕法"之第一节"明罚敕法之精神"所述,结合整个大有卦的卦辞爻辞进行系统分析,高亨先生之解过于牵强。"厥孚交如"之意应从王弼、孔颖达、朱熹之解,"厥"为"其","孚"为"信","交"为"交接"，"如"乃语气助词，"厥孚交如"即"其信交接"之意。故大有卦之"厥孚交如"所述并非明罚敕法之精神，而是民法之诚信原则。论证过程详见"明罚敕法"一章，此处不予赘述。

大有卦六五爻告诫世人，信不立，则志难明，人有诚信，方能发其志，信立而后威乃立，遂使人心悦而诚服。

（四）萃卦："有孚不终"，"孚乃利用禴"，"匪孚"

萃卦卦辞爻辞之中涉及"孚"字者共有三处，分别为初六爻之"有孚不终"、六二爻之"孚乃利用禴"、九五爻之"匪孚"，下面分而叙之。

萃卦初六爻曰："有孚不终，乃乱乃萃。若号，一握为笑，勿恤，往无咎。"萃者，聚也。初六上应九四，两者有信任基础，故"有孚"。然而初六与九四之间隔了二阴，离九四最近者为六三，二者阴阳相吸，严重威胁到了初六与九四的关系。初六乃正室，只是六三近水楼台，使得初六心疑九四与六三之间有苟且之事，故原本的信任出了问题，导致疑虑重重。初六与九四之间的信任未能一以贯之，故曰"有孚不终"。意乱则情迷，"乃乱"也，初六因疑心九四与六三有情，故奔行千里以与九四聚，"乃萃"也。"号"为呼应。"一握"形容小，自谦之意。"一握为笑"者，非不苟言笑之严肃貌，亲近卑谦之谓。"恤"者，忧也。"乃乱乃萃"性属志乱而妄聚，必有失礼之处，其结果本应不吉，但如果初六能呼号正应九四（若号），且谦逊退让（一握为笑），不与物争，则六三虽近九四，终究只是个如夫人，而无法威胁正配初六之地位，故无忧（勿恤）也。初六往应九四，必无咎害（往无咎）。

萃卦六二爻曰："引吉无咎，孚乃利用禴。"萃卦之意在于聚，贵在相从，聚道乃成，而六二以阴居阴，且在坤体之中，有静而退守之象，不欲相从于九五，有违萃聚之道，故须得牵引而相从九五，乃得无咎，故曰"引吉无咎"。"禴"即"礿"也，"春祭曰祠。夏祭曰礿。秋祭曰尝。冬祭曰烝"（《说文解字注》），禴乃四时之祭中最节俭者也，仅用饭菜等物，而不用大的牲口。六二虽然有违萃聚之道，不愿主动相从于九五，而须经由他人牵引，方能合于萃道，然而六二居坤体之中，以阴居阴，居中得正，忠信可行，只需薄祭于鬼神即可，故曰"孚乃利用禴"。

萃卦九五爻曰："萃有位，无咎，匪孚。元永贞，悔亡。"九五阳刚，居中且正，当此萃聚之时，最得盛位，故曰"萃有位"。既得盛位，且有六二相应，故必"无咎"。萃聚之道，强调核心唯一，最忌分裂，而九四为除却九五之外的另一阳爻，以阳居阴，履非其位，却下据三阴。因九四之阻隔分流，九五难获初六、六二、六三之呼应，其信未能及于此三阴，故"匪孚"而有悔。然而，九五毕竟居于盛位，名正而言顺，只要勤修德业，久行其正，其悔必可消除，众人必往而从之，故曰

"元永贞,悔亡"。

萃卦初六爻告诫世人,信任关系需小心维护,切不可因小事而失去信任,应一以贯之。萃卦六二爻告诫世人,与人交往,只要对方居中得正,忠信可行,不必在乎物质财货之多寡。萃卦九五爻告诫世人,当遇到小人干扰时,切不可因此不再守信,只要坚守忠信之道,久行其正,最终必将获得大家的认可。

二、中孚之道

"中孚",信发于中之义,中孚卦以"孚"为名,所述乃信之要义,故本卦须将整个卦辞爻辞进行通解,方能把握该卦之主旨。

中孚卦卦辞曰:"中孚:豚鱼吉。利涉大川,利贞。""鱼者,虫之幽隐。豚者,兽之微贱。"①人主信发于中,信之所及,虽幽隐微贱之物,亦无遗漏,故曰:"中孚:豚鱼吉。"中信之德泽被万物,无有疏漏,以此行于天下,犹如乘木舟而涉大川,必无咎害,而得利贞。中孚卦上巽下兑,巽为木,兑为泽,有木在泽上,即木船浮于水上之卦象。此外,中孚卦初九、九二、九五、上九皆阳,六三、六四为阴,内中两爻为阴,上下四爻为阳,形如内虚外实之舟楫。唯有诚信待人,方能得到众人之信任,以诚信处事涉难,恰似以舟楫渡川,必得安然无恙,故曰:"利涉大川,利贞。"

《象传》曰:"泽上有风,中孚。君子以议狱缓死。"第三章"慎罚轻刑"之第二节"《周易》中的慎罚轻刑思想",已经对"君子以议狱缓死"进行了分析,此处不予赘述。中孚卦上巽下兑,巽为风,兑为泽,故谓之"泽上有风"。风行泽上,无所不周,恰如中信泽于天下,无所不及,虽幽隐如鱼,微贱如豚,亦得以分润,故曰:"泽上有风,中孚。"

中孚卦初九爻曰:"虞吉,有它不燕。""虞"有专心不他顾之义。初九为信之始,其应在四,须得专一乃吉,故曰"虞吉"。"燕"者,安也。信之始,宜专一,若心有他属而不专一,则不得安宁,故曰"有它不燕"。

中孚卦九二爻曰:"鸣鹤在阴,其子和之。我有好爵,吾与尔靡之。"六三、六四皆为阴爻,九二居重阴之下,故谓之"在阴"。鹤虽在阴,然九二履不失中,虽处幽暗,却坚守诚信,行不失信,故鹤鸣之声闻于外,有同类惺惺相惜,闻而应之,故曰:"鸣鹤在阴,其子和之。""爵"为饮酒之器,引为爵位、爵禄,"靡"为分散之意。九二守信至诚,一应爵禄皆愿分而散之,与同类共享之,此乃诚之至也,此即

---

① [魏]王弼撰,楼宇烈校释:《周易注校释》,中华书局 2012 年版,第 218 页。

谓:"我有好爵,吾与尔靡之。"

中孚卦六三爻曰:"得敌,或鼓或罢,或泣或歌。"六三、六四皆为阴爻,以柔比柔,无相得相求之情。巽为长女,兑为少女,二者相邻却不为善比,敌之谓也,故曰"得敌"。六三以阴居阳,欲进者也,进则有战,战者击鼓而攻之,此谓"或鼓"。六四以阴居阴,有履正之貌,且六四上承九五至尊为亲比,非六三所能敌,故六三只得罢战而退,此谓"或罢"。六三不胜而退,心忧六四或将侵凌,故悲戚难言,涕泗横流,此谓"或泣"。幸得六四履正,不与六三计较,未有侵凌之事,六三喜极而歌,此谓"或歌"。

中孚卦六四爻曰:"月几望,马匹亡,无咎。""几"为近乎之义,"望"即月圆,农历每月十五前后,"月几望"即近于月圆之日。月乃阴,月圆则有阴圆满之象。六四居阴得正,上承九五至尊,有阴首之象,故以"月几望"譬喻六四。"匹"谓相当、相敌之意,与六四相敌者,即指六三也。六三、六四为中孚卦唯二的两个阴爻,且皆居于中孚卦之中心二爻,两爻十分类似,有匹敌之象,犹如马之相类者也。当六三与六四为敌,欲进而攻之之时,六四无心与之为敌,弃六三而上承九五,乃得无咎,故曰:"马匹亡,无咎。"

中孚卦九五爻曰:"有孚挛如,无咎。"如前文解析小畜卦之九五爻"有孚挛如,富以其邻"时所言,"挛如"指相互牵连的样子,"有孚挛如"指对于诚信的坚守,需要一以贯之,绝不可半途而废。九五居中且正,履践尊位,为群物之主,金口玉言,须言而有信,诚信原则不可有一日一时或废,唯其如此,方得无咎。

中孚卦上九爻曰:"翰音登于天,贞凶。"王弼、孔颖达认为,"翰"指高飞,"翰音"即"飞音","飞音者,音飞而实不从之谓也"[1],上九居中孚卦之极,乃处"信之终,信终则衰也。信衰则诈起,而忠笃内丧,华美外扬,若鸟于翰音登于天,虚声远闻也"[2],故谓之"翰音登于天"。《说文解字》曰:"翰,天鸡赤羽也。"所谓"天鸡"即指山鸡。而根据《礼记·曲礼》记载,"鸡曰翰音"。鸡虽有羽翼而不能高飞,若勉强登天,必将跌落而亡,上九乃信之极,至极必衰,"信非所信而不知变"[3],虽得其贞,亦凶道也。朱熹、高亨皆采此说。笔者以为,王、孔之解过于迂回牵强,应采朱、高之解为是。

从以上中孚卦之卦辞爻辞解析可知,中孚卦强调诚信原则须施行于为人处世的方方面面,无所不及,而不该有任何遗漏之处,唯其如此,方能得到众人之真

---

① [魏]王弼撰,楼宇烈校释:《周易注校释》,中华书局2012年版,第219页。
② [魏]王弼、[晋]韩康伯注,[唐]孔颖达正义:《周易正义》,中国致公出版社2009年版,第238页。
③ [宋]朱熹:《周易本义》,廖名春点校,中华书局2009年版,第212页。

诚信任。自初九爻至上九爻,分别强调了遵守诚信原则时需要注意的地方:首先,诚信原则要求专心专一,不得三心二意;其次,处于不利境地之时,仍需坚守诚信原则,不可稍有松懈;再次,对于诚信原则的坚守,需要一以贯之,不可有一日或废,绝不能三天打鱼两天晒网;最后,坚持诚信原则并不意味着因循守旧,不懂变通,要根据实际情况进行改革调整,与时俱进。

三、损益之道中的诚信原则

损卦卦辞中出现"有孚"一次。益卦爻辞中出现"有孚"两次。不仅如此,损卦与益卦两者互为补充,完整阐述了损益之道中对于诚信原则的坚守,故将此二卦放在一起进行分析。

(一)损卦

损卦卦辞曰:"损:有孚,元吉,无咎,可贞,利有攸往。曷之用?二簋可用享。"损卦上艮下兑,艮为山,兑为泽,山体高大居上,犹如贵族统治阶级,泽地低洼居下,犹如被统治的庶民大众。贵族制定赋税制度、劳役制度,取民之财、夺民之力,损下而益上,此为损之道。若损之过甚,朝令夕改,横征暴敛,则民不堪重负,必将起而反抗,但如果以诚信原则为前提而行损道,不滥加苛捐杂税,不妄征民夫杂役,则百姓安心纳赋税、服劳役,结果才能获得元吉。以此行事,方得无咎。此即谓"损:有孚,元吉,无咎,可贞,利有攸往"。

"曷"古同"盍","何不"之意。"簋"为古代盛食物的器皿,所盛食物为黍稷等物,而非牛羊等大牲畜,且仅用二簋,其义在于简约。征税服役,损下益上,行损之礼,贵在诚信,若以诚信行损礼,两碗米饭以祭鬼神即可,而无须费之以牛羊大牺牲。故谓之"曷之用?二簋可用享"。

(二)益卦

与损卦相反,益卦损上而益下,益卦卦辞曰:"益:利有攸往,利涉大川。"六二、九五皆居中且正,中正行事,故"利有攸往",往必得吉。上自损而益下,民皆欢欣鼓舞,歌功颂德,一心拥护,故以益道涉难,犹如木行泽上,无惧浮沉,行必得吉,故谓之"利涉大川"。

益卦六三爻曰:"益之,用凶事,无咎。有孚,中行,告公用圭。"六三以阴居阳位,有向上求益之义,故曰"益之"。阴居阳位有违谦道,本应有咎,然求益或为自己,或为他人,前者有害,后者无咎。若当黎民百姓遭遇灾年战乱,民不聊生之际,求益于上以求降低赋税,减轻劳役,甚至促使政府放粮救灾,此即"用凶事",结果使得民众得以休养生息,活人无数,故"无咎"也。损上益下践行益道之时,必须讲诚信,绝不能欺瞒于上,夸大民间灾情,虚报救灾所需,贪污上之财货,故谓之"中孚"。同时,发放救灾物资之时,必须持中守正,无有偏私,此即谓"中行"。天下之主为王,次于王者为"公"。孔颖达认为"告公用圭"指"执圭以告于公"①,笔者认为不妥。"圭"者,"瑞玉也,上圆下方。公执桓圭,九寸"(《说文解字》),"公"方能执圭,故"圭"象征公之身份,代表其权威性。"告公用圭"应指六三将民间灾情上告于公,公闻之,发布命令,令六三携带公之圭,代表公去执行命令,拯济灾民。此圭跟在外征战的元帅发布行军作战命令时交给将领的令箭是一个作用,代表了发布命令者的身份,执圭者就是公的代理人。

益卦九五爻曰:"有孚惠心,勿问元吉,有孚惠我德。"九五处位得尊,为益之主。益道损上益下,看起来好像贵族统治阶级吃亏了,其实不然,王公秉持诚信之心损上益下,使民得利,民皆感恩,亦必同样以诚信待王公,真心拥戴,对于王公而言,并没有什么真正的损失,反而还因此而收获了民心,巩固了统治,从长远来看,必将因此而受益,此即谓"有孚惠心"。有惠有信,尽民之愿,必将获吉,这一结果,不问而知,故曰"勿问元吉"。正如孔子所言:"因民之所利而利之,斯不亦惠而不费乎。"(《论语·尧曰》)王公有信于民,顺应民心,损上益下,故民皆投桃报李,信于王公,顺王公之德,此即谓"有孚惠我德"。天下皆以信惠归之,有天下归心之象,则王公可得志于天下,故《象传》曰:"'惠我德',大得志也。"

(三)小结

从以上对损卦与益卦相关卦辞爻辞的分析可知,《周易》的损益之道告诫世人:在征收赋税损下益上的过程中,必须坚守诚信原则,绝不可朝令夕改,令民众无所适从,否则民众必然起而反抗;在开仓救灾损上益下的过程中,也必须秉持诚信原则,说到做到,如此方能得到民众之真心拥戴,如果言而无信,其结果必然使得政府失去公信力,严重损害其统治基础。

第二节　契约行为

《周易》之中,与民法中的契约行为相近的主要有两对词:"往(来)"与"复","丧"与"得"。一往(来)一复,一丧一得,看起来与契约行为的相互交易十分类似。武树臣先生认为,泰卦之"无平不陂,无往不复",复卦之"出入无疾,

① ［魏］王弼、［晋］韩康伯注,［唐］孔颖达正义:《周易正义》,中国致公出版社2009年版,第176页。

朋来无咎。反复其道,七日来复,利有攸往",解卦之"利西南。无所往,其来复,吉;有攸往,夙吉",这些卦辞爻辞所描述的都是当时的买卖交易行为。另外,坤卦之"西南得朋,东北丧朋",晋卦之"失得勿恤,往,吉,无不利",井卦之"无丧无得",震卦之"不丧匕鬯""亿无丧""亿丧贝",旅卦之"旅即次,怀其资""得其资斧",等等,都是当时商人活动的记录。前面三卦都有"往(来)"与"复"二字,后面五卦则主要围绕"丧"与"得"二字。此外,损卦与益卦,一损一益,亦与契约交易行为相近,且损卦之六五爻与益卦之六二爻皆有"或益之,十朋之龟,弗克违"之语,神似一个契约行为的全过程。

一、"往(来)"与"复"

涉及"往"与"复"的主要有三个卦,分别为泰卦、复卦与解卦。

(一)泰卦:"无平不陂,无往不复"

泰卦九三爻曰:"无平不陂,无往不复。艰贞无咎。勿恤其孚,于食有福。"上文讲述诚信原则之时,因该爻辞有"勿恤其孚"一语,故对该句从诚实信用原则的角度进行了分析,此处基于契约精神的角度进行新的解读。

武树臣先生认为:"平","议"也,指契约;"陂"借为"贩","贩,买贱卖贵者"(《说文解字》),故"陂"指把财物从此地迁至彼地。"往"与"复"指货物、货币的交换往来。故而,"无平不陂,无往不复"的意思是指:买卖双方如未达成协议,卖方则无义务送货;卖方不送货,买方也无义务交出价金。①《周易》本就不存在一个绝对正确、确定无疑的正解,故历代学者都可以根据自己的理解,对其进行注释,所以武树臣先生基于法律的视角,以公平交易行为来解析这一爻辞,不仅可行,而且其解甚妙。不过,武先生之解析有两个前提条件:其一,认为"平"即"评议"之"评",故有契约之义;其二,认为"陂"乃"贩"之借用,为贩卖之意。如此一来,方能将"无平不陂"解释为"没有协议,就不需要转移交易之标的"。但是,这两个假定的前提是值得商榷的。从"无平不陂"之字面意义来考量,"平"指平坦,"陂"指斜坡,二者一平一斜,辩证相对。硬要将"平"解为"评","陂"借为"贩",并无足够的说服力。

"无平不陂"硬解为买卖交易行为不甚妥当,反倒是"无往不复"与契约之道暗合。在先给货后付款的交易行为中,"往"即送货,"复"即付款,货未交付,则可以拒绝付款;在先付款后给货的交易行为中,"往"即付款,"复"即送货,货款

①　武树臣:《儒家法律传统》,法律出版社2003年版,第178页。

未付,则可以拒绝交付货物;若对于送货与付款并未约定履行先后顺序的,则一方未为对待给付之前,另一方可以拒绝相应的履行请求。用现代合同法术语来说,其中包含着两种抗辩权,即先履行抗辩权与同时履行抗辩权,具体而言:若契约签订之后,本应先履行的一方未能及时履约却要求对方先履行的,另一方可以行使先履行抗辩权,拒绝其相应的履行请求。如果契约之中没有约定先后履行顺序的,应当同时履行,一方在对方履行之前有权使用同时履行抗辩权拒绝其履行请求。此即谓之"无往不复"。

在此语境下,"艰贞无咎""勿恤有孚,于食有福"亦可有合理的新解。在缔结与履行契约的过程中,必须坚持一往一复的原则,一手交钱,一手交货,有来有往方是正当的交易行为,只要买卖双方都能坚持"往复"原则,坚守正道,而不坑蒙拐骗,必然无咎,故谓之"艰贞无咎"。"恤"为担忧,"孚"为诚信。在"往复"交易的过程中,只要双方当事人能够诚实守信,就无须担忧,故曰:"勿恤其孚。"而这种财货"往复"的交易行为,在双方当事人坚守诚信原则的基础上,必然生意火爆,交易双方都会从中获益甚多,结果必然走上致富的康庄大道,就有了足够的财力置办食物,此即谓"于食有福"。

(二)复卦:"出入无疾,朋来无咎。反复其道,七日来复,利有攸往"

武树臣先生将复卦卦辞中的"朋来无咎,反复其道,七日来复,利有攸往"解读为"买方把一部分货币先送到卖方,卖方便送去货物,买方接到货物后又交来全部价金,这对买卖双方均有利"[1]。所以,他将该卦辞所描述的内容定性为一宗"先交付定金又分期送货的较复杂的买卖"。《周易》之解读仁者见仁智者见智,笔者从尽量遵循原意的基础上,对复卦的卦辞爻辞进行解析,以证该卦是否与契约行为有关。

复卦卦辞曰:"复:亨。出入无疾,朋来无咎。反复其道,七日来复,利有攸往。"剥卦五爻为阴,仅余上九为阳爻。剥尽则为纯坤,六爻皆阴。阴气最盛之时,微弱的阳气已经开始孕育。阳气复生于下,一阳初生,是为复卦。复卦上坤下震,坤为地,震为雷,雷动地下,万物复苏。阳气复返,顺势而上,无不亨通,故谓之"复:亨"。

王弼、孔颖达认为"出则刚长,入则阳反"[2]。初阳既生,阳刚渐长,故谓之"刚长"。"反"者,"返"也,由纯坤而复卦,阳气重返,故谓之"阳反"。阳气重返,阳刚渐长,阴晦远遁,万物复苏,小人道消,君子道长,自然无有疾病,故谓之

---

①　武树臣:《儒家法律传统》,法律出版社 2003 年版,第 179 页。

②　[魏]王弼、[晋]韩康伯注,[唐]孔颖达正义:《周易正义》,中国致公出版社 2009 年版,第 114 页。

"出入无疾"。一阳既生于下,余阳亦将随之而来,众阳朋聚,自然无有咎害,故谓之"朋来无咎"。此即所谓"出入无疾,朋来无咎"。

朱熹则从占卜的角度出发,认为占得复卦,则有亨道,故"为己之出入,既得无疾,朋类之来,亦得无咎"①。也就是说,一旦占到复卦,则不仅自己出入无疾,而且朋友若来访,亦无咎害。高亨关于"出入无疾,朋来无咎"之解析,与朱熹相同,不过他别出心裁,认为"亨即享字,祭也"②,从而得出结论,一旦占到此卦,则可举行享祭。高亨对于"亨"之解不妥,通观复卦,其核心要义在于一阳初生,生机勃勃,顺势而上,万物亨通,故将"亨"直接解为"亨通",更符合该卦之精神气质,硬要将之附会为"享祭",过于牵强。

关于"七日来复"为何是"七日",历代大家皆有不同解读,在此不予赘述。③相较而言,王弼之解简洁清晰且有说服力:"阳气始剥尽,至来复时,凡七日。"④从阳气始剥之姤卦,经遁卦、否卦、观卦、剥卦,阳气依次渐剥,至坤卦阳气尽剥,再至于一阳复生之复卦,共历经七卦,一日一卦,故谓之"七日"。自复卦一阳初生始,经临卦、泰卦、大壮卦、夬卦,阳气依次渐长,至乾卦六爻皆阳,再至于阳气始剥之姤卦,亦历经七卦。所谓"反复其道,七日来复",七日一来,七日一复,来复之间,周而复始,此为大道根本。因为复卦一阳初生,顺势而上,小人道消,君子道长,往则有利,故谓之"利有攸往"。孔颖达从王弼解。

朱熹对于后者之解析与王弼、孔颖达相类,认为"反复"之"复"为"覆","剥尽则为纯坤,十月之卦,而阳气已生于下矣。积之逾月,然后一阳之体始成而来复,故十有一月,其卦为《复》……又自五月《姤》卦一阴始生,至此七爻而一阳来复,乃天运之自然,故其占又为'反复其道'。至于七日,当得来复,又以刚德方长,故其占又为'利有攸往'也。'反复其道',往而复来,来而复往之意。'七日'者,所占来复之期也"⑤。既然一月对应一卦,历经七月而一往复,为何不说"七月来复"而说"七日来复"呢?孔颖达认为,这是因为"欲见阳长须速,故变月言日"⑥。

虽然对于"出入无疾,朋来无咎"之解高亨先生与朱熹相同,但是,二者对于"反复其道,七日来复"之解并不一致。高亨认为"反复其道,七日来复"其意为

---

① [宋]朱熹:《周易本义》,廖名春点校,中华书局 2009 年版,第 109 页。
② 高亨:《周易大传今注》,齐鲁书社 2009 年版,第 201 页。
③ 关于"七日"之各家解读,可参考楼宇烈:《周易注校释》,中华书局 2012 年版,第 32 页,校释[三]。
④ [魏]王弼撰,楼宇烈校释:《周易注校释》,中华书局 2012 年版,第 91 页。
⑤ [宋]朱熹:《周易本义》,廖名春点校,中华书局 2009 年版,第 109 页。
⑥ [魏]王弼、[晋]韩康伯注,[唐]孔颖达正义:《周易正义》,中国致公出版社 2009 年版,第 115 页。

"出行者往返于道中,七日可以复归"①。

对于"出入无疾,朋来无咎",王弼、孔颖达之解为最符合原意之正解,对于"反复其道,七日来复",王弼、孔颖达、朱熹之解为最符合原意之正解。不过,《周易》之神奇正在于其解析并非唯一,尤其是应用于不同领域,其含义可做适当的调整。以复卦为例,如果"出入无疾,朋来无咎"采朱熹之解"为己之出入,既得无疾,朋类之来,亦得无咎","反复其道,七日来复"采高亨之解"出行者往返于道中,七日可以复归",则"出入无疾,朋来无咎。反复其道,七日来复,利有攸往"可解析为:若占得复卦,则既可出门送货,亦可待在家中,等待对方送货上门,皆有吉星高照,不会有疾病咎害。一来一回,用时七天就能往返。从这个角度来解析,则复卦卦辞描写了一项典型的契约行为。

《象传》曰:"雷在地中,复。先王以至日闭关,商旅不行,后不省方。"因其有"商旅不行"一文,单从文字来看,恐与契约交易行为有关,故简单做一下分析。

复卦上震下坤,上震为雷,下坤为地,坤为纯阴,震为一阳复生于下,故曰"雷在地中,复"。王弼、孔颖达认为"至日"指冬至之日、夏至之日,高亨认为"至日"仅指冬至之日。其实二解皆可,单就复卦而言,冬至之日符合其一阳复生之义,但夏至一阴复生之姤卦所蕴含之义亦同。

"后,继体君也。"(《说文解字》)"开创之君在先,继体之君在后。"(《说文解字注》)故"后"指继承大统的君王。"方,事也"②即指"四方域境"③,故"先王以至日闭关,商旅不行,后不省方"的大意为:先王占得此卦,于冬至之日、夏至之日关闭城门,不纳商旅,君王亦不视察四方域境。为何要如此呢,因为"雷在地中,复"。冬至之日,天寒地冻,一阳复生于下,夏至之日,至热至阳,一阴复生于下。"冬至一阳生,是阳动用而阴复于静也。夏至一阴生,是阴动用而阳复于静也。"④冬至之日,阴需静养而待一阳复生,夏至之日,阳需静养而待一阴复生。一动一静,循环往复,乃合天之道。朱熹之解甚妙:"安静以养微阳也。"⑤

若按前文将"反复其道,七日来复"解为契约行为,则貌似与《象传》之"商旅不行"相冲突,但其实并非如此。所谓"商旅不行"是指冬至之日关闭城门,不纳商旅,不宜出行,静待一阳来复。而一旦一阳已生,自该由静而动,广开城门,广纳商旅,一来一往,反复其道,正是契约行为之貌。

---

① 高亨:《周易大传今注》,齐鲁书社 2009 年版,第 201 页。

② [魏]王弼撰,楼宇烈校释:《周易注校释》,中华书局 2012 年版,第 92 页。

③ [魏]王弼、[晋]韩康伯注,[唐]孔颖达正义:《周易正义》,中国致公出版社 2009 年版,第 116 页。

④ [魏]王弼、[晋]韩康伯注,[唐]孔颖达正义:《周易正义》,中国致公出版社 2009 年版,第 116 页。

⑤ [宋]朱熹:《周易本义》,廖名春点校,中华书局 2009 年版,第 110 页。

（三）解卦："利西南。无所往,其来复,吉;有攸往,夙吉"

武树臣先生认为解卦之"利西南,无所往,其来复,吉,有攸往,夙吉"其义为"建立在相互信任基础上的买卖,达成了协议,货物还没送去,买方就把价金交付了"①。也即是说,武树臣先生认为该卦辞讲述的是一种买方先付款、卖方再给付货物的契约行为。此解过于牵强,与解卦卦辞之原意相去甚远。

"解卦含有二义,一指解除险难,一指舒缓。"②其解决险难之程度或有区别,一为彻底解除,二为暂时舒缓,但其指向皆为解难济险。西南为坤,坤者,地也,众也。所谓"利西南"其义有二,可分别从"地"与"众"这两个角度解析。西南为地,东北为山。地势平整,则一马平川,山高道阻,则寸步难行,欲要解难济险,利西南,而不利东北,故曰"解:利西南"。西南为众,"解难济险,利施于众也"③。"施解于众,则所济者弘。"④既然是解难济险,自然是所解者多多益善,兼济为美,故曰"解:利西南"。

若无险难需要解决,则退守静默,来复为宜,故曰"无所往,其来复"。"夙"者,早也。若有险难需要解决,则应尽早尽快去解决为宜,故曰"有攸往,夙吉"。解卦之要义在于解难济险,应当迅捷快速,而当险难既解,则应迅速恢复平和安静之生活。

从解卦卦辞之解析可知,其义与契约行为并无关涉。

从上文之解析可知,《周易》之中涉及"来（往）"与"复"的三卦之中,泰卦之"无平不陂,无往不复"与复卦之"出入无疾,朋来无咎。反复其道,七日来复,利有攸往"可理解为契约交易行为,而解卦之"利西南。无所往,其来复,吉;有攸往,夙吉"则与契约交易行为无关。

二、"丧"与"得"

涉及"得"与"丧"的主要有坤卦、晋卦、井卦、震卦与旅卦,分别为坤卦之"西南得朋,东北丧朋",晋卦之"失得勿恤,往,吉,无不利",井卦之"无丧无得",震卦之"不丧匕鬯""亿无丧""亿丧贝",旅卦之"旅即次,怀其资,得童仆贞""旅焚其次,丧其童仆,贞厉""得其资斧"。

---

① 武树臣:《儒家法律传统》,法律出版社 2003 年版,第 179 页。
② ［魏］王弼撰,楼宇烈校释:《周易注校释》,中华书局 2012 年版,第 149 页,校释［一］。
③ ［魏］王弼撰,楼宇烈校释:《周易注校释》,中华书局 2012 年版,第 147 页。
④ ［魏］王弼、［晋］韩康伯注,［唐］孔颖达正义:《周易正义》,中国致公出版社 2009 年版,第 167 页。

（一）坤卦："西南得朋，东北丧朋"

坤卦卦辞曰："坤：元亨，利牝马之贞。君子有攸往，先迷后得主，利。西南得朋，东北丧朋，安贞吉。"

所谓"西南得朋，东北丧朋"一般通说认为，"朋"为同门者也。譬如孔颖达在兑卦中解析《象传》"君子以朋友讲习"一文时便说"同门曰朋，同志曰友"[1]。西南为坤位，乃纯阴之地，若往西南，则是以阴诣阴，同道得朋。但是，因为俱为阴类，不获贞吉。而东北与西南相反，乃为纯阳之地，若往东北，则是以阴诣阳，丧失阴朋，以阴而兼有阳，阴阳相交而得和谐，故得安静贞正之吉，故曰"西南得朋，东北丧朋，安贞吉"。以君臣譬喻，君为阳，臣为阴，"东北丧朋"则如人臣离其朋党而入朝辅君；以夫妻譬喻，夫为阳，妻为阴，"东北丧朋"则如女子离其闺密而入夫家为妻。入朝辅君是人臣之正道，入夫之室乃妇人之正道，故"安贞吉"。

此外，"朋"之义除了"朋友"之朋，还有货币单位一说。殷商之时最通行的货币单位为贝，而朋与贝的关系有三种说法："两贝一朋"、"五贝一朋"与"十贝一朋"。另有一种说法，西周之时五贝一串，两串一朋。不论采何说，"朋"皆为"贝"之上的货币计量单位。依此，则"西南得朋，东北丧朋"可解析为：占得此卦，则出门做生意宜往西南而行，勿往东北而行，若往西南而行，必有收益，能获得钱财，若往东北而行，生意必亏，将丧失钱财。

如果从本卦卦义进行全面解析，则"西南得朋，东北丧朋"之"朋"采"同门"之解符合整体卦义；如果从占卜角度进行解析，则"西南得朋，东北丧朋"之"朋"采"货币单位"之解亦无不可。若采后解，则其虽未与契约行为直接关联，但的确与商贸交易行为有关。

（二）晋卦："失得勿恤，往，吉，无不利"

晋卦六五爻曰："六五：悔亡。失得勿恤。往，吉，无不利。"六五以阴居阳，柔得尊位，宜有悔矣。然晋卦上离下坤，地上有火，为光明大作之象，且坤有顺从之意，光明在上而下皆顺从，故"悔亡"。"恤，忧也。"（《说文解字》）"失得勿恤"意为不论得到或者失去都不要在意。该爻之义为，只要去除功利之心，不计得失，则无往而不利，必获大吉。从此爻辞之解析可知，"失得勿恤，往，吉，无不利"所述并非商贸行为、契约行为，而是告诫世人不应患得患失，而应去除功利心、算计心，方得大自在，其结果反而无往而不利。

（三）井卦："无丧无得"

井卦卦辞曰："改邑不改井，无丧无得，往来井井；汔至亦未繘井，羸其

---

① ［宋］朱熹：《周易本义》，廖名春点校，中华书局 2009 年版，第 228 页。

瓶,凶。"

随着时光变迁,城邑或有兴衰迁移,但是水井不会移动,一如既往地哺育着当地的百姓,故曰"改邑不改井"。关于"无丧无得",孔颖达之解最佳:"此明井用有常德,终日引汲,未尝言损;终日泉注,未尝言益,故曰'无丧无得'也。"①"井井"为洁净不变貌,人来人往自井中汲水,井水依旧洁净不变,故谓之"往来井井"。

"汔,水涸也。"(《说文解字》)此处并非指井水干涸之意,而是指"几近"之意。"水涸为将尽之时,故引申之义曰危,曰几也。"(《说文解字注》)"繘,绠也。"(《说文解字》)指井上汲水的绳索。"羸"通"累",为缠绕、困住之意。"汔至亦未繘井,羸其瓶,凶"指汲水之时,绳子几近到了井口,汲水的瓶子却被绳子缠绕住,结果功亏一篑。虽然付出甚多,但是只要最终未获成功,则与从未努力的结果是一样的。此爻以汲水为喻,告诫世人,行百里者半九十,切不可因为行将成功而志得意满放弃警惕,结果很有可能功亏一篑。

从以上分析可知,"无丧无得"之"得"与"丧"所言为井水之损益,并未涉及交易行为、契约行为。

(四)震卦:"不丧匕鬯","亿无丧","亿丧贝"

震卦卦辞中有"不丧匕鬯"之文,六二爻辞有"亿丧贝",六五爻辞有"亿无丧",皆有"丧"字,下文从震卦卦辞爻辞进行分析,看其是否与交易行为、契约行为有关。

1. 震卦卦辞曰:"震:亨。震来虩虩,笑言哑哑。震惊百里,不丧匕鬯。"

震卦为雷,震而动,气象更新,因惊惧而不敢越雷池,修省自身,由惧而获亨,故曰"震:亨"。"虩虩,恐惧之貌也。哑哑,笑语之声也。"②雷之威,威行天下,震慑神魂,闻之则惊惧不已。但正因为惊惧于天雷之威,不敢为非作歹,结果安保其福,故先虩虩而惧,后哑哑而笑。雷行天下,风闻者不止百里,所谓"震惊百里"之"百里"盖因殷商之时谓百里为一国,故"震惊百里"之义为"震惊一国"。匕,古时指勺、匙之类的取食用具。鬯,指用黑黍与香草酿成的香酒,后盛香酒之器皿亦谓之鬯。匕与鬯皆为祭祀器具。震卦为长子,在此指天子长子,手持匕鬯主持宗庙祭祀,骤闻天雷滚滚,震惊一国,然天子长子谨守本心,勤修自省,问心无愧,面不改色,手中匕鬯并未因雷震之惊而失手跌落。如此人物,堪当大任,入可代天子主持宗庙祭祀,出可为君王守护天下黎民。从震卦卦辞之解析可知,所谓"不丧匕鬯"之"丧"仅指失手落地之意,与交易行为无关。

---

① [魏]王弼、[晋]韩康伯注,[唐]孔颖达正义:《周易正义》,中国致公出版社2009年版,第1页。
② [魏]王弼、[晋]韩康伯注,[唐]孔颖达正义:《周易正义》,中国致公出版社2009年版,第1页。

2."六二:震来厉,亿丧贝,跻于九陵。勿逐,七日得。"

六二以阴柔乘初九之阳刚,傲尊凌贵,天所不容,天雷阵阵,必有危亡,故曰"震来厉"。贝为古代货币计量单位。王弼曰:"亿,辞也。"[①]认为"亿"为语气词。而按武树臣先生的观点,"亿,古以十万为亿,此言数量之多"[②]。笔者以为,武树臣先生之解不足取,因为如果将此处的"亿"解为"十万",则"亿丧贝"应写为"丧亿贝"方才合理。此处的"亿"应按王弼的观点解为语气词,其义如"噫",相当于现代汉语的"唉",表达叹息之意。

"跻,登也。"(《说文解字》)"陵"为大土山,"九陵"言山之极高。王弼将"跻于九陵"解为超越陵险,认为六二爻之义为"威严大行,物莫之纳,无粮而走。虽复超越陵险,必困于穷匮,不过七日"。雷震于天,其煌煌天威大行天下,无物可与之相抗,结果犯逆之徒资粮尽丧,虽然翻山越岭,貌似能够脱困而出,但是弹尽粮绝之下,必将困于穷匮,最多能够坚持七日,终将为有司所获。高亨先生则认为该爻记载的是古代的一则故事,大略为"盖有人外出,遇巨雷来,若将击人,其势危险。其人因惊慌而失其贝,其时方登于九陵之上"[③]。如若占得此爻,则勿追寻,七日可得。

从以上分析可知,不论采王弼之解,或是采高亨之解,所谓"亿丧贝"都应解为丢失了钱财货币,而与交易行为、契约行为无关。此外,武树臣先生认为震卦之"亿丧贝,跻于九陵,勿逐,七日得"(六二爻)、"震行,无眚"(六三爻)、"亿无丧有事"(六五爻)合在一起,描述的是拾得遗失物该如何处理,关于这一问题,笔者将在本章第四节"拾得遗失物"详述,此处不予赘述。

3."六五:震往来厉,亿无丧,有事。"

此"亿"应同六二"亿丧贝"之"亿",为"噫"之义。"事"为"事功"之义。六五与六二相似,亦是以柔乘刚,且六五以阴柔居尊位,故无时不危,所幸其得位居中,故无丧而有事功。《象传》曰:"震往来厉,危行也;其事在中,大无丧也。"如果往来畏惧不定,则其行必危,六五居尊位,为"大",应以"大"从事,则无危而有功。据该爻之义可知,"亿无丧"之"丧"仅指失去之意,与交易行为无关。

(五)旅卦:"旅即次,怀其资,得童仆贞","旅焚其次,丧其童仆,贞厉","得其资斧"

旅卦涉"得""丧"二字之处颇多,为求其义之正解,须将旅卦之卦辞爻辞进

①　[魏]王弼撰,楼宇烈校释:《周易注校释》,中华书局 2012 年版,第 190 页。
②　武树臣:《儒家法律传统》,法律出版社 2003 年版,第 180 页。
③　高亨:《周易大传今注》,齐鲁书社 2009 年版,第 1 页。

行整体解析。旅卦曰:"旅:小亨,旅贞吉。初六:旅琐琐,斯其所取灾。六二:旅即次,怀其资,得童仆贞。九三:旅焚其次,丧其童仆,贞厉。九四:旅于处,得其资斧,我心不快。六五:射雉一矢,亡。终以誉命。上九:鸟焚其巢,旅人先笑后号咷。丧牛于易,凶。"

旅卦之前卦为丰卦,《序卦》曰:"《丰》者,大也。穷大者必失其居,故受之以《旅》。"水满则溢,物极必反,丰大之家必失其居,旅卦为去其故居、客居他乡之义。旅卦上艮下离,艮为止,离为明,止于离明,寓意外出他乡,依附于光明之主人,并未流离失所,只要旅人恪守贞正之道,必将获吉。但毕竟是作客他乡,福祸难料,即便主人光明,亦仅得小亨通,故卦辞曰:"旅:小亨,旅贞吉。"

1."初六:旅琐琐,斯其所取灾。"

"旅"为出门在外之人。高亨先生认为"琐借为惢。惢惢,多疑也"[1]。"旅琐琐"即"旅客惢惢多疑"。"琐"与"惢"两字读音虽同,但是"琐借为惢"并无依据,强做此解,并无必要。高亨先生认为"琐借为惢"其原因应该在于《说文解字》有云"惢,读若《易》'旅琐琐'"。但是,该文写得很明确,仅仅是说"惢"之读音与《周易》中"旅琐琐"之"琐"字相同,并未言及其字义是否相同相近。按常理推论,既未言及,则说明二者仅音同而义不同。《说文解字注》亦注曰:"惢,读若《易》'旅琐琐'。《旅》初六爻辞。惢读如此'琐'也。"很明显,其强调的亦是二者读音相同而已。高亨先生之解有误。笔者以为,解析该爻辞,从"琐"之原意着手即可。"琐,玉声也。"(《说文解字》)"玉声,谓玉之小声也。琐琐,小也。"(《说文解字注》)由"小"而衍生出卑贱低下之义。

"斯"之义,众说纷纭。高亨先生认为"斯,离也",并将该爻辞断句为"斯其所,取灾",从而将之解为"离其故居,结果招致灾难"[2]。"斯"解为"离"并无依据,且旅卦六爻皆离其故居,何以独独初六爻因离其故居而取灾?高亨先生之解不足取。王弼注云:"最处下极,寄旅不得所安,而为斯贱之役,所取致灾,志穷且困。"[3]孔颖达认为王弼所注"斯贱之役"为"斯卑贱之役",认为"贱之役"其义为"卑贱之役",将"斯"解为"此"。楼宇烈先生则援引郭京(《周易举正》)与焦循(《周易补疏》)之说,认为王弼"斯贱之役"之"斯"借为"厮"。笔者以为,对于王弼之"斯贱之役",郭京、焦循、楼宇烈之解为是。"斯贱之役"应为"厮贱之役"。厮,古代指干粗活杂活的男奴隶,"厮贱之役"其义为"卑贱之活计"。孔颖

---

① 高亨:《周易大传今注》,齐鲁书社 2009 年版,第 400 页。
② 高亨:《周易大传今注》,齐鲁书社 2009 年版,第 400 页。
③ [魏]王弼撰,楼宇烈校释:《周易注校释》,中华书局 2012 年版,第 205 页。

达将"斯贱之役"解为"此贱之役"不妥。但是,若回到初六爻辞"斯其所取灾",王弼将"斯"解为"斯(厮)贱之役"并不妥当,因为前文"琐琐"本就有"卑贱低下"之义,无须将"斯"作此衍生,"斯"之义直译为"此"即可。所以,孔颖达对王弼所注之解有误,但是其解恰是初六爻辞原文之正解。孔颖达之所以曲解王弼之意,有强行为其洗白之目的。

"旅琐琐,斯其所取灾"应取孔颖达之解:"初六当旅之时,最处下极,是寄旅不得所安,而为斯卑贱之役。然则为斯卑贱劳役,由其处于穷下,故致此灾。"①

2."六二:旅即次,怀其资,得童仆贞。"

"次,舍也",为旅行所居止之处所。"旅即次"意为行旅之人居有舍,无颠沛流离之苦。"资,货也。"(《说文解字》)"怀其资"意为怀藏有钱财。高亨先生为了与九四爻之"得其资斧"相对应,引唐陆德明所撰之《经典释文》,认为"资下当有斧字。资,货也;斧,铜币之作斧形者。资斧犹言钱币也"②。笔者以为,大可不必做如此猜测,"资"为"货",本就可引申为钱财之意,并非非得加上"斧"字方可以指代钱财。

"童仆"为家中侍奉主人的孩童和仆人,或单指男奴隶。贞,正也。"得童仆贞"其义可有二解。其解一,因为旅客怀藏钱财,有足够的经济实力购买童仆,故得到童仆的过程并无悖理强占之处,而是公平买卖,童叟无欺。其解二,旅客所得之童仆为良善之辈,性情秉正,非歪门邪道之人。不论做何解,皆为吉兆,尤其对出门在外的旅人而言,更是如此。

六二得位居中,有柔顺中正之德,则居有次舍,怀有资财,以正道得秉正之童仆,虽出门在外,却顺风顺水,无有祸患,诚如朱熹所言:"'即次'则安,怀资则裕,得其'童仆'之贞信,则无欺而有赖,旅之最吉者也。"③

3."九三:旅焚其次,丧其童仆,贞厉。"

该爻辞其义明晰,并无争议之处。唯一一点异议在于,笔者以为,若六二爻之"得童仆贞"采上文之解二,则九三爻断句应为"旅焚其次,丧其童仆贞,厉"。"丧其童仆贞"意为:因为旅客不行正道,故丧失了童仆原本对他的忠诚。作为一个客居他乡的旅人,本应韬光养晦,柔顺承上,九三位不当中,上无其应,却据下体之上,与二相得,以客旅之身,却欲行主人之道,必为主人所疑,故其旅舍被焚毁,丧失童仆之贞正,身亦危矣。这正如本为臣子之身份,却欲行君王之道,必

---

① ［魏］王弼、［晋］韩康伯注,［唐］孔颖达正义:《周易正义》,中国致公出版社 2009 年版,第 223 页。
② 高亨:《周易大传今注》,齐鲁书社 2009 年版,第 401 页。
③ ［宋］朱熹:《周易本义》,廖名春点校,中华书局 2009 年版,第 198 页。

为君王所嫉,其结果必然是家毁身丧,不得善终。

4."九四:旅于处,得其资斧,我心不快。"

"斧"之义,历来有二解。王弼将"斧"解为斧子:"斧,所以斫除荆棘,以安其舍者也。"①孔颖达从其解。按王、孔之解,九三据下体之上,虽为客人,却不守客道,妄图以主人自居,故为主人所疑,结果落了个舍毁仆丧的下场。而九四与九三不同,其处上体之下,守为客之道,然阳处阴位,不得其位,故其求取旅舍,并不能获得平坦之地,需用斧子斫除荆棘,方得安歇之所,所以他心里感到不痛快。王、孔之解甚合卦义,不过二人皆未对"资"字作解。

高亨先生则认为"资斧"即钱币,六二爻之"怀其资"本应为"怀其资斧",乃《周易》传抄过程中脱漏了"斧"字所致。按高亨先生之解,旅客在先前的住所被焚毁之后,又得到了新的房子居住,前面曾经丢失的钱财失而复得,但是他心里仍然感到不高兴,因为先前所遭遇的住所被焚、童仆丧失、钱财丢失都是有歹人在暗害于他。

笔者以为,高亨先生之解过于牵强。九三爻仅言及"焚其次""丧其童仆",并未言及钱财之丧。此外,重获钱财却心有不快,从逻辑上说不通。相对而言,王、孔之解比较符合爻辞原意。至于"资"字可解为"供给、帮助"之义,将"资斧"解为"资于斧",资于斧而得其处,借助斧子之助,斫除荆棘,平整土地,最终获得安身立命之所。

5."六五:射雉一矢,亡。终以誉命。"

"雉"即野鸡,鸟之美丽者也,尤其雄雉尾长羽丽。《彖传》曰:"离,丽也。"故朱熹云:"雉,文明之物,离之象也。"②旅卦上离下艮,六五处上卦之中位,故以雉喻之。"射雉一矢"没有歧义,历代大家之争议在于所"亡"者为何,"亡雉"还是"亡矢"?

王弼曰:"射雉以一矢,而复亡之,明虽有雉,终不可得矣。"③认为所亡为雉。虽然雉被射中了一矢,最终仍是跑了,旅人最终未能获得该雉。孔颖达则将"射雉一矢,亡"之义解释为"射雉,唯有一矢,射之而复亡失其矢,其雉终不可得"④,认为所亡为矢,而非雉。朱熹亦认为所亡为矢,但是正因为仅亡一矢,损失不大,其结果为吉,故曰:"虽不无亡矢之费,而所丧不多,终有誉命也。"⑤

---

① [魏]王弼撰,楼宇烈校释:《周易注校释》,中华书局 2012 年版,第 206 页。
② [宋]朱熹:《周易本义》,廖名春点校,中华书局 2009 年版,第 199 页。
③ [魏]王弼撰,楼宇烈校释:《周易注校释》,中华书局 2012 年版,第 206 页。
④ [魏]王弼、[晋]韩康伯注,[唐]孔颖达正义:《周易正义》,中国致公出版社 2009 年版,第 224 页。
⑤ [宋]朱熹:《周易本义》,廖名春点校,中华书局 2009 年版,第 199 页。

高亨之解则别出心裁,不将"亡"解为"遗失",而将之解为"死亡",认为"射雉一矢,亡"指"旅客射雉,一矢射中而雉死"[1],并将"终以誉命"解释为"终得善射之名,受客地国君之命令予以奖赏"[2]。高亨先生同时表示,"亡"亦可解为"失","射雉一矢,亡"也可以理解成雉被一矢射中,雉带矢飞去,雉与矢皆失。

身为客居他乡之旅人,须谦逊柔顺,不可以主人自居,六五位居尊位,其位终不可保,犹如射雉,即便雉被射中一矢,亦无获雉之可能,其结果要么雉虽伤而逃,要么损失一矢,甚至雉矢皆失。所以身为客人,要有客人的自觉,不可起妄念,反客为主。只要六五提前知晓福祸之萌芽,不下乘九四以侵权,而上承上九以自保,必能获得主人之赏识,以誉见命,得到君上之爵命。《象传》曰:"'终以誉命',上逮也。""逮"者,及也,谓六五能承及于上九,终得君上赏识而封爵命。

6. "上九:鸟焚其巢,旅人先笑后号咷。丧牛于易,凶。"

上九居于最上,犹如鸟雀筑巢于树梢。然而,行旅之人本该柔顺承上,而不该居高临下,以主人自居,否则必遭他人嫉恨,难免飞来横祸。旅人居得上位,志得意满,而后遭人嫉恨,所居房舍被焚,故先笑而后号咷。

上九爻爻辞解析之争议主要在于"丧牛于易"之"易"该做何解。王弼、孔颖达将"易"解释为"难"的反义词,所谓"丧牛于易"指"'丧牛于易',不在于难"[3]。牛为稼穑之资,古时乃普通家庭最重要的财产。由于上九客居主位,遭人嫉恨,故他人明知有歹人偷其耕牛,却无人相告,是以《象传》语云"'丧牛于易',终莫之闻也"。结果,旅人之耕牛轻易丢失。

此外,高亨先生根据《山海经·大荒东经》《竹书纪年》《楚辞·天问》等书之记载,认为"丧牛于易"如《大壮卦》六五爻的"丧羊于易"一样,所讲述的是古时王亥作客有易之国,结果被有易之君绵臣所杀,牛羊被谋夺的故事,甚至旅卦六爻都是对于这一事件的记载。据古书所载,夏朝时,商国第七位君主名王亥。王亥在商丘驯服了牛马,并发明了牛车,用牛车载着货物,来到其他部落交易,互通有无,以商贸之道使得商部落得以强大起来。当王亥带领大量牛羊到有易部落的时候,有易氏的部落首领绵臣见财起意,将王亥杀害,并将其牛羊据为己有。王亥被绵臣杀害于有易并丧其牛羊的故事,经后来出土的甲骨文所证实为真事,后王亥之子上甲微杀绵臣以报父仇之事亦有文字记载。高亨之解可取。另有未经证实的传说,王亥到有易部落后,与绵臣之妻有染,遭绵臣嫉恨而杀人夺货。

---

① 高亨:《周易大传今注》,齐鲁书社 2009 年版,第 402—403 页。

② 高亨:《周易大传今注》,齐鲁书社 2009 年版,第 403 页。

③ [魏]王弼撰,楼宇烈校释:《周易注校释》,中华书局 2012 年版,第 206 页。

这一传说与旅卦上九客居上位、反客为主之义十分契合,结果遭主人所嫉,命财两丧。

从以上分析可知,旅卦告诫世人,为客之人须有为客之道,不得居于主人之上,反客为主,而应柔顺承上,方得顺遂。该卦虽然所针对的是旅人,但是其含义亦与商贾之道暗合,行走他乡与他人进行交易之商人,必须谦逊柔顺,与人为善,童叟无欺,践行正道,方得善果,如果逞强斗狠,必将人财两失。所以,旅卦虽涉"得""丧",但并没有直接描述契约行为,不过却与商贸关系有关。

基于以上分析可知,虽然《周易》之中涉及"得""失"二字的卦辞爻辞甚多,但是绝大部分皆与商贸行为、契约行为无关,武树臣先生关于此问题的部分论断有些过于牵强。其中坤卦之"西南得朋,东北丧朋",旅卦之"旅即次,怀其资,得童仆贞""旅焚其次,丧其童仆,贞厉""得其资斧"虽未直接描述契约行为,但可在一定程度上解为对商贸行为的描述。而晋卦之"失得勿恤,往,吉,无不利",井卦之"无丧无得",震卦之"不丧匕鬯""亿无丧""亿丧贝"虽有"得""丧",但明显与商贸行为、契约行为无关。

三、"损"与"益"

涉及"损益",形似契约行为者共有三处,分别是损卦六五爻"或益之,十朋之龟,弗克违,元吉"与上九爻"利有攸往,得臣无家",以及益卦六二爻"或益之,十朋之龟,弗克违,永贞吉。王用享于帝,吉"。

(一)损卦:"利有攸往,得臣无家","或益之,十朋之龟,弗克违,元吉"

武树臣先生将损卦上九爻之后半句"利有攸往,得臣无家"与六五爻"或益之,十朋之龟,弗克违,元吉"放在一起,认为讲的是这么一个故事:"一个外出做生意的人'捡到'一个无主奴隶,奴隶的原主用'十朋之龟'赎回,商人没有拒绝,避免了纠纷。"[①]武树臣先生之想象力十分丰富,从字面上来看,也的确能自圆其说,要想准确解读"利有攸往,得臣无家"之含义,需要对上九爻整个爻辞进行分析。

"上九:弗损,益之,无咎,贞吉,利有攸往,得臣无家。"损卦损下益上,而上九为损之极,当损己而益天下,然损极则益生,且居上益下,往往惠而不费,结果己未损而人自益,故谓之"弗损,益之",自然"无咎",从而得天下黎民之感恩,民心皆从,只要秉持贞正,必然获吉,无往而不利。"臣,牵也,事君也,象屈服之

形。"(《说文解字》)"得臣"指天下归心,尽皆臣服。天下归心自然无个人小家,唯有整个天下,故曰"得臣无家"。武树臣先生将"臣"解为"奴隶",继而将"得臣无家"解为"捡到一个无主奴隶",该解与高亨先生之解近似。将"利有攸往,得臣无家"与六五爻合到一处,武树臣先生讲述了一个拾得奴隶而被赎回的故事。古时"臣"字的确可以解为"男奴隶",但若损卦六五爻与上九爻的确是在讲述这一故事,按正常叙事逻辑,"利有攸往,得臣无家"理应在前,而"或益之,十朋之龟,弗克违,元吉"应置于后,而实际上正好相反,于理不合,故不足取。

关于"十朋之龟"历来有两种解读。第一种观点,如王弼所云:"朋,党也。龟者,决疑之物也。"[1]孔颖达进一步引马融、郑玄所引《尔雅》云:"十朋之龟者,一曰神龟,二曰灵龟,三曰摄龟,四曰宝龟,五曰文龟,六曰筮龟,七曰山龟,八曰泽龟,九曰水龟,十曰火龟。"[2]"十朋之龟"亦即十种灵异非凡的神龟聚集一处,以龟喻人,是为贤良之才,故孔颖达将"十朋之龟"解析为"群才"。处损卦六五之位,以柔居尊而行损道,群才毕集,为其所用,岂可拒绝,必获大吉,故曰:"或益之,十朋之龟,弗克违,元吉。"

第二种观点则将"朋"解析为货币单位,与西周之时常用的货币单位贝相较,历来有"两贝一朋"、"五贝一朋"和"十贝一朋"三种说法,李鼎祚引崔憬之言,并评析之:"崔憬曰'或之者,疑之也',故用元龟价值二十大贝,龟之最神贵者以决之,不能违其益之义,故获'元吉'。双贝曰'朋'也。"[3]朱熹认为:"两龟为朋,十朋之龟,大宝也。"[4]若两龟为朋,则"十朋"为"二十龟","十朋之龟"为"二十龟之龟",其解不通。笔者以为,"两龟"或为"两贝"之误。若如此,则朱熹之言应为"两贝为朋,十朋之龟,大宝也",也就是说"十朋之龟"是指价值二十贝之龟,价值不凡,故谓之"大宝"。高亨先生则认为"十贝曰朋","益,加也,谓卖予也"[5],并将该爻解析为"有人卖之以价值百贝之龟,不能拒而不买,乃大吉也"[6]。"弗"为"不","克"为"能","违"为"拒绝","弗克违"解为"不能拒绝"应无误。但是,被人强行要求买下价值百贝之龟,而且不能拒绝,何能"大吉"?故高亨先生之解不可取。

笔者以为,"或益之"之"益"应从"损益"作解,可解为"加",但不可再过度

① [魏]王弼撰,楼宇烈校释:《周易注校释》,中华书局2012年版,第153页。
② [魏]王弼、[晋]韩康伯注,[唐]孔颖达正义:《周易正义》,中国致公出版社2009年版,第173页。
③ 张文智:《〈周易集解〉导读》,齐鲁书社2005年版,第259页。
④ [宋]朱熹:《周易本义》,廖名春点校,中华书局2009年版,第157页。
⑤ 高亨:《周易大传今注》,齐鲁书社2009年版,第310页。
⑥ 高亨:《周易大传今注》,齐鲁书社2009年版,第310页。

解为"卖予"。六五以柔居尊而为损之道,身处尊位却谦以待人,有容乃大,百川归海,天下共益之,正如孔颖达所言:"六五居尊以柔而在乎损,而能自抑损者也。居尊而能自抑损,则天下莫不归而益之。"①故谓之"或益之"。"或益之,十朋之龟,弗克违,元吉"当解为:天下共益之六五,其益甚大,可比于价值二十贝、五十贝、百贝之龟,而且民心所向不能拒绝,自然上上大吉。

王弼、孔颖达将"十朋之龟"解为群才,过于勉强,不如朱熹、高亨等人这般将"十朋之龟"解为价值甚高之物品更为妥当。而不论采何解,都与契约行为无关。

(二)益卦:"或益之,十朋之龟,弗克违,永贞吉。王用享于帝,吉"

益卦六二爻曰:"或益之,十朋之龟,弗克违,永贞吉。王用享于帝,吉。"益卦六二爻之前半句与损卦六五爻相近。损卦六五爻曰"或益之,十朋之龟,弗克违,元吉",益卦六二爻则曰"或益之,十朋之龟,弗克违,永贞吉",二者之区别在于前者结论为"元吉",后者结论为"永贞吉",其原因在于损卦六五爻处尊位,天下莫不归而益之,故曰"元吉",而益卦六二爻虽同样以柔居中,然位不当尊,故需保持永远贞正,方能获吉,故曰"永贞吉"。"帝"为"天帝"或"天",王用此时,享祭于天帝,则天道益之,洪福齐天,故曰"王用享于帝,吉"。

高亨先生如解损卦六五爻一般,将益卦六二爻"或益之,十朋之龟,弗克违"解为"有人卖之以价值百贝之龟,不能拒而不买"②,并将"永贞"解为"占问长期之事"。"贞"解为"占问"本无问题,但是若做如是解,则该爻意为"被迫买下百贝之龟,占问长期之事则吉",逻辑上说不通。

从以上分析可知,损卦六五爻与益卦六二爻之"或益之,十朋之龟,弗克违"描述的并非契约行为。

四、契约行为小结

契约行为是现代民法法律行为中最重要的类型之一,西周之时契约行为就已经十分发达,而《周易》作为一部无所不包的奇书,很多内容涉及对西周之时社会面貌、经济行为的描写,不过因为时代、篇幅所限,所涉大多为零散的个案记载,并无系统的描述,对于契约行为的描述同样如此,故"来(往)"与"复"、"得"与"丧"、"损"与"益"这三对词汇虽貌似都与契约行为有一定关联,但是可解为

① [魏]王弼、[晋]韩康伯注,[唐]孔颖达正义:《周易正义》,中国致公出版社2009年版,第173页。
② 高亨:《周易大传今注》,齐鲁书社2009年版,第315页。

契约交易行为的仅为泰卦之"无平不陂,无往不复"与复卦之"出入无疾,朋来无咎。反复其道,七日来复,利有攸往",而坤卦之"西南得朋,东北丧朋"与旅卦之"旅即次,怀其资,得童仆贞""旅焚其次,丧其童仆,贞厉""得其资斧"虽非直接的契约行为,但涉及对商贸行为的描述。至于其余卦辞爻辞,则与契约行为、商贸行为皆无关联。

第三节　侵权行为

现代民事法律体系中,债的产生方式主要有两种:契约之债与侵权之债。前文已经分析了《周易》中的契约行为,接下来解析《周易》之中对于侵权行为的描写。《周易》之中,从字面含义来看,与侵权行为直接相关的主要有"富以其邻"与"丧羊(牛)于易"这两句话。其中,"富以其邻"出现在小畜卦的九五爻"有孚挛如,富以其邻"、谦卦的六五爻"不富以其邻,利用侵伐,无不利"与泰卦的六四爻"翩翩不富以其邻,不戒以孚"。"丧羊(牛)于易"则分别出现在大壮卦的六五爻"丧羊于易,无悔"与旅卦的上九爻"鸟焚其巢,旅人先笑后号咷。丧牛于易,凶"。下面分别对"富以其邻"与"丧羊(牛)于易"进行辨析,以确证其所描述内容是否属于西周之时的侵权行为。

一、"富以其邻"

武树臣先生认为,《周易》中的"富以其邻"指的是通过侵害邻人的手段来致富,故谦卦之"不富以其邻"即指不能通过侵害邻人的手段来致富,而小畜卦之"富以其邻"的结果往往招致家族间的械斗,即"有孚血去"。武先生认为,"孚"为信,为证据,"去"即"人相违也",亦即人与人之间发生矛盾纠纷,"血去"即血亲复仇、械斗之意。也就是说,"被他人侵害的一方只要掌握可信的证据,就可以采取武力报复行动"[1]。武树臣先生从法律的角度思考,以十分丰富的想象力勾勒了"富以其邻""有孚血去"的法律蕴意,不过如果将谦卦、小畜卦的"富以其邻"解释为通过侵害邻人的手段来致富,那么《周易》其他卦中的"富以其邻"亦应做此解。

首先,泰卦之整个六四爻"翩翩,不富以其邻,不戒以孚"该如何做解,方能

---

① 武树臣:《儒家法律传统》,法律出版社 2003 年版,第 216 页。

圆融解析？武先生对此未做说明。其次，小畜卦之"有孚血去"与"富以其邻"分属六四、九五二爻，强行将二者放在一起做前后相连的解析，似有不妥。而且九五爻之爻辞全文为"有孚挛如，富以其邻"，"有孚挛如"即信用一以贯之之意，而"富以其邻"若解释为通过侵害邻人的手段来致富，则前后两词之内容一正一负，必然相悖，无法自圆其说。最后，谦卦之六五爻为"不富以其邻，利用侵伐，无不利"。"侵伐"指侵犯邻人，若"不富以其邻"解释为不能通过侵害邻人的手段来致富，从语义上分析，"不富以其邻"与"利用侵伐"二者完全对立，肯定一个，必然否定另一个。按常理而论，必然应肯定"不富以其邻"，否定"侵伐"，但是六五爻却说"利用侵伐，无不利"，显然肯定了"利用侵伐"，反过来说，亦否定了"不富以其邻"。谦卦强调君子应以谦让为上，怎么可能鼓励通过侵害邻人的手段来致富，这显然是说不通的。

武树臣先生之解与高亨先生之解有近似之处，武氏之解疑似一脉相承于高氏。高亨先生将"富以其邻"解释为"劫掠其邻之财富"，譬如谦卦之"不富以其邻，利用侵伐，无不利"，高氏将之解为："强暴统治者出兵掠夺邻国之财物，劳民丧财，自己不富，又使邻国亦不富。此乃害人又害己，大为不义，有人侵伐之，则有利而无不利。"①该爻之解析似乎能自圆其说，但是小畜卦与泰卦之"富以其邻"亦做此解，则有问题。小畜卦九五爻曰："有孚挛如，富以其邻。"泰卦六四爻曰："翩翩，不富以其邻，不戒以孚。"两卦相关爻辞皆有一个"孚"字，若按通说，将"孚"解为"信"，则"富以其邻"断不可解为"劫掠其邻之财富"，否则整个爻辞之意必然存在矛盾之处。高亨先生之所以能做此解，其前提条件是，高氏一直将"孚"解为"俘虏""掠夺"。故在高氏看来，"有孚挛如"即指战争中所俘获的男女牛羊用绳索捆系，前后牵连，以此方式掠夺邻国而致富。"翩翩"本为鸟雀疾飞之貌，高氏认为其喻人之游荡，"不戒以孚"指富人因无戒备，而被邻人掠夺，其因在于富人整天在外游荡不着家。高氏将"孚"通通解为"俘"，故勉强能自圆其说。但是武树臣先生对于"孚"字之解则遵从通说，譬如在解析随卦之"有孚在道，以明何咎"时，便认为："'孚'，信，证据。"②如此一来，武氏的整个《周易》法律思想的学问体系便无法达到逻辑自洽。

笔者以为，"富以其邻"应采通说王弼、孔颖达、朱熹之解，亦即散财与邻，方能逻辑顺通。譬如，小畜卦的九五爻"有孚挛如，富以其邻"应解为：坚守诚信，一以贯之，散财与邻，共同富裕。故《象传》曰："有孚挛如，不独富也。"谦卦的六

---

① 高亨：《周易大传今注》，齐鲁书社 2009 年版，第 148 页。
② 武树臣：《中国法律文化大写意》，北京大学出版社 2011 年版，第 222 页。

五爻"不富以其邻,利用侵伐,无不利"应解为:居尊用谦,行之以谦顺之道,则不需用金钱贿赂,邻人自然归之而能用也。若有骄逆不服之徒,则须征伐之,故《象传》曰:"利用侵伐,征不服也。"泰卦的六四爻"翩翩不富以其邻,不戒以孚"应解为:若有发自内心之信服,则不需要利用财货诱人,亦无须律法强令,众人将翩翩而下,莫不景从。为何众人不需财货诱之,即愿翩翩而从?因为众人皆失其本实所居之处。为何无须强令即愿信任之?因为内心自愿。故《象传》曰:"翩翩不富,皆失实也;不戒以孚,中心愿也。"

从上述分析可知,"富以其邻"与侵权行为无关,若硬要将其与民事法律行为相联系的话,与其将之列入侵权行为,还不如将之归为赠与行为。

二、"丧羊(牛)于易"

武树臣先生认为,大壮卦之"丧羊于易"与旅卦之"丧牛于易",所阐述的都是有夏之时殷商先王王亥的故事。

第四章"民事法律制度"之第二节"契约行为"中,已经对旅卦上九爻"鸟焚其巢,旅人先笑后号啕。丧牛于易,凶"进行分析。王弼、孔颖达将"丧牛于易"之"易"解为"容易",该爻辞之义为:因为无人告知消息,结果旅人之耕牛轻易被偷盗。高亨先生则认为,"丧牛于易"所讲的乃王亥贩卖牛羊于有易部落,结果有易部落首领绵臣见财起意,杀王亥而夺其牛羊的历史事件。武树臣先生之解与高亨先生一脉相承,不过进一步认为"筮辞引用这个典故阐明复仇的原则,警告人们不要侵犯他人"[①]。

大壮卦六五爻:"丧羊于易,无悔。"按王弼、孔颖达之意,羊者,壮也,大壮卦四爻皆阳,仅剩六五、上六为阴,阳刚渐长,势不可挡,而六五恰位于四阳上升之势头处,逆历史潮流而动,必为滔滔大势所冲溃,且六五爻以阴处阳,以柔乘刚,其壮必轻易而丧,故曰"丧羊于易"。幸得六五下应九二,若能委身任二,不为违拒,则"无悔"矣。

高亨先生则认为,如旅卦之"丧牛于易"一样,大壮卦之"丧羊于易"所讲述的乃是有夏之时王亥贩卖牛羊于有易部落却被杀且被夺牛羊的故事,而且他认为"丧羊"与"丧牛"时间上有先后。王亥客居有易部落,一开始曾丢失了羊,后来被有易国君绵臣所杀,又丢失了牛。为何旅卦上九爻"丧牛于易,凶",而大壮卦六五爻"丧羊于易,无悔"?高亨先生之解甚为有趣,他认为:"王亥失羊一事,

---

① 武树臣:《儒家法律传统》,法律出版社2003年版,第178页。

结果未有不幸,故爻辞借此故事,以示筮遇此爻,可以无悔。及其失牛,则凶。"①也就是说,一开始仅是丢失羊,乃身外之物,并无大碍,故无悔,而后丧命失牛,则为大凶。同时,高亨先生将《象传》所言"丧羊于易,位不当也"解析为阴居阳位,以象喻人,则如人所处之地位与环境不适当,具体到该事件,则指由于王亥客居有易部落,其所处之地位与环境不相适应,于其不利,故而失去羊。

从对旅卦与大壮卦之分析可知,如果将"丧羊于易"与"丧牛于易"解释为对王亥事件的描述,则明显是一侵权行为,不过也仅仅是对这一事件的叙述,并未涉及对侵权行为该如何处理的内容。虽然该事件有王亥之子上甲微杀绵臣报父仇的后续,可认为是发生侵权行为之后的报复手段,但是在《周易》之中却并未有相关文字描述。

综上所述,《周易》之中,固然有"富以其邻"和"丧羊(牛)于易"等看起来与侵权行为直接相关的字词,但是其内容要么与侵权行为全然无关,要么只是描述古代某件侵权事件,却并未如现代民事法律一般对于侵权行为进行具体规定。而实际上,在《周易》之中,有很多处涉及拾到别人丢失的东西后该如何处理的内容,这些内容往往跟侵权行为有关,但是它们跟普通的侵权行为又不一样,笔者将之归为"拾得遗失物",在下文中将进行系统归纳整理。

第四节　拾得遗失物

就现代民事法律体系而言,拾得遗失物制度只是其中很小的一部分,但是在《周易》中,却有大量卦辞爻辞涉及失物拾得后该如何处理的问题,其内容所占比例甚至比现代民事法律体系中的重要领域——契约行为、侵权行为还要多很多,而且更体系化。

武树臣先生将西周之时的拾得遗失物制度归纳为"迷逋复归",他将之解释为:"迷,指牛、马、羊跑失,或遗失其他财物;逋,指臣、妾、童、仆等奴隶逃亡;复归,指归还原主。"②按照武树臣先生的判断,西周之时,若有人得到上述他人所遗失的财物或者逃亡的奴隶,必须上交给专门的部门,以返还失主,可获得相应补偿金,若是拒不归还,则会引起诉讼纠纷。

---

① 高亨:《周易大传今注》,齐鲁书社 2009 年版,第 268—269 页。
② 武树臣:《儒家法律传统》,法律出版社 2003 年版,第 179 页。

一、先秦典籍关于拾得遗失物的规定

其实,在先秦典籍中,除了《周易》之外,还有数处涉及西周之时的拾得遗失物制度。

（一）《左传》之遗失物制度

譬如,《左传·昭公七年》载有周文王"有亡荒阅"与楚文王"仆区之法"的故事:春秋时楚灵王时期,有位名叫无宇的芋尹(殴兽之官①),他手下的罪人逃入楚灵王的章华台。无宇前往拿人,却被章华台的管理人员阻拦,认为不得于王宫之中拿人,并将之绑到楚灵王面前。无宇据理力争:"周文王之法曰:'有亡荒阅',所以得天下也。吾先君文王,作仆区之法,曰:'盗所隐器,与盗同罪。'所以封汝也。"最终,楚灵王被说服,赦免了无宇,并将逃入章华台的罪人交付给他。无宇用以说服楚灵王的是两个例子,其一为周文王的"有亡荒阅",其二为楚文王的"仆区之法"。"此'有亡',谓奴隶之有逃亡者。荒,大也。阅,今言搜索。"②"有亡荒阅"之意为一旦发现有奴隶逃亡,则应该展开地毯式的大搜索,并将捕获的逃亡奴隶交还给原主,若发现有人隐匿窝藏逃亡奴隶不交者,将予以严惩。周文王因为这些措施得到了奴隶主贵族的大力拥护。"仆"与"区"皆为隐匿之意,"仆区之法"即今之窝藏法。楚文王认为窝藏盗窃所得之赃物与盗窃者同罪。楚文王因之开疆拓土,封地北至汝水。

周文王的"有亡荒阅"清晰地表达了西周之时对于逃亡奴隶的处理态度,展开积极的搜索,绝不姑息,甚至认为商纣王之所以失去天下,正是因为"纣为天下逋逃主,萃渊薮。故夫致死焉"（《左传·昭公七年》）。天下逃亡者都跑到纣王那里,使之成为窝藏主,萃渊集薮,终致败亡。从这一规定可以看出,一旦有人窝藏逃亡奴隶,必将遭受严惩。而春秋之时楚文王的"仆区之法"明显继承了周文王"有亡荒阅"的精神,将窝藏者与盗窃者同罪惩处。而后晋国赵盾所行的"夷蒐之法"中亦有"董逋逃,由质要"（《左传·文公六年》）的规定,可以凭着购买奴隶牛马的契据,要求督捕逃亡的奴隶牛马。这一规定与周文王的"有亡荒阅"一脉相承。

（二）《尚书》之遗失物制度

《尚书·费誓》有载:"今惟淫舍牿牛马,杜乃擭,敜乃阱,无敢伤牿。牿之

---

① 杨伯峻编著:《春秋左传注(修订版)》,中华书局2016年版,第1422页。

② 杨伯峻编著:《春秋左传注(修订版)》,中华书局2016年版,第1423页。

伤,汝则有常刑！马牛其风,臣妾逋逃,勿敢越逐,祗复之,我商赍汝。乃越逐不复,汝则有常刑！无敢寇攘,逾垣墙,窃马牛,诱臣妾,汝则有常刑！"费"指"费邑",现今曲阜东南方。所谓"费誓"指战前誓师大会上鲁公伯禽在费邑所发布的命令训词。西周初年,东征之后,周公旦获封鲁国。只因成王年幼,需要周公留在都城镐京辅佐,故派周公长子伯禽代父前往鲁国赴任,是为鲁国第一任君主。后来,商纣王之子武庚妄图复辟,联合不满周公摄政的管叔鲜、蔡叔度等人发动叛乱,史称"三监之乱"。与此同时,东方鲁国辖地附近的淮夷、徐戎等国也闻风作乱,兴兵伐鲁。鲁国国君伯禽亲率大军至费邑抵御,临战之前,亲作《费誓》以严明军纪。

"杜"与"敛"其义皆为"堵塞""阻塞","攠"为捕兽工具,"阱"为陷阱,故"杜乃攠,敛乃阱"之义为关上捕兽工具,堵塞陷阱。"牿,牛马牢也。"(《说文解字》)"无敢伤牿"意为不得损伤关牛马的棚圈,因为如果棚圈一旦受损,牛马就可能因此逃逸,故"伤牿者有常刑",将因之而受到刑罚处罚。"今惟淫舍牿牛马,杜乃攠,敛乃阱,无敢伤牿。牿之伤,汝则有常刑！"这部分是关于造成他人财产损失的处罚规定。"寇攘"为劫掠侵扰之意,"无敢寇攘,逾垣墙,窃马牛,诱臣妾,汝则有常刑"规定了抢劫财物、盗窃牛马、诱拐奴隶,都应该受到惩处。在伯禽的《费誓》中,他将拒不归还拾得遗失物与损害他人财产、抢劫、盗窃等罪行一体规定。

南朝宋时的裴骃曾在其《史记集解》中引郑玄语曰:"风,走逸。臣妾,厮役之属。""逋"为"逃亡"之意,故"马牛其风,臣妾逋逃"指的是牛马走失,厮役奴隶逃亡。"祗,敬也。"(《说文解字》)"赍,赐也。"(《说文解字》)故"勿敢越逐,祗复之,我商赍汝。乃越逐不复,汝则有常刑"其义为:不得擅自离队去追逐走失的牛马、逃亡的奴隶,若有得到走失逃亡的牛马奴隶者,必须恭敬地交还失主,我必将赏赐于他,如果有擅自追逐,获得之后却不交还者,我将惩罚于他。由于西周属于奴隶制社会,奴隶与牛马等同,如若遗失,处理时一视同仁,所以遗失物的范围不仅包括牛马等家畜,还包括奴隶。除去这点之外,这句话的内容与现代民事法律制度中的拾得遗失物的规定十分相似,它确定了处理拾得遗失物的三个具体原则:一是拾得遗失物,必须交还失主;二是交还遗失物的拾得人应该获得相应的奖赏,反过来说,返还遗失物的拾得人具有报酬请求权;三是拾得遗失物据为己有者,将受到法律的惩戒。至于其中规定的丢失牛马奴隶者不得擅自离队追逐,其原因在于这本是伯禽在两军开战之前誓师大会上对于鲁国军队的命令,而不是对于平时生活中的市民的规范。但是,窥一斑而知全豹,对于遗失物拾得者的赏罚规定,于战时军中与平时社会生活中应该是一致的。

伯禽作《费誓》这一历史事件,在《史记·鲁周公世家第三》之中同样有记载:"伯禽即位之后,有管、蔡等反也,淮夷、徐戎亦并兴反。于是伯禽率师伐之于肸,作肸誓,曰:'陈尔甲胄,无敢不善。无敢伤牿。马牛其风,臣妾逋逃,勿敢越逐,敬复之。无敢寇攘,逾墙垣……'"①其内容与《尚书·费誓》所载关于拾得遗失物的规定基本一致。

(三)《周礼》之遗失物制度

《周礼·秋官·朝士》有载:"凡得获货贿人民六畜者,委于朝,告于士。旬而举之,大者公之,小者庶民私之。"此处,"货贿"指财物,"人民"指奴隶,"六畜"指牛马等牲畜,"朝"指"外朝","士"指"朝士",也就是掌管外朝官次与刑狱的官员。按其规定,凡是拾得财物、捕获逃亡的奴隶牲畜者,必须将之送交外朝,报告朝士,如果过了十天无人认领,则区分标的物之价值大小予以分别处理:价值大者,收归国有;价值小者,则归拾得人所有。

与《费誓》的规定相同,《朝士》也规定拾得遗失物必须上交,不过并未规定一旦发现未上交者,是否该额外予以惩罚,此外,两者最主要的不同之处在于《费誓》规定归还遗失物者应该获得赏赐,而《朝士》之中,并未规定归还者该获得赏赐,但是却规定了另一种补偿形式:一旦失主超过十天未认领,而且标的物价值较小,则拾得人依法取得其所有权。这一规定,可以说是十分人性化的。

从《左传》的"有亡荒阅"(周文王)、"仆区之法"(楚文王)、"夷蒐之法"(赵盾),《尚书》的《费誓》,到《周礼》的《朝士》,都有关于拾得遗失物(遗失物既包括奴隶仆役,也包括牛羊牲畜)的规定,拾得人都有义务将遗失物交还失主,如果拒不交还,则视为盗窃,予以严惩,如果及时交还,往往会给予一定奖励。有的学者认为:"支配着古人遗失物制度立法思想的是一个高度稳定的观念层:其核心是'失物返还'和'拾遗近盗',对前者信心的崩溃则带来了明清律遗失物制度的戏剧性转折。"②笔者以为,西周之时关于拾得遗失物的立法规定的确基于"失物返还"和"拾遗近盗",故此对于拒不归还者予以严惩,但是对于及时归还所拾得的遗失物者,不论是《尚书》中记载的《费誓》,还是《周礼》中的《朝士》,都规定了相应的奖励,前者是额外的奖赏,后者可依法取得价值较小遗失物的所有权,这与后世(包括明清律)对于遗失物制度的规定基本一致,并未出现根本上的区别,只是奖励额度上不一致。譬如,《大明律·户律·钱债》规定:"凡得遗

① 肸即费。
② 吴向红:《中国古代遗失物制度的法律运行与观念流变》,载《法学》2006年第1期,第53页。

失物,限五日内送官,官物还官,私物召人识认,于内一半给与得物人充赏,一半给还失物人。如三十日内无人识认者全给。限外不送官者,官物坐赃论,私物减二等。其物一半入官,一半给主。"《大清律·户律·钱债》得遗失物条规定:"凡得遗失物之人,限五日送官,官物尽数还官,私物召人认识,与内一半给与得物人充赏,一半还失物之人,如三十日无人认识者,全给。"从中可以看出,大明律与大清律关于遗失物制度的规定完全一致,二者与西周之时的遗失物制度也大体相似:一方面,拾得遗失物必须归还,否则应受严惩;另一方面,及时归还遗失物,拾得人应受奖赏。只不过明清之时的奖赏力度相对要大一些。

二、《周易》关于拾得遗失物的规定

从字面上来看,《周易》中涉及拾得遗失物制度的卦辞爻辞有不少,武树臣先生在其《儒家法律传统》一书中,专节进行了整理解析,不少地方见解独到,很有启发意义,但是笔者以为其中也有不少附会之处。卦辞爻辞中涉及拾得遗失物制度者主要包括讼卦、泰卦、否卦、复卦、无妄卦、睽卦、解卦、损卦、益卦、震卦、旅卦、既济卦,下面按顺序对相关卦辞爻辞一一进行辨析考证。

(一)讼卦:"不克讼,归而逋,其邑人三百户,无眚","不克讼,复即命。渝,安贞,吉"

武树臣先生认为,讼卦九二爻"不克讼,归而逋,其邑人三百户,无眚"指"当地人捡到逃亡的奴隶后归还原主,以后奴隶再次逃亡,失主不能以'诱逃'为由控告当地人,因为他们没有过错"[1]。武树臣先生的这一解释过于牵强,其中将"归"解释为"将捡到逃亡的奴隶归还原主",将"逋"解释为"奴隶再次逃亡"还算勉强能说得通,但是这么一来,"不克讼"就不该放在九二爻爻辞之首,而应置于九二爻爻辞之末,方才符合叙事逻辑:"归而逋,其邑人三百户,无眚,不克讼。"此外,如前文所述,"三百户"为小邑,而非人多势众可以据之与九五对抗的大城。若逃归大城,有此强大支撑,易起争心,结果下场凄惨。败诉之后躲归小邑,安生过日子,不纠缠于诉讼,则可消灾免祸。若按武树臣先生之解,"其邑人三百户,无眚"该如何解?捡到奴隶归还者,其行为是否有过错?与该邑人口多寡有何干系?为何三百户之邑,拾得者就该"无眚"?这些疑问皆未有合理解答。

武树臣先生认为,讼卦九四爻"不克讼,复即命。渝,安贞,吉"的意思是"不

---

① 武树臣:《儒家法律传统》,法律出版社 2003 年版,第 181 页。

论拾者有什么过错,只要把失物归还原主,双方就应相安无事,不能再提起诉讼"①。按武树臣先生之解,"不克讼"应解为"不再提起诉讼","复即命"应解为"把失物归还原主","渝,安贞,吉"应解为"双方相安无事"。但是,"命"为何能解释成"原主"？另外,跟九二爻一样还存在一个问题:若依从武树臣先生之解,则从叙事逻辑顺序而言,"不克讼"应位于九四爻之末,而非其首。故,讼卦九四爻之解应从王弼、孔颖达、朱熹等人之通说,指九四无理凌犯九二,故其讼必败,但九四为讼事之发起人,有退让转圜余地,只要他反就本理,改变先前与人争讼的做法,积极撤诉,安守贞正之道,则可全身而退。

综上可知,讼卦之九二爻与九四爻所述皆围绕不得争讼的息讼观进行,并未涉及拾得遗失物该如何处理的问题。

(二)泰卦:"不遐遗,朋亡,得尚于中行"

泰卦九二爻辞曰:"包荒,用冯河,不遐遗。朋亡,得尚于中行。"武树臣先生认为泰卦九二爻后半句应断为"不遐遗朋,亡得,尚于中行"。"朋"为"十贝一朋"之"朋",乃货币单位。"尚"通为"偿",报答、偿还之意,故该句可解为:"因匆忙遗失货币,没有找到,可预先向'中行'交纳一笔酬金,以报答拾者。"②首先,武树臣先生将《周易》中的"中行"解释为"专门执掌民事诉讼的地方官",该观点并未有翔实证据支撑。其次,泰卦之核心在于包容亨通,按武树臣先生之解,与泰卦之整体精神气质不符。最后,硬将泰卦截出半句强行解释亦是不妥,如按武树臣先生之解析,"包荒,用冯河"该如何做解？

按王弼、孔颖达之通说,"荒"为"荒秽之物","包荒"为"包含荒秽之物"之意。"冯"借为"凭","冯河"指"空手无舟渡河",孔颖达将之引申为"顽愚之人","用冯河"指"任用鲁莽顽愚之人"。遐者,远也,遗者,弃也,"不遐遗"指"用心宏大,无所疏远遗弃于物"③。"朋亡"指居中无偏,不结党营私。尚者,配也。"中行"谓六五,处中而行。故,泰卦九二爻"包荒,用冯河,不遐遗。朋亡,得尚于中行"可解为:"九二胸怀广大,能包容荒秽之物,任用鲁莽顽愚之人,绝不因其有缺点而疏远遗弃,无所不纳,居中无偏,存乎广大之道,如此方配得上六五之中。"

朱熹之解与王、孔略有差异,他将"空手无舟渡河"之"冯河"引申为"果断刚

① 武树臣:《儒家法律传统》,法律出版社2003年版,第181页。
② 武树臣:《儒家法律传统》,法律出版社2003年版,第180页。
③ [魏]王弼、[晋]韩康伯注,[唐]孔颖达正义:《周易正义》,中国致公出版社2009年版,第71页。

决"①,"用冯河"则指九二自身具备果断刚决之品性。同时,朱熹将"不遐遗"与"朋亡"两者结合起来,认为九二既不与他人疏远遗弃,又不与他人过于朋比亲昵,故合于中行之道,以应六五。

高亨先生之解别出心裁,认为"包"借为"匏",即"瓠",也就是现在所谓的葫芦,"荒"为"大"之意,故"包荒"即为"大葫芦",而"包荒,用冯河"也就是"将大葫芦绑在腰间,浮水渡河"了。同时,高亨先生将"亡"解为"死亡",并认为"亡"之前脱了一个"弗"字,故泰卦九二爻全文应该是"包荒,用冯河,不遐遗朋,弗亡,得尚于中行",它讲述的是古代的一个故事:"有人行至河边,见大瓠,遂缚之于腰,浮水以渡,又不远弃其友,甘冒危险,携之共渡,二人均未被水淹死。因有此义举,在路中得到其友之赏赐。"②

不论按王弼、孔颖达之解,或者按朱熹之解,还是按照高亨先生之解,皆有可取之处,不过这三种解析都未将泰卦九二爻与拾得遗失物联系起来。

(三)否卦:"其亡其亡,系于苞桑"

泰卦坤上乾下,坤为地,本应在下,乾为天,本应在上,乾坤颠倒,天地交泰,阳长阴消,万物亨通。否卦则刚好与泰卦相反,乾上坤下,三阴在下,三阳在上,阴长而阳消之象,阴长则小人道长,阳消则君子道消,阴长阳消,大往小来,天地否塞。否卦九五爻曰:"休否,大人吉。其亡其亡,系于苞桑。"虽然否卦内阴外阳,天地不交,小人道长,君子道消,可谓时局艰难,然九五位居尊位,乃"大人"之象,能休美否道,遏绝小人,故谓之"休否,大人吉"。不过,虽然大人位居尊位,可以震慑群小,终究身处险恶时局,道消之世,一旦稍有不慎,就会为小人所趁,有倾亡之危,故须时时告诫自己时局之艰险,提醒自己不可放松警惕,故谓之"其亡其亡"。"苞"为茂盛之意,"苞桑"乃生长茂盛之桑树,其根系众多,盘根错节,能牢牢地抓住大地,"系于苞桑"则牢固矣。唯有时时刻刻提醒自己危亡迫在眉睫,方能如系苞桑一般牢牢抓住大地,固守根本不动摇。所以,否卦九五爻"休否,大人吉。其亡其亡,系于苞桑"应解为:身处否道之时,作为有能力的大人须挺身而出,震慑群小,同时必须时刻警醒时局危难,不得有一刻松懈,如此方能遏绝小人,牢牢掌控时局向好的方向变化,最终迎来否极泰来的那一刻。

关于否卦九五爻之解,基本没有什么争议,不仅王弼、孔颖达、朱熹等人之解析相同,甚至屡有创新的高亨先生的见解也基本一致,不过武树臣先生则认为"其亡其亡,系于苞桑"的意思是指"将无主牲畜拴在有食物的地方妥为照看,以

---

① [宋]朱熹:《周易本义》,廖名春点校,中华书局 2009 年版,第 75 页。
② 高亨:《周易大传今注》,齐鲁书社 2009 年版,第 119 页。

待失主"。按此解读,"亡"应解为"无主"之意,并引申为"无主牲畜","苞桑"乃茂盛的桑树,可供牲畜食用,故可引申为"食物"。单从"其亡其亡,系于苞桑"而言,如武树臣先生这般解读亦无不可。只是这么一来,对于九五爻整个爻辞"休否,大人吉。其亡其亡,系于苞桑"就无法做出符合情境的解读了,故武树臣先生之解不可取,否卦九五爻中并未包含拾得遗失物制度。

(四)复卦:"不复远,无祇","频复,厉,无咎","敦复,无悔","迷复,凶。有灾眚,用行师,终有大败"

武树臣先生于其《儒家法律传统》一书中,认为复卦之初九爻、六三爻、六五爻、上六爻皆与"迷逋复归"制度,亦即拾得遗失物制度有关。为准确解读复卦所涉各爻之蕴意,需要对整个复卦之爻辞卦辞进行一体辨析,由于笔者已于前文"契约行为"一节对复卦卦辞"复:亨。出入无疾,朋来无咎。反复其道,七日来复,利有攸往"进行详细解读,此处不予赘述。而六二爻与六四爻虽未被武树臣先生提及,然为整体理解计,一并进行分析。

复卦初九爻曰:"不复远,无祇悔,元吉。"复卦一阳居下,五阴居上,一阳初生于下,为一阳复起之象。初九乃复起之一阳,为复之主,处复之初,迷而不远,即能复也,故谓之"不复远"。"祇",孔颖达、高亨皆解为"大",故该爻可解为:初九最处复初,迷而不远,能速复者也,是无大悔,所以大吉。武树臣先生认为"不复远,无祇"的意思是指:"因路远而未及时归还拾物,这是不忠诚的表现。"笔者以为不妥。一方面,"祇"解为"忠诚"并无依据;另一方面,若按武树臣先生之解"因路远而未及时归还拾物",则"不复远"应为"远不复",否则不合汉语表达习惯。

复卦六二爻曰:"休复,吉。""休"为"休美"之意,六二比初九而居,初九为复卦之唯一阳爻,阳为仁行,六二居于初九之上,理应附而下之,降下于仁,故《象传》曰:"休复之吉,以下仁也。"六二居中下仁,为休美之复,自然获吉。

复卦六三爻曰:"频复,厉,无咎。""频"通"颦",皱眉之貌,意为有一定的困扰。相较于六二,六三去复稍远,回复有一定的苦难,故"厉"。但是,若较之于六五,则近复多矣,故虽"厉"而终"无咎"。武树臣先生认为,该爻的意思是指"不是一次而是分儿次归还遗失之物,这不好,但还未到应受处罚的程度"。笔者以为,"频"固然可以解为"频频""数次"之义,然而因之将"频复"解读为"分几次归还遗失之物",难免有些想当然了,该解不足取。

复卦六四爻曰:"中行独复。"六四上下各有二阴,故谓之"中行"。六四虽居群阴之中,却心向正道,一心从善,所应为复卦唯一之阳爻——初九,独得所复,故谓之"独复"。六四下应初九,顺道下而复之,于此阳气尚属微弱之时,义无反顾地遵从大道,鼎力支持初九,以壮大阳气,所行天经地义,理所当然,故《象传》曰:"中行独复,以从道也。"武树臣先生并未认为复卦六四爻与拾得遗失物制度有关,但是他认为"中行"乃专门执掌民事诉讼的职官,不过并未详述其根据。

复卦六五爻曰:"敦复,无悔。""敦"为"敦厚"之意。复卦上坤下震,六五位处坤卦之中,居尊履中,有厚顺之德,虽离复颇远,然守厚以复,悔可免也,故谓之"敦复,无悔"。武树臣先生将六五爻解为"诚实地原封不动地归还失物,这是无可指责的"。从字面意思上来看,该解亦无不可,然如此一来,此爻之内容将与复卦之整体精神全无关联,故不可取。

复卦上六爻曰:"迷复,凶。有灾眚,用行师,终有大败。以其国君,凶,至于十年不克征。"上六最处复后,离复起之初九最远,路迷而难以复归,故谓之"迷复",其占为凶,无有富庆,唯有灾眚。若用之行师,则攻必不克,战必不胜,有败无胜而已。若用之治理国家,则违反君道,必然给整个国家带来极大灾难。行师大败,国家凶危,导致十年之内不得外出征伐。武树臣先生则认为"迷复,凶。有灾眚,用行师,终有大败"的意思是指"归还拾物,但由于过错使失物蒙受损失,这不好,失主告到官府,拾者败诉"。武树臣先生将"行师"解为"官府"并无合理依据,且将"凶"解为"过错",将"灾眚"解为"失物受损失",过于勉强,故不可取。

从以上对于复卦各爻辞之分析可知,复卦六爻,绝大部分无法解读为拾得遗失物制度,而个别爻辞,如六五爻"敦复,无悔"虽然勉强可以解作拾得遗失物制度之内容,然若做此解,则该爻与复卦之整体精神相悖,格格不入,故不足取。所以,武树臣先生关于复卦之解读固然颇有新意,发前人所未发,具有开创性贡献,但仍有不少勉强附会之处。不过,如果抛却复卦一阳复起这一通说所认为的精神内涵,将整个复卦都从拾得遗失物制度进行解读,则或可整理出一套相对系统完整的西周时期的拾得遗失物制度,不过篇幅所限,这一设想在本书中就不予展开了。

(五)无妄卦:"或系之牛,行人之得,邑人之灾"

"妄,乱也"(《说文解字》),即所谓"曲邪谬乱"①,"无妄"即"无曲邪谬乱"之意。无妄卦上乾下震,雷行于天下,妖邪辟易,谬乱不兴,故谓之"无妄"。无妄卦六三爻曰:"无妄之灾,或系之牛,行人之得,邑人之灾。"六三以阴处

---

① 高亨:《周易大传今注》,齐鲁书社 2009 年版,第 207 页。

阳,失其正道,有违谦恭臣道,虽处无妄之世,亦无法免去灾眚,此即谓"无妄之灾"。对于"或系之牛,行人之得,邑人之灾"历代大家解读不一。按王弼、孔颖达之解,"行人"为"有司"之义,"牛者稼穑之资,六三僭为耕事,行唱始之道,而为不顺王事之行,故有司系得其牛,制之使不妄造"①,西周之时,农事不得擅自进行,必须待有司下令方可统一时间进行耕种收割,若有违农时,将予以惩罚。"行人"(有司)制止六三擅启农事而得牛得功,故谓之"行人之得"。处邑之六三僭为农事,故须受罚,故谓之"邑人之灾"。据此,王、孔之解有一定道理。

朱熹则将"或系之牛,行人之得,邑人之灾"解为"行人牵牛以去,而居者反遭诘捕之扰也"②。按朱熹的理解,"行人"即是"路人",悄悄牵走他人之牛,为了查找盗走之牛的下落,附近无辜的邑人被有司抓去拷问,无故而遭受灾眚。朱熹之解浅显简易,亦可自圆其说。高亨先生则认为,该爻所述为古代的一个故事:"有邑人某系其牛于某处,而已离去,又无人看守,牛脱缰而走,行路之人得其牛,邑人失其牛。邑人因粗心大意,致失其牛,即所谓'无妄之灾'。"高亨先生与朱熹都将"行人"解为"路人",二者之解不同之处有二:其一,朱熹认为"行人牵牛以去",行人所为应是一种盗窃行为,高亨先生则认为"牛脱缰而走",行人得牛应是一种拾得遗失物行为。其二,朱熹认为所谓"无妄之灾"指未盗牛之"居者反遭诘捕之扰也",高亨先生则认为所谓"无妄之灾"指"邑人因粗心大意,致失其牛"。武树臣先生认为,该爻的意思是指:"捡了别人跑失的牛而不上报,'行人'受理失主的起诉,便在遗失牛的地方进行大搜查,这是当地人的耻辱。"③该解综合了朱熹、高亨二人之解,"行人牵牛以去"从高亨解为拾得遗失物行为,"无妄之灾"从朱熹解为无辜的当地人遭受有司诘捕搜查之困扰。

笔者以为,单就该爻而言,不论是王、孔之解,还是朱熹、高亨、武树臣之解,皆有可取之处,皆能自圆其说,故无妄卦六三爻可依高亨、武树臣之意解为拾得遗失物行为。不过该爻虽涉及拾得遗失物行为,但是其描写的是因拾得遗失物不归还,从而使得他人因之而遭受无妄之灾,并未直接对拾得遗失物该如何处理进行说明。当然,从牛跑失之后,有司立马诘捕搜查当地人这一结果来看,侧面反映了西周之时对于遗失物的态度:若有大宗财物遗失,有司须立即展开搜查以寻回失物;若遗失物被人捡到,拾得人必须予以归还。

---

① ［魏］王弼、［晋］韩康伯注,［唐］孔颖达正义:《周易正义》,中国致公出版社 2009 年版,第 120 页。

② ［宋］朱熹:《周易本义》,廖名春点校,中华书局 2009 年版,第 113 页。

③ 武树臣:《儒家法律传统》,法律出版社 2003 年版,第 180 页。

（六）睽卦："丧马，勿逐，自复"

睽卦上离下兑，离为火，兑为泽，火动而上，泽动而下，性相违而不相济，离为中女，兑为少女，二女同居，其志不同行，故睽有乖异之谓。睽卦初九爻曰："悔亡。丧马，勿逐，自复。见恶人，无咎。"初九处睽离之始，上无正应，故"悔"。幸得九四亦无应独立，二者同德相应，故其"悔亡"也。"丧马"为"悔"，"自复"则"悔亡"，占者得此，应明虽悔终亡，故若遇到马匹丢失之事，不必急着追寻，只需静候，所失马匹将会自动回来，故谓之"丧马，勿逐，自复"。"见恶人"何以"无咎"？孔颖达认为，所谓"见"指"逊接"之意，也就是说，恶人本不应与之相见，然若不见则恶人必恼而加害之，故应逊而见之，方能免除咎害，故《象传》曰："见恶人，以辟咎也。"朱熹以孔子见阳货一事以喻此理，其解与孔颖达同，高亨先生之解亦同。

武树臣先生则认为，睽卦初九爻爻辞前半句应为"丧马，勿逐，行，复"，其意思是指"丢了马匹，不必追寻，向'行'报告，以待归还"[1]，而"行"则指"中行"，为执掌民事诉讼之官员。武树臣先生并未解释以"行"代"自"之依据出自何处，故该解不足取。其实，没必要多此一举用"行"替换"自"再行解读，就依通说而论，"悔亡。丧马，勿逐，自复。见恶人，无咎"亦可解释为：因为捡拾者依律应将所拾遗失物归还失主，所以如果有人丢失马匹，不必急着追寻，静候拾得人返还失物即可，即便遇到不愿归还的恶人，也不用担心，因为违律者自将遭受严惩，遗失物必将失而复得。以此作解，则睽卦初九爻所述正是西周拾得遗失物制度之精神。

（七）解卦："田获三狐，得黄矢"，"负且乘，致寇至"，"解而拇，朋至斯孚"，"君子维有解，吉，有孚于小人"

解卦九二爻曰："田获三狐，得黄矢，贞吉。"九二以刚居中应于六五，替六五分忧解难，责无旁贷。狐狸行踪不定，为隐伏难捕之物，譬喻九二所面临的巨大困难。幸得九二居中行正道，狐类虽狡，却难逃优秀猎手的追踪，困难虽多，只要秉持贞正，终将迎刃而解。"黄矢"之解有二。王弼、孔颖达认为"黄"者"中"也，"矢"者"直"也。"矢"可解为"直"自无异议，而《礼记·郊特牲》亦有载"黄者中也"，"黄矢"即"得乎理中之道，不失枉直之实"[2]，朱熹谓之"中直之象"，王弼、孔颖达与朱熹之解与《象传》相合："九二贞吉，得中道也。"行于中正之道，方能猎获三狐，解难济困。高亨、武树臣则认为"黄矢"乃黄铜所铸之箭头，所谓"得

---

① 武树臣：《儒家法律传统》，法律出版社2003年版，第180页。

② ［魏］王弼、［晋］韩康伯注，［唐］孔颖达正义：《周易正义》，中国致公出版社2009年版，第168页。

黄矢"指"捡到铜箭头"。两人的区别在于:高亨先生认为三狐乃行猎所获,同时又捡到铜箭头,但是两件事情之间并无关联;武树臣先生则认为三狐乃行猎时捡到的,狐狸身上还插着别人的铜箭头,因此发生纠纷。

笔者以为,"黄矢"或可解为"金矢",钩金束矢之意,"得黄矢"即指官司胜诉而退还诉讼费。该解详见第一章"讼卦与息讼"之第三节"辩证的息讼思想",此处不予赘述。

六三爻曰:"负且乘,致寇至,贞吝。"六三以阴处阳,处非其位,履非其正,乘九二而附九四,以邪魅之术行事,虽暂得休憩之所,却反招寇至。"吝,恨惜也"(《说文解字》),过分爱惜,该使用的舍不得使用。"贞吝"应为舍不得行正道之意。王弼将"贞吝"解为"正其所贱",孔颖达将"贞吝"解为"正其所鄙"。高亨先生将"贞"解为"占问","吝"解为"难",故"贞吝"可解为"占得此爻,将有艰难"。不论"贞吝"采何解,对"负且乘,致寇至"的解析基本一致:身负珍贵之物而乘车,被寇盗知晓,于是前来抢夺。武树臣先生则将六三爻辞与九二爻辞合于一起,认为"负且乘"的珍贵之物乃先前打猎时捡到的那三只狐狸,而前来抢夺的"寇"正是射伤三狐的其他猎人,于是起了纷争。

九四爻曰:"解而拇,朋至斯孚。""拇"为足之大指。九四比三而居,六三下而附之,如指之附足。九四所应为初六,然因九四阳居阴位,初六阴居阳位,位皆不正,再加上六三行邪魅之术,诱惑九四,若六三之行为得逞,则三为拇矣,必失初之应,故有难,须解六三之拇,唯其如此,方得朋至而信,故谓之"解而拇,朋至斯孚"。《象传》曰:"解而拇,未当位也。"九四履非其正,六三方能趁虚而入,若九四皆当位履正,则即便六三行邪魅之术,亦无法诱惑到九四,无法近身附之。高亨先生之解别出心裁,认为"拇"借为"罞",捕兽网之意。而"孚"字高亨先生一如既往地解为"俘",谓"捉得"也。他认为解卦九四爻讲的是古代的一个故事:"有人设网以捕兽,曳脱其网,有朋友来助,于是捉得之。"[1]高亨先生之解过于勉强,不足取。武树臣先生则将"拇"解为"手提","朋"指货币单位,所以,他认为"解而拇,朋至斯孚"讲的是九二爻中捡到狐狸者手提货币来到射狐者的住所,想要以赔偿方式结束双方之间的纷争。

六五爻曰:"君子维有解,吉。有孚于小人。"按王弼、孔颖达和朱熹之观点,六五居尊履中,下应乎刚(九二),有君子之德,逢小人犯难,以君子之道解难释危,小人或畏之而退,不敢为难,或被感化而退,不愿继续为难,危难遂解。此难

---

① 高亨:《周易大传今注》,齐鲁书社2009年版,第304页。

何以能解,获信于小人也。高亨先生则依然将"孚"解为"罚",并将"维"解为"系",认为该爻之意思是指:"君子之系缚得解脱,即在拘囚中得释放,是吉矣;小人则将受罚。"解卦之核心精神在于解难济险,君子乃有才德之人,应着重于替他人解决困难,而非仅解决自己的困难,所以相对来说,王、孔、朱之观点较高亨先生之解为宜。武树臣先生则如高亨先生一般将"维"解为"系",但是却认为"解"乃"和解"之意,"孚"为"惩罚""教训"之意。故"君子维有解"指君子(射狐者)接过货币,将之系于腰间,双方达成和解。而"有孚于小人"则指这一事件对于小人(捡狐者)是一个教训。

综上可知,武树臣先生认为,解卦九二爻、六三爻、九四爻、六五爻一起讲述了这么一个故事:"打猎时捡到三只受伤的狐狸,身上插着箭头,把它们放在马背上载回,因而招致一场争斗。捡狐的一方自知理亏,手提货币来到射狐一方的住所,愿以赔偿结束争斗。对方接过货币拴在自己腰间表示和解。这对贪利的人是一个教训。"[1]

与其他地方不同,武树臣先生在此处并未随意拼凑,强行做解,从九二爻至六五爻,不仅次序未变,且故事情节前后相接,并无明显错讹。《周易》包罗万象,只要言之在理,本就可以做多种解读,武树臣先生之解虽与古代大家通说相去甚远,但是逻辑自洽,有可取之处。解卦之精神核心在于解难济险,因捡狐一事而起纷争,一旦处理不好,则有血光之灾,故事中的双方当事人,捡狐者主动退让,以货币补偿,射狐者收到赔偿金后,亦放弃追究,最终使得这一纠纷得到和平解决,这正是解难济险所应该提倡的态度:谦逊以解。若从拾得遗失物的角度来讲,解卦该四爻所讲述的故事阐述了西周时期遗失物制度的如下原则:若拾得遗失物,则必须归还,如果不予归还,则应给予相应价值的赔偿,一旦发生此类纠纷应本着友好的目的和平协商解决。

(八)损卦:"得臣无家"

武树臣先生认为,损卦的上九爻后半句"利有攸往,得臣无家"与六五爻"或益之,十朋之龟,弗克违,元吉"合到一起指的是"一个外出做生意的人'捡到'一个无主奴隶,奴隶的原主用'十朋之龟'赎回,商人没有拒绝,避免了纠纷"[2]。关于这一观点的主要疑问在于叙事逻辑有问题:"利有攸往,得臣无家"应在先,"或益之,十朋之龟,弗克违,元吉"应在后,而实际上前者为上九爻辞,后者为六五爻辞,先后顺序颠倒,逻辑不符。具体分析过程,笔者已于本章第二节"契约

---

① 武树臣:《儒家法律传统》,法律出版社 2003 年版,第 178 页。
② 武树臣:《儒家法律传统》,法律出版社 2003 年版,第 179 页。

行为"进行详细阐述,此处不再重复论述。

王弼、孔颖达等人将"得臣无家"解为得到天下臣服,故无小家,唯有天下。这一解析固然立意高远,不过若不将上九爻与六五爻硬性拼凑到一起,单以上九爻而论,按照武树臣先生之意进行解读亦无不可。先秦之时,"臣"字本就可解为"男奴隶","无家"亦可解作字面含义"孤身无主","得臣无家"自然可解为"捡到一个无主奴隶"。

上九爻曰:"弗损,益之,无咎,贞吉,利有攸往,得臣无家。"损道损下益上,而上九为损之极,所谓物极必反,故上九"弗损,益之",不仅不会受到损害,反而还能获得益处。只要能秉持贞正,手段正当,就可以放心去做,必然能获得好的结果,故谓之"无咎,贞吉,利有攸往"。而所谓好的结果正是:"得臣无家",能够"捡到一个无主奴隶"。按照周文王"有亡荒阅"的规定,若有奴隶逃跑,则应展开大搜查,捡到奴隶自然应该交还原主人,只是此处捡到的奴隶却是"无家"之"臣",也即没有主人的奴隶,自然应该归拾得人所有。至于既然是奴隶何以没有主人,其原因可能是原主人已经丧生,且无继承人,或者是因身份而被划为奴隶,却尚未划归某个具体的奴隶主所有,篇幅所限,不深入讨论。所以,损卦上九爻"得臣无家"阐述的是西周之时拾得遗失物制度的原则之一:若以正当手段捡到无主之物,则该物归拾得人所有。

(九)益卦:"益之,用凶事,无咎。有孚,中行,告公用圭"

益卦六三爻曰:"益之,用凶事,无咎。有孚,中行,告公用圭。"本章第一节"诚信原则"已经对该爻进行详细分析,此处不予赘述。从前文之分析可知,该爻指若为他人求益,尤其是战乱灾荒之年,代天下黎民向上请愿,以求减免赋税劳役,并且放粮赈灾,泽惠天下,则无咎也。上报灾情需讲诚信,道实情,切不可欺上瞒下,从中渔利。下放救灾物资时必须秉持中正,无有偏私。六三将民间灾情上报于公,公则将圭交付于六三,命其代自己执圭发布命令,以赈济灾民。

武树臣先生认为,"中行"指"专门执掌民事诉讼的地方官",并将该爻辞解析为:"拾者嫌弃失主所给的报酬太少,要求增加,并以扣留失物相威胁,这无妨,失主只要将有关证据交给'中行',由'中行'记录在圭板上转呈侯王,听候裁决。"[1]武树臣先生的想象力十分丰富,若如此做解,则该爻的确与拾得遗失物之行为十分契合。不过,益卦所行益道,乃以上益下之道,每爻皆围绕这一核心思想展开,若将之解为拾得遗失物,与益卦之精神不符,故武树臣先生之解不足取。

---

① 武树臣:《儒家法律传统》,法律出版社 2003 年版,第 180 页。原文中"圭板"写作"圭版","听候"写作"听侯",应为印刷错误或笔误。

（十）震卦："亿丧贝，跻于九陵。勿逐，七日得"，"震行无眚"，"亿无丧，有事"

按武树臣先生之解，震卦中涉及拾得遗失物行为的分别为六二爻、六三爻与六五爻。为系统理解起见，笔者将震卦六四爻与这三爻一起分析，以确证震卦所述是否涉及遗失物制度。

震卦六二爻曰："震来厉，亿丧贝，跻于九陵。勿逐，七日得。"六二以柔乘刚，应获震雷之惩，"厉"为砥砺，有磨刀石之义，近凶，可解为"危险"或者"磨炼"，"震来厉"可解为六二受震雷之惩戒，将面临凶险。如本章第二节"契约行为"所析，"亿"应为语气词"噫"之意，表达失望叹息之意。武树臣先生将之解为"十万为亿，言数量之多"不妥，因为，若将"亿"解为"十万"，"亿丧贝"解为"遗失巨额货币"，那么按照中文行文习惯，"亿丧贝"就该写为"丧亿贝"。笔者以为，"贝"为货币单位，本就是珍贵之物，没有必要非得用"亿贝"才显其珍贵，"亿丧贝"可解为"噫，丧贝"，相当于现代汉语之"唉，丢钱了"，表达了对于丢失钱财的浓浓的失望懊恼情绪。"跻"为"登"，"陵"为"大土山"，"九陵"指山之极高者，"跻于九陵"指翻越崇山峻岭，其目的在于追寻回丢失的钱财。按照西周拾得遗失物制度，拾得人必须归还失物，故失主不必主动追寻失物，只需静候在家，七日之内，自会有拾到者将之交还，物归原主，故谓之"勿逐，七日得"。"震来厉，亿丧贝，跻于九陵。勿逐，七日得"可解为：六二以柔乘刚，应受惩戒磨砺，将丢失巨额财物，失主翻越崇山峻岭想要找回失物，其实不必主动追寻，只需在家静候即可，七日之内，自会有拾到者将之归还。

六三爻曰："震苏苏，震行无眚。""苏苏"为疑惧不安之貌。惊雷阵阵，以慑不正，六三以阴居阳，处位不正，故应雷震而惊惧不安，故曰"震苏苏"。幸得六三所乘非刚，若其惧于雷震而去其不正，则终将免于祸患，故曰"震行无眚"。武树臣先生认为"震"为起、举、发之意，"行"为"中行"，指执掌民事诉讼的官员，"眚"为"过错"，故"震行无眚"之义为捡到遗失货币者通报给官府，经过查验，货币完好如初，拾得者无过错。笔者以为，武树臣先生之解有过度解读的嫌疑，"震"是否可解为"通报"，"行"是否可解为执掌民事诉讼之官员，"眚"是否可解为民法意义上的主观过错，这些问题都存在一定疑问。

九四爻曰："震遂泥。""泥，滞溺也。"[1]九四处四阴之中，为众阴之主，当勇于担当，光大其德，带领四阴，一起冲破阴霾，走向光明，然而九四以阳处阴，不中不正，并非可以登高一呼的明主，结果震来惊惧不行，于是滞溺沉沦也，故谓

---

① ［宋］朱熹：《周易本义》，廖名春点校，中华书局 2009 年版，第 185 页。

之"震遂泥"。

六五爻曰:"震往来厉,亿无丧,有事。"六五以阴处阳,其位不正,处震之时,怀惧往来,必有危殆,故谓之"震往来厉"。幸得六五居上卦之中位,只要能谨守中道,则无丧而有事。有事者,事功也,建功立业之谓也。武树臣先生认为,"亿无丧,有事"指货币没有少一分一毫,所以拾得者应当得到相应的报酬,以奖励其拾金不昧的行为。

综上所述,武树臣先生认为抽取以上数爻的部分爻辞,将"亿丧贝,跻于九陵,勿逐,七日得""震行无眚""亿无丧,有事"合到一起,整句话的意思为:"有人遗失巨额货币,赶往几个关口要道去通报,回答说:不必追寻,七天内可以找到。捡到货币的人通报官府,经查验,货币完好如初,拾者无过失,应当得到报酬。"笔者十分钦佩武树臣先生的想象力,将这些字词组合到一起,从而形成一个逻辑自洽的完整故事,但是为了能够组成这一故事,有不少刻意之处,譬如,个别字词的解释有些勉强,处于中间的九四爻因为无法编入这个故事的情景中,而被排除在外,选入的六二爻、六三爻、六五爻皆去掉首句,以防止影响整个故事的完整性。笔者以为,《周易》由于包罗万象,不可能面面俱到,所以很多地方虽然涉及法律精神或者法律制度,却往往只是从某一个角度片面提及,很难形成系统化的法律体系,在这一点上,不必强求,拾得遗失物制度亦是如此。以震卦为例,其六二爻"震来厉,亿丧贝,跻于九陵。勿逐,七日得"本就是一个比较完整的关于拾得遗失物的故事,没有必要非得将整个震卦修整为关于遗失物制度的系统规定。

(十一)旅卦:"怀其资,得童仆","丧其童仆","得其资斧,我心不快"

前文已分别于第三章"慎罚轻刑"之第二节"《周易》中的慎罚轻刑思想"与第四章"民事法律制度"之第二节"契约行为",对旅卦之卦辞与六爻爻辞进行了全面解读,但是对于该卦是否涉及拾得遗失物行为这一问题并未进行深入辨析。武树臣先生认为,旅卦之中涉及遗失物制度的分别为六二爻之"怀其资,得童仆"、九三爻之"丧其童仆"与九四爻之"得其资斧,我心不快"。笔者以为,从字面上来看,旅卦六五爻之"射雉一矢,亡"与上九爻之"丧牛于易"亦与拾得遗失物行为有关,故除去初六爻,旅卦其余五爻似乎都与遗失物制度相关,下面依序进行辨析论证。因前文已经将历代大家对旅卦之卦辞爻辞的解读进行详尽分析,故下文仅讨论这些爻辞是否与拾得遗失物制度相关,而对各家解读之不同不做重复阐述。

旅卦六二爻曰:"旅即次,怀其资,得童仆,贞。"其义为:旅人居于客舍之中,身上带了足够的钱财,用正当方式购得童仆,用以照顾自身起居。从其释义可知,六二爻所得之"童仆"乃用钱财正当购买,并非捡拾而得,故不涉及遗失物制度。

九三爻曰:"旅焚其次,丧其童仆,贞厉。"其义为:旅人所居之客舍被大火焚毁,童仆丧于火灾,身处危险之中。从其释义可知,九三爻之童仆乃因大火而丧,并非走失、遗失。按另外一些学者的观点,童仆所丧为对于旅人的忠心,即便从此解,亦与遗失物制度无关。

九四爻曰:"旅于处,得其资斧,我心不快。"该爻有两种解读,一种观点认为其义为:旅人所居之处地势崎岖,十分不平坦,需用斧头斫除荆棘,方得安其舍,故心中感到不高兴。另一种观点认为该爻之义为:旅人在所居客舍被大火焚毁之后,又得到可以居住的房间,而且丢失的钱财也失而复得,但是他一想到先前屋焚、童仆丧、钱财丢失都是有人在幕后搞鬼,便怎么也高兴不起来。若采第一种观点,则该爻与遗失物制度并无关联;若采第二种观点,则看起来好像有钱财失而复得的情节,貌似与遗失物制度有关,但是仅阐述了这么一个事实:钱财失而复得,却并未涉及谁拾得失物、为何会交还失主这些问题,故究其实质而言,与遗失物制度亦无关系。

六五爻曰:"射雉一矢,亡。终以誉命。"该爻之"射雉一矢,亡"有三种解读。第一种观点认为其义为:野鸡被射中了一箭,死了。第二种观点认为其义为:野鸡被射中了一箭,最终还是跑了。第三种观点则认为其义为:野鸡被射中了一箭,却带着身上的箭跑了,导致射箭者丢失了一支箭。第一种观点中,野鸡死了,而非遗失,故与遗失物制度无关。第二种观点中,野鸡跑了,但是该野鸡本为无主之物,并不存在遗失的问题,故与遗失物制度无关。第三种观点中,野鸡跑了,导致箭矢丢失,该箭矢可算是射手之遗失物,但是仅描写了箭矢遗失本身,却并未涉及拾得返还的问题,所以也与拾得遗失物制度无关。

上九爻曰:"鸟焚其巢,旅人先笑后号啕。丧牛于易,凶。"该爻是否与遗失物制度有关的关键在于对"丧牛于易"的理解。关于"易"字的含义,有两种观点。第一种观点认为"易"指轻易、容易,"丧牛于易"的意思指因为牛主人为他人所嫉恨,所以当有歹人要偷盗他的牛的时候,知情者并无一人相告,导致耕牛被轻易偷走。第二种观点认为"易"指夏朝时期的有易部落、有易国,讲的是商国第七位君主王亥贩牛羊于有易,结果却被有易首领绵臣杀人夺牛的故事。若采第一种观点,该耕牛是被偷盗而走,并非遗失,所涉及的应为侵权行为制度,而非遗失物制度。若采第二种观点,该耕牛是被抢劫而走,并非遗失,所涉及的应为刑法中的抢劫罪,若考虑到事后王亥之子上甲微杀绵臣以报父仇的故事,则

"丧牛(羊)于易"还讲述了血亲复仇制度,无论如何都与遗失物制度无关。

从以上分析可知,从六二至上九各爻虽然从字面上看似乎都涉及遗失物,但究其实质,皆与拾得遗失物行为无关,并不属于西周遗失物制度的一部分。武树臣先生将旅卦六二、九三、九四三爻的内容分别取出一部分,重新排列组合到一起,认为"丧其童仆""怀其资,得童仆""得其资斧,我心不快"指"丢失奴隶的原主给了'捡到'奴隶的人一笔报酬,从而恢复了对奴隶的所有权,'捡到'奴隶的人虽然得到财物却感到不合算"①。武树臣先生这一观点过于勉强。一方面,每个爻辞都应该做整体解读,如果只取一部分,难免有断章取义之嫌;另一方面,为了能够拼凑出一个完整的故事而将九三爻辞置于六二爻辞之前,显然不妥,故武树臣先生之观点不足取,旅卦各爻皆与遗失物制度无关。

(十二)既济卦:"妇丧其茀,勿逐,七日得"

既济卦坎上离下,坎为水,离为火,水居于上而下行,火居于下而上行,水火既济,万事皆济,故享亨道。但是,如果安于享乐,不居安思危,勤修德业,则终将生危乱矣。既济卦六二爻曰:"妇丧其茀,勿逐,七日得。"六二以阴居阴,处下卦之中,有居中履正之象。下卦为离火文明,故六二虽为阴爻,却光明大盛,为众所瞩目。然六二上下皆阳,处初九与九三之间,近而不得,必有相犯,故有贼寇见侵,其茀(妇人之首饰)遂丧。幸得六二居中守正,且上应九五,坚守本心,谨持妇道,故终无损伤:不必追逐窃茀之歹人,只需持正守中,在家静候即可,七日之内,自有人将所丧之茀原封不动地交还。若作此解,则该爻所涉应为刑法中的盗窃罪,而与遗失物制度无关。当然,"妇丧其茀"也可理解为该妇人不慎遗失其茀,因其一向守中正之道,故不必追逐搜寻,只需静候在家,自有捡拾者将茀归还于她。如此做解,则正是拾得遗失物行为,其目的在于告诫世人,虽然捡拾者应归还失物于失主,但前提是失主所行为正道。譬如,通过非法手段侵夺而得之物遗失之后被他人所拾,他人亦无义务交还失主。武树臣先生将该爻解为"妇人丢了装饰品,不必追寻,只要通报官府,七日内就可找回",与笔者第二种解读一致。

(十三)小结

综上所述可知,虽然从字面上来看,《周易》中共有十二卦与遗失物制度有关,但经过笔者分析之后发现,其中讼卦、泰卦、否卦、复卦与益卦并未真正出现遗失物,涉及遗失物的仅有无妄卦、睽卦、解卦、损卦、震卦、旅卦与既济卦。其

---

① 武树臣:《儒家法律传统》,法律出版社 2003 年版,第 179—180 页。

中,旅卦虽然提到遗失物,但并未讲述拾到遗失物该如何处理,也没有关于遗失物制度的具体内容。所以,《周易》中,遗失物制度的内容主要表现在无妄卦、睽卦、解卦、损卦、震卦与既济卦这六个卦中。

其中,无妄卦六三爻"无妄之灾,或系之牛,行人之得,邑人之灾"告诉我们:若有大宗财物遗失,有司须立即展开搜查以寻回失物;若遗失物被人捡到,拾得人必须予以归还。睽卦初九爻"悔亡。丧马,勿逐,自复。见恶人,无咎"告诉我们:如有拾得人拒不归还遗失物,则将受到惩罚。解卦九二爻"田获三狐,得黄矢,贞吉"、六三爻"负且乘,致寇至,贞吝"、九四爻"解而拇,朋至斯孚"与六五爻"君子维有解,吉,有孚于小人"告诉我们:若拾得遗失物则必须归还,如果不予归还则应给予相应价值的赔偿,一旦发生此类纠纷应本着友好的目的和平协商解决。损卦上九爻"得臣无家"告诉我们:若以正当手段捡到无主之物,则该物归拾得人所有。震卦六二爻"震来厉,亿丧贝,跻于九陵。勿逐,七日得"告诉我们:若丢失财物,不必急着追寻,拾到者必须主动归还。六三爻"震苏苏,震行无眚"告诉我们:拾得人所上交的遗失物必须完好无损,若有损伤应负赔偿责任。六五爻"震往来厉,亿无丧,有事"告诉我们:若拾得人所上交的遗失物完好无损,则应当得到相应的报酬,以奖励其拾金不昧的行为。既济卦六二爻"妇丧其茀,勿逐,七日得"告诉我们:若通过非法手段侵夺而得之物遗失之后被他人所拾,拾得人无返还义务。

综合以上内容,笔者整理出《周易》之中所论及的西周之时的遗失物制度,其具体内容如下:

第一,大宗财物遗失,有司有义务展开搜查以寻回失物。

第二,拾得遗失物者,必须将失物返还失主。

第三,若拾得人拒不归还遗失物,应进行惩罚。

第四,在与失主协商一致的情况下,拾得人可不返还失物,同时给予失主相应价值的赔偿。

第五,若所拾得的乃无主之物,则该物归拾得人所有。

第六,若拾得人归还的遗失物完好无损,则应得到相应的报酬。

第七,若所归还的遗失物存在损伤,则拾得人应负赔偿责任。

第八,若拾得的遗失物并非失主的合法财产,则拾得人无返还义务。

以上乃笔者从《周易》相关卦辞爻辞出发,所整理的有关西周之时的拾得遗失物制度,其内容与先秦时期其他典籍中的内容并无相悖之处,具有较强的可信度。当然,毕竟西周之时法律制度尚不完善,所以拾得遗失物制度的内容也存在不够系统的问题。另外,《周易》毕竟并不是专门针对法律制度的规定,在有限的篇幅之内,很难面面俱到地对有关的法律问题进行全面阐述,而且《周易》中的内容一般都是通过讲故事的方式进行的,在将具有特殊性的具体故事内容提炼为具有普遍适用性的抽象法律内容的过程中,难免会有见仁见智的地方,所以笔者所总结的拾得遗失物制度仍有不少地方需要进一步结合先秦时期的其他经典典籍进行辨析论证,只是篇幅有限,在本书中不再多言。

第五章　刑事法律制度

　　需要提前予以说明的是,西周之时,绝大部分民事纠纷,往往也使用刑罚的手段进行解决。所以,虽然其手段是刑罚的手段,但是其内容可能属于刑法,也可能属于民法。本章虽名为"刑事法律制度",但仅从刑罚手段进行讨论,实际上施以该刑罚之起因可能是刑事犯罪,也可能只是民事纠纷。

　　先秦典籍之中,对于西周时期的刑事法律制度描写最详尽的分别为《周礼》中的"秋官司寇"一篇,以及《尚书》中的"吕刑"一篇。由于《周礼》《尚书》皆于西周之后所作,其中不少内容并非对西周时期真实情况的记载,而有根据后世现实推测西周之情状的地方,故其内容不如《周易》所载更具可靠性,但是就法律制度而言,其内容之详尽性、系统性却又远超《周易》,故笔者先简略整理一下两书所涉西周时期刑事法律制度之概况,然后再行探讨《周易》之中所涉之刑事法律制度内容。

　　《吕刑》一文提到:上古之时,蚩尤作乱,苗民不遵守政令,于是制作刑罚以制服之,称为五虐之刑。"杀戮无辜,爰始淫为劓、刵、椓、黥。越兹丽刑并制,罔差有辞。"当时的刑罚措施极其严酷,包括劓(割鼻子)、刵(割耳朵)、椓(宫刑)、黥(脸上刻字)等肉刑,肆意滥用严酷刑罚,往往罪及无辜之人。周穆王命吕侯作《吕刑》,其内容相对宽缓,有不少为赎刑。若案件存在疑点,则可从轻处理,以一定金额的罚金替代肉刑,其具体内容详见本章第二节"其余各卦的罪名与刑罚措施"之中关于困卦之"困于石"中之"坐嘉石之刑"的介绍,此处不予赘述。按《尚书·吕刑》所载"墨罚之属千,劓罚之属千,剕罚之属五百,宫罚之属三百,大辟之罚其属二百。五刑之属三千"可知,周穆王时,有五刑之说,也就是有五种刑罚手段,分别为墨刑、劓刑、剕刑、宫刑与死刑,其中墨刑之条目有一千,劓刑之条目有一千,剕刑之条目有五百,宫刑之条目有三百,死刑之条目有两百,五种刑罚的条目共有三千。

　　《周礼》中亦有五刑,却与《吕刑》所言有异。《周礼·秋官司寇》有言:"以五刑纠万民:一曰野刑,上功纠力;二曰军刑,上命纠守;三曰乡刑,上德纠孝;四曰官刑,上能纠职;五曰国刑,上愿纠暴。"据该文可知,《周礼》之中的五刑内容包括:其一,针对野地之民的刑法为野刑,其目的在于鼓励民众勤劳耕作;其二,针对军队的刑法为军刑,其目的在于监察士兵军官是否服从军令坚守阵地;其三,针对乡里的刑法为乡刑,其目的在于监督民众是否孝顺有道德;其四,针对官员的刑法为官刑,其目的在于监察官员是否忠于职守;其五,针对国都之民的刑法为国刑,其目的在于监督民众是否有聚众闹事者。与《吕刑》从不同的刑罚手段来区分"五刑"不同,《秋官司寇》中的"五刑"则从刑罚措施所施行的对象不同,进行区分界定。但是实际上,《周礼》中的刑罚措施与《吕刑》相同,据《秋官司寇》所载:"司刑掌五刑之法,以丽万民之罪。墨罪五百,劓罪五百,宫罪五百,刖罪五百,杀罪五百。"其中,《秋官司寇》中之"刖罪"就是《吕刑》中之"剕刑",即断足之刑;《秋官司寇》中之"杀罪"就是《吕刑》中之"大辟",即死刑。故《周礼》与《尚书》所载之五种主要刑罚措施基本一致,分别为:墨刑、劓刑、宫刑、刖刑(剕刑)、大辟(杀罪,死刑)。

武树臣先生在其《儒家法律传统》的"《易经》与古代法律文化"一章中,将西周时期的刑事法律制度分为罪名与刑罚两个部分来阐述。但实际上,在西周时期,由于司法尚不发达,当时的刑法制度主要是"以刑统罪"的模式,而非春秋战国之后才逐渐出现的"以罪统刑"模式。此外,西周之时,由于时代所限,并没有系统的罪名、刑罚制度,基本上都是以案例的形式进行描述,判例法盛行,而判例法主要涉及犯罪事实以及犯罪之后如何惩罚的问题,至于罪名的发达则是后来成文法大兴之后的产物。所以从《周易》之中,我们可以看到虽然涉及具体刑罚的内容很多,但是关于罪名的内容却很少。所以,笔者事先不区分罪名与刑罚,先对《周易》之中涉及犯罪、刑罚的卦辞爻辞按顺序进行辨析,以确定其刑罚手段与可能归属的罪名,而后再从犯罪与刑罚两个角度进行归纳整理。由于《周易》六十四卦中,只有噬嗑卦是专门针对刑事法律制度的,所以将其单列进行详细解读,其余诸卦则选取其中涉及犯罪行为或刑罚措施之卦辞爻辞一一进行辨析。

第一节　噬嗑卦中的刑事法律制度

《彖传》曰:"颐中有物,曰噬嗑。""噬,啮也;嗑,合也。"①啮而合之则断,则

---

① [魏]王弼撰,楼宇烈校释:《周易注校释》,中华书局2012年版,第81页。

不齐者齐之,有物间隔者去之,噬嗑卦以口象比喻刑法,刑法行于天下,则民众皆按刑法之规定行为处事,井井有条,万物皆通,故噬嗑卦卦辞曰:"亨,利用狱。""狱"者,刑法也。在整个《周易》六十四卦中,有两个卦是专门讲述法律的,其一为讼卦,其二为噬嗑卦。讼卦从法律思想角度阐述了西周时期的息讼思想,噬嗑卦则是从法律制度角度讲述了西周时期的诸多刑罚措施。因为噬嗑卦在西周时期刑法制度中的重要性,故将其六爻一一进行解读。

一、初九爻:"屦校灭趾,无咎"

《象传》曰:"屦校灭趾,不行也。"噬嗑卦通卦皆论刑罚,初九所处为刑之初,所犯之罪较轻,然积小恶则成大恶,如果不从源头上予以警戒遏止,一旦犯了大罪则悔之晚矣。屦者,履也,指古代用麻葛做成的一种鞋子。"校者,以木绞校者也,即械也。"[①]校,指囚禁犯人的木制囚具,用以限制犯人的行动能力,加之于脖颈者为枷,加之于足者为桎,加之于手者谓之梏,所以此处的"校"应为桎。"灭"为割去之意。"趾"之义有二,其一为脚,其二为脚指头。笔者以为,"屦校灭趾"中所割掉的应该是脚指头,而非脚。首先,既然初九乃初犯之刑,为最轻者,其目的在于小惩大诫,遏止进一步的犯罪,所以其刑罚必然不能过重,否则何来"无咎"之说。如果受刑人被割掉的乃是整个脚,又怎么可能无咎。其次,与"灭趾"并列的为"屦校",也就是给脚戴上桎,这一惩罚显然是极轻微的,如果"灭趾"指的是割掉整个脚的话,这两种刑罚之间轻重差距太大,不该都置于初九而为初刑之典范。再次,割掉整个脚的刑罚措施有一个专门的名称为"刖",困卦九五爻之"劓刖,困于赤绂,乃徐有说。利用祭祀"中的"刖"讲的正是这一刑罚手段,没有必要在这里又另起一个名字。复次,如果是刖刑,则受刑之人所穿的鞋子也有一个专门的名称"踊",而不会用"屦"字。最后,如果整个脚都被割掉了,那么又如何给脚戴上桎呢,"屦校灭趾"这两种刑罚岂不是无法并施于人? 所以,此处的"灭趾"所割者当为脚指头,而非整个脚。故此,噬嗑卦初九爻所述刑罚措施有两种:屦校,指戴上脚桎;灭趾,指割掉脚指头。

二、六二爻:"噬肤,灭鼻,无咎"

六二处下卦之中,以阴处阴,处中得位,故王弼认为,六二非受刑之人,而是施刑之人。孔颖达、朱熹从其解。按孔颖达的观点,"'肤'是柔脆之物,以喻服

---

① [魏]王弼撰,楼宇烈校释:《周易注校释》,中华书局2012年版,第82页。

罪受刑之人也"①。本来只是打算略施薄惩,让受刑人被咬上几口即可,但是由于六二乘刚于初九,未尽顺道,用刑太深,噬过其分,把鼻子给咬掉了,即变成了劓刑。故《象传》曰:"噬肤灭鼻,乘刚也。"虽然用刑略有些过,但是灭鼻之刑并非多么严重的惩罚,而且也起到了震慑犯罪的作用,故无咎也。按照这种观点,"噬肤"并非犯罪行为,亦不是刑罚措施,噬嗑卦六二爻中唯一的刑罚措施为"灭鼻"之刑。朱熹则认为"肤"指祭祀时鼎中所烧的肉,由于炖的时间长,所以变得十分柔脆,噬而易嗑,比喻居中履正之六二其所治如嚼烂肉,十分易与。只是因为六二以柔乘刚,虽然十分容易,最终还是没能把握好分寸,不小心伤及受刑者的鼻子。按照这种观点,"噬肤"亦非犯罪行为或刑罚措施,噬嗑卦六二爻中唯一的刑罚措施为"灭鼻"之刑。高亨先生与朱熹一样,将"肤"解为肉,但是他认为该爻的意思指"奴隶越其分而吃肉,触怒奴隶主而割其鼻。割鼻是轻刑。奴隶受此轻刑,小惩大诫,不致再受重刑,则无咎矣"②。按照这种观点,"噬肤"为奴隶越其分而吃肉,于当时而言,乃是一种犯罪行为,所以噬嗑卦六二爻讲述的是一个犯罪行为——奴隶"噬肤",以及对于这一犯罪行为的刑罚惩罚措施——"灭鼻"之刑。笔者以为,高亨先生之解不妥,如果"噬肤"所指为奴隶食肉这一犯罪行为,那么六三爻之"噬腊肉"、九四爻之"噬干胏"和六五爻之"噬干肉"岂非都是奴隶食肉行为,又何必分数爻进行分别论述呢?所以同样都是食肉,所噬为"肤"与所噬为"腊肉"、"干胏"或"干肉"的区别就在于前者柔脆易食。由此,孔颖达得出"肤"以柔脆而譬喻受刑之人的结论,朱熹则得出"肤"以柔脆而譬喻六二治下施刑之易与的结论,二者的观点虽然也都有些勉强,但是胜在逻辑上能够说得通。不论采孔颖达之解,还是采朱熹之解,噬嗑卦六二爻并未涉及具体的犯罪行为,所述刑罚措施则为"灭鼻"之刑——劓刑。

三、六三爻:"噬腊肉,遇毒。小吝,无咎"

《象传》曰:"遇毒,位不当也。"六三阴居阳位,位不当也,处下体之极,居非中也,不中不正,履非其位,故"噬腊肉,遇毒"。腊肉为风干之肉,本就坚硬难啃,而且其中竟然有毒,更是祸不单行,雪上加霜。笔者以为"毒"字或可解为"蛆虫",而非毒药之本义,其理由有二:其一,噬嗑卦九四爻"噬干胏,得金矢"和六五爻"噬干肉,得黄金"在食肉过程中,都仅仅是被"金矢"或者"黄金"硌破嘴,

---

① ［魏］王弼、［晋］韩康伯注,［唐］孔颖达正义:《周易正义》,中国致公出版社 2009 年版,第 105 页。
② 高亨:《周易大传今注》,齐鲁书社 2009 年版,第 183 页。

磕掉牙而已,而如果六三爻之"噬腊肉,遇毒"所遇为毒药的话,则食腊肉者很有可能毒发身亡,显然与九四和六五的后果严重性不可同日而语。既然六三、九四、六五的最终结果都是"吉"或"无咎",其后果严重性自然不能相差悬殊。其二,六三"噬腊肉,遇毒"的结果为"小吝无咎",而吃下可能致命的毒药又怎么可能仅是"小吝"而"无咎"呢?所以,六三爻中"噬腊肉"者所遇之"毒"应为"蛆虫",腊肉干硬难啃,竟然还生了虫子,实在够倒霉的,但是也仅是倒霉而已,无伤大雅,故"小吝,无咎",这么一来,与九四的啃肉骨头啃到铜箭头,以及九五的啃干肉啃到黄金,磕破嘴、崩掉牙这类小事,差相仿佛。所以,噬嗑卦六三爻并未涉及投毒罪,亦未描述任何刑罚措施。

四、九四爻:"噬干胏,得金矢,利艰贞吉"

《象传》曰:"利艰贞吉,未光也。"九四处上体之初,以阳居阴,履不获中,居非其位。"胏"指连着骨头的肉。"金矢"之解有二。一种解释认为,应该将"金"与解卦九二爻"田获三狐,得黄矢"之中的"黄"一样,解为"铜",则"金矢"之义为铜箭头。也就是说,野兽被射杀之后,箭矢折断了,铜箭头留在骨头中,没有剔除出来,野兽肉晒干储藏,后来在啃骨头吃肉的过程中,发现了其中还遗留着的铜箭头。高亨先生持此种观点。另一种解释认为,"金,刚也,矢,直也"[1]。"得金矢"者谓得"刚直"者也,因其刚直,所以虽然九四不中不正,处境艰难,只要坚守贞固,终将获吉。王弼、孔颖达持此观点。笔者以为,"金矢"应是"钧金束矢"之意,正如前文第一章"讼卦与息讼"之第三节"辩证的息讼思想"所分析,"钧金"为西周之时提起刑事诉讼前所预缴的诉讼费,合为黄铜三十斤,"束矢"为提起民事诉讼前所预缴的诉讼费,为箭矢一束。判决胜诉一方可以退还诉讼费,败诉一方则将被没收诉讼费。"得金矢"者,为胜诉一方,故虽因身陷官司而处境艰难,但是只要行得端坐得正,终将胜诉而获吉矣,故谓之"得金矢,利艰贞吉"。所以,噬嗑卦九四爻并未涉及具体的犯罪行为与刑罚措施,而是关于诉讼程序中缴纳诉讼费的规定:诉讼费须提前缴纳,刑诉为黄铜三十斤,民诉为箭矢一束,败诉者将没收诉讼费,胜诉者则应予以返还。

五、六五爻:"噬干肉,得黄金。贞厉,无咎"

《象传》曰:"贞厉无咎,得当也。""干肉"者,较"肤"难噬,较"腊肉""干胏"

---

① [魏]王弼撰,楼宇烈校释:《周易注校释》,中华书局 2012 年版,第 82 页。

易啃。王弼、孔颖达认为，"黄"为中，"金"谓刚，六五为施刑之人，受刑之人原本不服，然六五居中为尊，且刚直不曲，故得"刚中"贞正而服人。按朱熹的观点，"黄"为中色，"金"谓钧金。"六五柔顺而中，以居尊位，用刑于人，人无不服，故有此象。"①认为"得黄金"指得到钧金，六五指施刑之人。高亨先生则认为，该爻之"黄金"即为金银之金，六五啃噬干肉之时，在干肉中发现了黄金粒，若不小心吃下去将会致人生病，甚至死亡，可谓危险至极，幸亏被发现了，最终虚惊一场，无咎以终。若采王弼、孔颖达之说，噬嗑卦六五爻并未涉及具体的犯罪行为与刑罚措施，而是对施刑人员，也就是司法人员的职业素养的要求：必须刚直不曲，方能服人。若采朱熹之说，该爻并未涉及犯罪行为与刑罚措施，所述为西周时期的刑事诉讼规则：诉讼之前双方都需预先缴纳诉讼费——黄铜三十斤，胜诉一方将获得黄铜的返还。若采高亨之说，则噬嗑卦六五爻讲述了用黄金害人的谋杀罪这一犯罪行为。其中，王、孔之解与高亨之说都能自圆其说，而朱熹之解存在一个问题：既然"得钧金"，则应为刑事诉讼获胜一方，何以又是居中裁判的施刑之人呢？所以，笔者以为，六五应为诉讼一方当事人，其阴居阳位，履位不正，下无所应，且以柔乘刚，本应下场悲惨，幸得其柔顺而中，居中守正，秉持贞正之道，最终刑事诉讼被判胜诉而得钧金，初虽厉而终无咎矣。

六、上九爻："何校灭耳，凶"

《象传》曰："何校灭耳，聪不明也。"上九为过极之阳，处卦之上，罪大恶极，为罪恶之首，处罚之极。"何"同"荷"，指担负，"何校"为肩上负枷之意。"灭耳"一词包含着三层含义：其一，为割去耳朵之本义，即为刵刑。其二，噬嗑卦六爻之中，九四为"吉"，初九、六二、六三、六五皆为"无咎"，唯独上九为"凶"，但若仅是割掉耳朵，与前面五爻，譬如初九之"灭鼻"相较，严重程度差相仿佛，与"凶"之结果不符。耳位人首之上，耳既灭，身亦灭，"灭耳"应该有诛杀殒命之极刑的意思。其三，耳顺善听为聪，所以"灭耳"亦有忠言逆耳、不听规劝的意思蕴含其中，故《象传》曰："何校灭耳，聪不明也。"耳聋则聪不明，意指听不进别人的劝导，一意孤行，结果负枷割耳，乃至诛杀灭身，凶莫甚焉。所以，噬嗑卦上九爻所述既包括具体的刑罚措施："灭耳"之刑——内含割耳与处死；还包括西周时期的刑罚处罚思想：犯罪嫌疑人必须耳顺善听，知错能改，方能减免刑罚，如果冥顽不灵，则罪加一等。

---

① ［宋］朱熹：《周易本义》，廖名春点校，中华书局 2009 年版，第 103 页。

七、噬嗑卦小结

综上可知,作为专门阐述西周时期刑法制度的噬嗑卦,其内容包括以下三个部分。

(1)西周时期刑法的罪名:谋杀罪(投金杀人)。

(2)西周时期的刑罚措施:屦校(戴脚桎);何校(负枷锁);灭趾(割脚趾);灭鼻(即劓,割鼻子);灭耳(即刵,割耳朵);死刑。

(3)西周时期的诉讼制度:钧金束矢(诉讼费需提前缴纳,刑诉黄铜三十斤,民诉箭矢一束,败者没收,胜者返还);对于司法人员的职业素养要求:必须刚直不曲;对诉讼当事人的要求:必须居中守正,不得走歪门邪道,必须耳顺善听,知错能改。

第二节　其余各卦的罪名与刑罚措施

一、蒙卦:"用说桎梏";随卦:"拘系之乃从维之";遁卦:"执之用黄牛之革";革卦:"巩用黄牛之革"

《周易》中,有四卦之爻辞似乎与拘系之刑有关,分别为蒙卦之"用说桎梏",随卦之"拘系之乃从维之",遁卦之"执之用黄牛之革"与革卦之"巩用黄牛之革",下面按序一一进行辨析。

(一)蒙卦:"用说桎梏"

蒙卦初六爻曰:"发蒙。利用刑人,用说桎梏。以往,吝。""桎梏"为限制人行动的刑具,在足曰桎,在手曰梏。王弼、孔颖达认为,初六处蒙之初,易于发蒙,九二以阳处中而能照暗,可发去初六之蒙,故可利用刑罚施戮于人,而后蒙昧既发,则可脱去桎梏,重获自由。相较于以道德教化发蒙向善这种育人方式,以刑罚惩罚的方式帮助罪犯重新走上正确的道路,虽然也能避免凶咎等重大的恶果,但是终究落了下乘,是以无灾而有吝。朱熹则认为初六"以阴居下,蒙之甚也"[1],故此蒙难发,沉疴须用猛药,必须用刑罚惩罚的方式当头棒喝,方能助人

---

① [宋]朱熹:《周易本义》,廖名春点校,中华书局2009年版,第54页。

重返正途。虽然对于发初六之蒙到底难易程度如何这两种观点截然相反,但是其得出的结论都是应该用刑罚惩罚的方式雷霆震慑,使之改邪归正,而不是通过道德教化,春风化雨润物无声。唯其如此,方能使得走上歧途之人浪子回头,最终脱去桎梏,重新做人。蒙卦之"利用刑人,用说桎梏"虽然涉及桎梏二刑,但是其目的在于说明,一则刑罚的惩罚乃社会治理不可或缺的有效手段;二则刑罚的惩罚乃不得已而为之,虽然效果明显,对犯罪分子具有强大震慑作用,但终究不如道德教化。

(二)随卦:"拘系之乃从维之"

随卦上六爻曰:"拘系之乃从维之,王用亨于西山。"按王弼、孔颖达之解,"拘系"为囚禁之意,"维"为维系之意,随之为体,以阴顺阳,上六为阴,本应顺阳,然而其最处上极,不从者也。故王须将之囚禁,从而维系住其从王的状态,故谓之"拘系之乃从维之"。"亨"者,"通"也。西山为路远险阻之地,山高皇帝远,不听王令,故王须用兵以保持与西山之间的畅通,如此方能使之从王。朱熹则认为,"亨"通"享",为"祭祀"之义,西山指在西方之岐山,乃西周发源地。上六居随之极,上可通神明,故王于西山祭祀,其诚意可直达于天。高亨先生则认为,该爻辞所述乃周文王之故事:"殷纣囚系文王于羑里,又释放使之走去。文王既归周,祭祀西山,以报答神之保佑。"①三种观点的解析都能逻辑自洽,甚为圆融。若单考"拘系"之义,则三方皆无异议,指拘而系之,相当于现代刑法中的逮捕。

(三)遁卦:"执之用黄牛之革";革卦:"巩用黄牛之革"

1. 遁卦六二爻曰:"执之用黄牛之革,莫之胜说。"

关于"黄牛之革",其解有二。一种观点认为,黄者,中也,牛革者,厚顺之物也,所谓"黄牛之革"指中和厚顺之道。六二居中处内,非遁之人,为所遁之主,众皆离己而遁,如何方能执固留之,须用中和厚顺之道固而安之,结果众皆自愿留下而无人脱离遁逃。王弼、孔颖达与朱熹皆从此解。另一种观点则认为,"黄牛之革"即是其字面含义:用黄牛之革制成的绳子。而"执"为系绊,"之"指代初六"遁尾"之"遁",借为"豚",指小猪,故该爻辞的意思为"人用黄牛革绳绊豚之身,以防其走失,但豚物小力微,不能胜此革绳,以致不能行动,则宜解脱其绳。比喻人利用工具必须适合外物之条件"②。高亨先生执此观点。笔者以为,将"黄牛之革"解为"中和厚顺"过于迂回,不如将之解为"黄牛之革所制之绳"更为简明直接有说服力。但是高亨先生将"莫之胜说"解为"不能胜此革绳,以致不

① 高亨:《周易大传今注》,齐鲁书社 2009 年版,第 162 页。
② 高亨:《周易大传今注》,齐鲁书社 2009 年版,第 260 页。

能行动,则宜解脱其绳"亦犯了过于迂回的毛病,应直接解为无法脱逃为宜。若将"之"解为奴隶或者罪犯,则"执之用黄牛之革"应为拘系之刑,亦即逮捕。

2. 革卦初九爻曰:"巩用黄牛之革。"

与遁卦六二爻之"黄牛之革"相似,对于革卦初九爻亦有二解。一种观点认为,巩者,固也;黄者,中也;牛者,顺也;牛革者,坚韧不可变也。初九位于革卦之始,革道未成,不宜应变,应谨慎守中固旧,以免犯冒进主义错误,故初九为守成不变者也。王弼、孔颖达、朱熹从此解。另一种观点则认为,"巩"为"束而缚之","黄牛之革"即用黄牛之皮革所制成的绳子,用以拘系俘虏、犯人。高亨先生执此观点。笔者以为,其实这两种观点可以结合起来,革卦初九爻其表象应为高亨之解,其内涵应采王、孔、朱之解,也就是说,该爻认为,初六处革卦之始,其变将生未生,当此之时,不该过激冒进,而应如被黄牛之皮革所制成的绳子牢牢困缚一样不得妄动,守夫常中,柔顺以从,固守旧制,不做出头鸟,谨慎对待即将到来之变革。由此可知,"巩用黄牛之革"应是一种比喻,指不得妄动之意,与遁卦六二爻之"执之用黄牛之革"不同,并未讲述拘系之刑。

(四)小结

从以上分析可知,革卦之"巩用黄牛之革"与罪名和刑罚措施无关,其余三卦皆与刑罚措施有关,其中蒙卦之"用说桎梏"所涉刑罚措施为桎(囚足)与梏(囚手),随卦之"拘系之乃从维之"所涉为拘系之刑(逮捕),遁卦之"执之用黄牛之革"所涉亦为拘系之刑(逮捕)。

二、坎卦:"系用徽纆,寘于丛棘,三岁不得,凶"

坎卦上六爻曰:"系用徽纆,寘于丛棘,三岁不得,凶。"坎卦为险,上六以阴柔居险极,故受刑。三股之绳为徽,两股之绳为纆,"徽纆"指绳索之意,"系用徽纆"指用绳索拘系之。"寘"同"置","丛棘"指代监狱,因监狱墙上墙外皆种植或放置荆棘,以防罪犯逃逸,故名之。所谓"寘于丛棘"指关押到监狱之中。"三岁不得"指三年之内不能重获自由,亦即有期徒刑三年。"系用徽纆,寘于丛棘,三岁不得"之义为:用徽纆之绳将犯罪分子拘捕归案,将之关押到监狱之中,刑期三年。该爻所涉及的刑罚措施分别为:系用徽纆(拘系之刑,逮捕),寘于丛棘(收监),三岁不得(有期徒刑三年)。

三、睽卦:"见舆曳,其牛掣。其人天且劓,无初有终"

睽卦六三爻曰:"见舆曳,其牛掣。其人天且劓,无初有终。"睽者,志不同而相乖离也。六三以阴居阳,位不当也,处下卦之极,居不中也,上(九四)下(九二)皆阳,无所适从。"舆"者,车也;"曳"为牵引,"掣"为拉拽。前有九二拉着车子往前,后有九四拽着牛往后,"见舆曳,其牛掣",结果牛车既不能前行,又不得后退,驾车之人进退失据,不知该往何方。以牛车之困境喻人事之遭遇,其人受刑以"天且劓"。"劓"同"劓","劓,墨刑在面也"(《说文解字》)。按照孔颖达的解析,"劓额为天,截鼻为劓"①,那么在脸上或额头上刻字或图案,并以墨染之的刑罚方式都可称为墨刑、劓刑,或者劓刑。而睽卦六三爻所谓的"天"刑则指在额头上施以墨刑,因九四自上用刑,故谓之"天",九二自下用刑,惩于额头之下,截其鼻而称"劓"。墨刑与劓刑皆为小惩大诫,目的在于提醒六三,使其改邪归正。六三虽不中不正,被二四所迫而遭灾受刑,幸得其上应上九,得上九之助,初虽有惩,而终无大碍,故曰"无初有终"。

武树臣先生则认为,该爻指:"拦路抢劫商人的车和牛的,处劓劓之刑。"也就是说,他将"其人天且劓"之"其人"解为"曳舆掣牛"的匪人,但是如此一来,"无初有终"就很难得出一个合理的释义。故此,笔者以为,武树臣先生之解虽然十分形象生动,但是还是采通说为宜。所以,睽卦六三爻并未涉及犯罪行为,其所涉刑罚措施为:墨刑(劓刑,劓刑);劓刑。

四、大壮卦:"丧羊于易";旅卦:"丧牛于易"

大壮卦六五爻曰:"丧羊于易,无悔。"旅卦上九爻曰:"鸟焚其巢,旅人先笑后号啕。丧牛于易,凶。"根据前文之分析可知,关于"丧羊(牛)于易"可做两种解释。第一种解释认为"易"为"轻易""容易"的意思,而"丧"之意应为"丢失""遗失",故"丧羊(牛)于易"指由于牛羊主人的过错,使得牛羊轻易被盗,所以其罪名应为盗窃罪。在这两个爻辞中并未涉及对盗窃牛羊者该如何处罚的问题,也就是说并未涉及刑罚的规定。

第二种解释认为"易"指夏朝时期的有易国、有易部落,"丧"之意指被"劫掠""抢夺",它讲述的是商部落首领王亥驱赶大量牛羊前往有易做交易,不料有易部落首领绵臣起了觊觎之心,于是设计杀害王亥,并将其牛羊据为己有。按这一解读,则"丧羊(牛)于易"所涉及的罪名应为抢劫罪。此外,如果考虑到后续的故事发展,王亥之子上甲微杀绵臣以报父仇,那么这一故事还阐述了西周时期的血亲复仇制度。不过大壮卦与旅卦仅仅讲了"丧羊(牛)于易"这一内容,并未

---

① 　[魏]王弼、[晋]韩康伯注,[唐]孔颖达正义:《周易正义》,中国致公出版社2009年版,第162页。

涉及后续的复仇事宜,若认为这两卦中还包括了对于血亲复仇制度的描写就有些过度发挥了。

所以,大壮卦与旅卦的"丧羊(牛)于易"所涉及的罪名分别为盗窃罪与抢劫罪,但并未涉及相应刑罚之规定。

五、夬卦:"闻言不信";困卦:"有言不信"

(一)夬卦:"闻言不信"

夬卦九四爻曰:"臀无肤,其行次且。牵羊悔亡,闻言不信。"夬卦五阳决一阴,阳气勃长,阴气将消,君子道长,小人道消。当此之时,当奋而向前,涤荡残阴,令妖邪尽皆消弭,方是正道。然九四以阳居阴,处上卦之下,不中不正,德不配位,行不尽责,居则不安,行则不进,进退失据,其处境十分尴尬。"次且"即"趑趄",犹豫不进之貌。众阳裹挟之下,当进不进,反而阻却道路,则后三阳当拱其臀,于是臀伤而无肤,故谓之"臀无肤,其行次且"。"牵羊悔亡"之解各不相同,下面分而叙之。

王弼、孔颖达将"羊"解为"九五",认为:"羊者,抵狠难移之物,谓五也。"[1]九五为夬卦之主,居尊当位,非下之所能侵,四若侵五与之争,则必致凶有悔。"牵"指"牵系",指与之搭上关系。假若九四投奔九五,奉之为主,则能由危转安,四之悔可亡也,故谓之"牵羊悔亡"。可惜九四亦为阳刚,虽然听闻此言,却仍不信服,不愿从五,故谓之"闻言不信"。

朱熹则认为:"'牵羊'者,当其前则不进,纵之使前而随其后,则可以行矣。"[2]"牵,引前也"(《说文解字》),朱熹关于"牵"字之解大体与《说文解字》相近:引之纵之而使前,谓之牵。按朱熹之解,此处之"羊"应指九四自身。当处九四之位,既应上进,却又不应与众阳相竞,故九四的唯一正确选择便是安居他人之后,从众阳而上进,唯其如此,方能亡其悔。这正像主人九五手牵绳索,行于前方,九四则如羊一般,随行于后。只可惜,九四虽听闻此言,却闻之而不信,结果或当决不决,趑趄不前,或不甘居于人后,与众阳相竞,结果悔至须臾。此即谓"牵羊悔亡,闻言不信"。

高亨先生则认为,"牵羊"指"牵羊献当权之人",按其意,所谓"当权之人"应指九五。九四有犯九五,本应受罚,如其牵上自己家的羊献给当权者赔罪、贿赂,

---

① [魏]王弼撰,楼宇烈校释:《周易注校释》,中华书局 2012 年版,第 162 页。
② [宋]朱熹:《周易本义》,廖名春点校,中华书局 2009 年版,第 162 页。

则其罚可免。只是九四虽然听闻此言,却根本不相信,不愿意将羊献给当权者,结果祸至无日,遭受杖刑,打得臀部皮开肉绽,连走路都十分困难。

西周之时,周穆王命吕侯作《吕刑》,形成了完整的赎刑制度。根据《吕刑》的规定,"五刑之疑有赦,五罚之疑有赦",五刑五罚若有可疑之处,皆可赦免。具体而言:"墨辟疑赦,其罚百锾,阅实其罪。劓辟疑赦,其罪惟倍,阅实其罪。剕辟疑赦,其罚倍差,阅实其罪。宫辟疑赦,其罚六百锾,阅实其罪。大辟疑赦,其罚千锾,阅实其罪。"

"辟,法也。"(《说文解字》)此处引申为被(依法)判处之意。"疑"为可疑。"赦"为赦免。"锾"为古时重量单位,亦为货币单位。"阅"为翻阅、查看,"阅实"可解为核实之意。也就是说,如果被判处墨刑感到可疑者,可以从轻处罚,将墨刑改为罚金一百锾,并核实其罪行;如果被判处劓刑感到可疑者,可以从轻处罚,将劓刑改为罚金两百锾,并核实其罪行;如果被判处剕刑感到可疑者,可以从轻处罚,将剕刑改为罚金三百三十三锾二两(根据张守节在其《史记正义》中所言"倍中之差,二百去三分一,合三百三十三锾二两也"而断),并核实其罪行;如果被判处宫刑感到可疑者,可以从轻处罚,将宫刑改为罚金六百锾,并核实其罪行;如果被判处死刑感到可疑者,可以从轻处罚,将死刑改为罚金一千锾,并核实其罪行。

据此可以看出,西周之时赎刑制度十分完善,一旦案情可疑,则应酌情将肉刑与死刑改为金额不等的罚金刑,而高亨先生对于夬卦九四爻之解与《尚书·吕刑》中所载西周时期的赎刑制度十分类似。"臀无肤,其行次且。牵羊悔亡,闻言不信"可解为:九四本应处以杖刑,打得屁股开花,行走困难。但是,如果他能将羊献上充抵罚金,则可免于杖刑,只可惜其自以为是,不听劝告,最终未能免祸。

王弼、孔颖达、朱熹与高亨对于"牵羊"之解虽然有三种不同理解,但是对于"闻言不信"之解却并无二致,都认为是九四听闻"牵羊悔亡"之言,却闻而不信,结果未能避开祸患。武树臣先生则认为,夬卦之"闻言不信"与困卦之"有言不信"其义相同,都是指对于当事人或神明的欺骗行为,其罪名应为欺诈罪,要处以肉刑或者监禁,并举《尚书》与《周礼》之言以证之。

《尚书·吕刑》曰:"民兴胥渐,泯泯棼棼,罔中于信,以覆诅盟。""民"指三苗之民。"胥,蟹醢"(《说文解字》),蟹酱之义,"蟹者多足之物,引申假借为相与之义"(《说文解字注》)。故"民兴胥渐"指三苗之民其势日盛,局势渐成糜烂之势。泯者,泯灭之义;棼者,纷乱之义。"泯泯棼棼"指时局纷乱。"罔"为"不",

"中"为"符合","信"为"信义","罔中于信"指不符合信义之标准,也就是背信弃义之意。"覆"之解有二,一种观点认为"覆"指"颠覆"的意思,另一种观点认为"覆"为"覆盖",引申为流行之意。若将"覆"解为"颠覆",则"诅盟"指本应遵守的盟誓。若将"覆"解为"覆盖",则"诅盟"应指诉于鬼神,即苗民之间所盛行的巫判。① "民兴胥渐,泯泯棼棼,罔中于信,以覆诅盟"指三苗乱民之势力日渐兴盛,局势渐成糜烂之势,时局纷乱,苗民背信弃义,不守盟约(或"诉于巫判")。从以上分析可知,《尚书·吕刑》之"罔中于信"显然并非指对当事人或神明的欺骗行为,更与欺诈罪无关。

武树臣先生所举《周礼》之例子,仅截取"作言语而不信者,以告而诛之",认为讲的是有人欺骗当事人或神明,则应处以肉刑或者监禁。单以该句而言,或可做此解,但是为了准确理解其含义,必须对前后文进行一体解读。《周礼·秋官司寇·司隶/庭氏》曰:"禁暴氏掌禁庶民之乱暴力正者。挢诬犯禁者,作言语而不信者,以告而诛之。凡国聚众庶,则戮其犯禁者以徇。凡奚隶聚而出入者,则司牧之,戮其犯禁者。""乱暴力正者"指发动暴乱和以强凌弱之人,也就是说,这一条规定的是对暴力犯罪的惩罚,这一点从"禁暴氏"这一职位名称也能看出来。该条之中,真正列明犯罪行为的只有第一款"挢诬犯禁者,作言语而不信者",后两款只是笼统地称呼为"犯禁者",并未表明其所犯罪行为何,仅对罪犯的身份进行区别:一种为普通民众犯禁者,一种为奴隶犯禁者。故分别在聚集起来的民众面前和奴隶面前诛杀,以儆效尤。从处罚结果来看,后两种犯禁者所犯的都是死罪。而在该条第一款中又细分为两种犯罪行为:"挢诬犯禁者"与"作言语而不信者"。"挢"通"矫",诈称、假托之意,"诬"为诬告、陷害之意,"挢诬犯禁者"指矫命欺诈诬告陷害他人者。"信,诚也。"(《说文解字》)"作言语而不信者"显然并不是说不相信他人,而是指所说的话不诚实,也就是造谣惑众之意。这两种人都应"以告诛之",处以死刑。由此可知,"作言语而不信"显然不是一般的欺骗他人,否则就不会置于"乱暴力正者"这一条中与矫命欺诈诬告陷害,以及其他犯禁者并列,也不会处以诛刑。这里的"说话不诚实"应该产生了极其恶劣的社会影响:由于行为人造谣惑众,社会稳定受到严重威胁。

从以上分析可知,《尚书·吕刑》之"罔中于信"非指欺骗行为,而是指背信弃义之行为,与欺诈罪无关,而《周礼·秋官司寇·司隶/庭氏》之"作言语而不信者"指造谣惑众,存在欺骗的因素,但是并非欺诈某一个当事人,而是面对不

---

① 张紫葛、高绍先:《〈尚书〉法学内容译注》,商务印书馆 2014 年版,第 114 页,注释(6)。

特定多数人的鼓动欺诈,从而造成了极其恶劣的社会后果,威胁到了社会稳定,以欺诈罪命名或有不妥,有点类似于现代刑法中的煽动型犯罪。但是,夬卦九四爻中的"闻言不信"却与犯罪行为无关,若按武树臣先生的意见,将"闻言不信"解为欺诈行为,那么其中的"信"应该如《周礼》中的"作言语而不信者"一样,解为诚实、诚信,也就是说,"言不信"指九四之"言"不"信",九四所说的话并不诚实。那么,"闻言不信"中的"闻"看起来就有些多余,无法给出一个合理的解读。所以,"闻言不信"并非指欺骗他人,与欺诈罪无关。

(二)困卦:"有言不信"

困卦卦辞曰:"亨。贞大人吉,无咎。有言不信。"当穷厄困顿之时,道穷力竭,若君子遇此,则抱固穷节,不改其操;若小人遇此,为了脱困,往往无所不为,正所谓"君子固穷,小人穷斯滥矣"(《论语·卫灵公》)。困卦兑上坎下,兑为愉悦,坎为险难,遇险穷困而心悦然,所指为君子。对君子而言,困境亦是一种磨炼,安贫乐道,修德养性,而后困顿自解,得享亨道,故谓之"困:亨"。大人坚守贞正之道,谨守本心,不为困境所惑,自然吉而无咎,故谓之"贞大人吉,无咎"。然小人与君子大人不同,处困之中,不思如何修德以脱困,反而只逞口舌,巧言令色,意欲用言以免困,人所不信,其道弥穷,故谓之"有言不信"。据此分析可知,此处"信"之义应为他人对言语者"不信任",而非指言语者"不诚实",困卦卦辞之"有言不信"指处于困境之时,如果不积极用行动脱困,而只是希望借助口头言语以脱离困境,没有人会相信他。所以,"有言不信"虽然批评行为人以语言代替行动,光说不练,但是并非指行为人欺骗他人,更与欺诈罪无关。

综上,夬卦九四爻之"闻言不信"与困卦卦辞之"有言不信"皆与欺骗他人或者神明之欺诈罪无关。

六、夬卦、姤卦:"臀无肤"

夬卦九四爻曰:"臀无肤,其行次且。牵羊悔亡,闻言不信。"前文已于辨析"闻言不信"时对夬卦九四爻进行了分析,此处不再论及"牵羊悔亡,闻言不信",仅对"臀无肤,其行次且"简单进行解读。"次且"为"趑趄",犹豫不进之貌。夬者,决也,为五阳共决一阴之象,理应一往无前,但是九四不中不正,犹豫不决,进退失据,故谓之"其行次且"。可是面对滔滔大势,九四退无可退,进又不愿,于是成为历史的拦路石。初九、九二、九三顺应历史潮流而动,三阳共进,于是杵于路中的九四臀部开花,皮开肉绽。

姤卦九三爻曰:"臀无肤,其行次且。厉,无大咎。"姤卦一阴遇五阳,一柔遇五刚,为一女遇五男之象,淫之甚矣。九三履不居中,上无所应,居则不安,行则不进,进退失据,故谓之"其行次且",因之招灾。幸得九三虽未有上应,亦下不应初,初六本为淫娃荡妇,遇之大凶,既然未遇,则九三虽有灾却终无大害,故谓之"厉,无大咎"。因之有灾,故受刑,因无大咎,故其刑甚微,仅为皮肉之苦的杖刑,或笞刑。

从以上分析可知,夬卦九四爻与姤卦九三爻的"臀无肤"应指臀部被杖击或鞭笞而致皮开肉绽,亦即所谓的杖刑或笞刑。

七、困卦

从字面上来看,困卦六爻,皆与刑罚措施有关,故按序一一辨析。

(一)初六爻:"臀困于株木,入于幽谷,三岁不觌"

初六最处底下,故以"臀"称之,臀亦为物之底部。"在土曰根,在土上曰株。"[1]臀何以会困于株木?该株木非株木本身,而是由株木制作而成的木棍,为杖刑之刑具。"臀困于株木"指施用杖刑,受刑之人臀部被木棍击打。"幽谷"不见天日,指牢狱之灾,"入于幽谷"指被收押监禁。"觌,见也。"(《说文解字》)"不觌"为无法相见之义,"入于幽谷,三岁不觌"指收押监禁之后,三年之内都无法见到,显然罪犯被判了三年有期徒刑。所以,初六爻描述的是一个罪犯先被施以杖刑,而后收押入监,刑期为三年。故此,初六爻中涉及的刑罚措施分别为杖刑与监禁(三年有期徒刑)。

(二)九二爻:"困于酒食,朱绂方来,利用享祀。征凶,无咎"

"绂"之义有二:其一为系印章或佩玉用的丝带;其二为古代作祭服的蔽膝。武树臣先生取"绂"的第一种意思——系印章或佩玉用的丝带,并从丝带引申为绳索,从而将"朱绂"解为红色绳索,认为"困于酒食,朱绂方来"是指"用绳索捆绑犯人,断绝饮食"[2]。笔者以为,武树臣先生之解不可取。首先,系印章或佩玉用的丝带十分细小,怎么可能用之来捆绑犯人。其次,捆绑犯人何以要用红色的绳子?理无所据。最后,"困于酒食"应指被酒食所困,也即是说酒食过于丰盈,而不该是断绝饮食。若是用绳索将之绑缚,同时又在其身遭遍置酒食,这情形就有些诡异了,只有在一个情况下才可能出现:发生在祭祀之中,而且被绑缚者与其他酒食一样乃是作为祭品。但是,该爻最后的结论为"无咎",若被绑缚者果

---

① [魏]王弼撰,楼宇烈校释:《周易注校释》,中华书局 2012 年版,第 178 页,校释[六]引徐锴言。

② 武树臣:《儒家法律传统》,法律出版社 2003 年版,第 182 页。

是祭品,又怎能无咎呢,故该解不足取。所以,该爻并非如武树臣先生所认为的那样描述了拘系与"饥饿"这两种刑罚措施,其内容与刑罚措施无关。

(三)六三爻:"困于石,据于蒺藜。入于其宫,不见其妻,凶"

高亨先生认为,"困于石,据于蒺藜"指走路的时候被石头绊倒在地,手不小心抓住带刺的蒺藜,并指出"攀附险恶之小人,正如行路而绊于石,手抓在蒺藜之上,则其妻将被人骗劫,入于其室,不见其妻,是凶矣"。笔者以为,该解不妥,行路绊倒、手抓蒺藜与其妻被人骗劫之间并无因果关系,无法将后者归因于前者。

武树臣先生则认为,"困于石,据于蒺藜"指"一种带羞辱性的刑罚,把犯人绑在石头上,周围布满带刺的灌木,使他动弹不得"。从希斌先生亦指出该刑为坐嘉石之刑。《周礼·秋官司寇》载有坐嘉石之刑:"以嘉石平罢民,凡万民之有罪过而未丽于法而害于州里者,桎梏而坐诸嘉石,役诸司空。"按《说文解字注》之解,"《周礼》有罢民。郑曰:民不愍作劳……谓偷惰之人","罢民"指不事劳作游手好闲之人。于现今社会而言,懒惰仅是个人品行问题,最多只会进行道德谴责而已,但是在生产力仍然十分低下的西周时期,一个人是否能够辛勤劳作是关乎整个家庭生死存亡的大事,更关涉到奴隶主的经济收入,故不事劳作者应受严惩。"嘉,美也。"(《说文解字》)"嘉石"指上面有纹理的石头,因其有纹理而显美丽。西周之时,于大司寇听讼处立嘉石,使罪人坐于石上示众,令其思石之纹理,而自行悔悟改正。若有人的罪行违反了法律则依律论处,若其民众虽有罪过而尚未违法,但却危害州里者,则给其戴上手铐脚镣,坐于嘉石,令其思过,然后交给司空从事劳役。据《周礼·秋官司寇·大司寇》所载,根据罪过之轻重,嘉石之刑具体可分为五等:"重罪,旬有三日坐,期役;其次,九日坐,九月役;其次,七日坐,七月役;其次;五日坐,五月役;其下罪,三日坐,三月役,使州里任之,则宥而舍之。"罪重者,罚坐嘉石十八天,服劳役一年;其次之罪,罚坐嘉石九天,服劳役九个月;又其次之罪,罚坐嘉石七天,服劳役七个月;再其次之罪,罚坐嘉石五天,服劳役五个月;又轻一等之罪,罚坐嘉石三天,服劳役三个月。若有同州里之人为其担保,可被宽宥,释放回家。

笔者以为,"困于石,据于蒺藜"不应如武树臣先生一般将之仅仅解为坐嘉石之刑,而应分为两种刑罚措施。其中,"困于石"为坐嘉石之刑,其罪甚轻,仅为当众思过与服劳役,而一旦坐嘉石之罪人不思悔改,不真心悔过,则将被"据于蒺藜"。蒺藜有刺而易伤手,周围遍布蒺藜则无法逾逃,故蒺藜象征着监狱,"据于蒺藜"指被监狱囚禁,因其被监狱囚禁,妻子或亡或改嫁,等到刑满释放回到家里,已经不见其妻。可悲可叹,凶之大矣。此即谓"入于其宫,不见其妻,凶"。所以,六三爻所涉及的刑罚措施应为两种:作为侮辱刑的坐嘉石之刑与作为自由刑的监禁。

此外,从希斌先生认为,随卦九五爻之"孚于嘉,吉"之"嘉"亦为坐嘉石之刑,并指出"随"有追逐之义,可引申为奴隶逃亡或罪犯逃跑而被抓捕,之后被执行坐嘉石之刑。由于被罚"坐嘉石"是十分轻微的惩罚措施,故征兆辞为"吉"。① 笔者以为,从希斌先生之解不妥。首先,随卦之"随"为随从、追随之意,其实质是从善,讲的是做人做事都应择善向从的道理,硬要将之解为抓捕逃亡奴隶或逃逸罪犯,十分不妥。其次,被判坐嘉石之刑,既是示众侮辱,还要服一定期限的劳役,哪来的"吉"。最后,若果真是逃亡之奴隶或逃逸之罪犯被抓捕归案,按西周当时的律法,绝不可能仅处以坐嘉石之刑。故从希斌先生该解不足取。笔者以为,随卦九五爻之"孚于嘉"与坐嘉石之刑无关,《周易》中涉及坐嘉石之刑者,仅为困卦之"困于石"。

(四)九四爻:"来徐徐,困于金车。吝,有终"

"徐徐"为迟缓之意,表明其心有疑虑,故行不速。"金车"之意有二。其一,如高亨先生所言,"金"为黄铜,"金车"则为黄铜镶嵌车辕衡等处之车,乃车中之华贵者,以金车喻乘金车之贵人,"困于金车"指受贵人之困阻;其二,如武树臣先生所言,"金车"指可以移动的囚笼,也就是囚车的意思,"困于金车"指被关押在囚车之中。九四志在初六,却被九二所阻,故被"困"而来"徐徐"。幸得九四以阳居阴,合于谦道,量力而为,不与二争,顺其自然,最后反而得偿所愿,与初偕老,故初虽有吝而有终。从以上分析可知,不论九四之"困",是困于乘金车之贵人,还是困于囚车,都能逻辑自洽,所以二解皆可。若从刑罚措施角度而言,则可采第二种解释,如此一来,九四爻所涉刑罚措施为囚禁(关押在囚车之中)。

(五)九五爻:"劓刖,困于赤绂,乃徐有说。利用祭祀"

"劓"者,灭鼻之刑;"刖"者,断足之刑。劓刑已于本章第一节"噬嗑卦中的刑事法律制度"讲述,此处简论刖刑。《左传·昭公三年》有云:"国之诸市,屦贱踊贵。"杨伯峻注"屦贱踊贵"曰:"屦,麻或革所制之鞋。踊,脚被断者所用,一说为假足,一说为挟持之杖。此言被刑者之多。"② 足被断之刑为刖,"刖"亦可作"跀"。刖刑包括砍去受罚者左脚、右脚或者双脚,因砍掉脚之人过多,导致辅助行走的假足或拐杖越来越贵,而脚穿的鞋子却越来越贱。由此可见,先秦之时刖

---

① 从希斌:《易经中的法律现象》,天津古籍出版社1995年版,第128页。
② 杨伯峻编著:《春秋左传注(修订本)》,中华书局2016年版,第1367页。

刑是一种十分常见的刑罚措施。

"赤绂"指作为祭服之蔽膝,引申为祭祀之义。祭祀之目的在于消灾纳福,以求神明之原谅。处困之时,当行谦道,而九五以阳居阳,不仅未行谦道,反而行其威刑(劓刖),结果适得其反,人皆不附,众叛亲离,连祭祀都未能达到预期效果。幸得九五居中且正,刑威固然过酷,却也是堂堂正正、符合中正之道,徐则有说(悦),最终还是通过采取祭祀的手段成功地消灾纳福。武树臣先生认为,"劓刖,困于赤绂,乃徐有说"指"把犯人用红色绳索捆好,割去鼻子和脚趾,然后慢慢解开"。笔者认为此解不妥,其缘由如前文九二爻处已经罗列分析,此处不再赘述。所以,九五爻涉及的刑罚措施为劓刑与刖刑。

(六)上六爻:"困于葛藟,于臲卼;曰动悔有悔,征吉"

"葛藟,引蔓缠绕之草,臲卼,动摇不安之貌。"[①]上六处困之极,而乘九五之刚,下无相应,行则不前,居则不安,恰似困于葛蔓缠绕,有动摇不安之状。然穷则思变,困则思通,上九为穷困之极,故物极必反,而有悔意。悔虽近凶,却有改过迁善之意,悔而知戒,为吉之渐,故"曰动悔有悔,征吉"。武树臣先生认为,葛藟为带刺的灌木,借指牢狱。不论葛藟如孔颖达一般解为引蔓缠绕之草,或如武树臣一般解为带刺的灌木,皆可譬喻为牢笼。所以,上六爻涉及的刑罚措施为监禁。身入牢笼,本为灾眚,若能悔过向善,则出狱有日,终能获吉。

综上所述,困卦六爻之中,九二爻与西周时期的刑罚措施无关,其余五爻则分别阐述了各种类型的刑罚措施。其中,初六爻所涉为杖刑与监禁(三年有期徒刑),六三爻所涉为监禁(据于蒺藜)与示众侮辱刑(坐嘉石),九四爻所涉为囚禁(关押于囚车之中),九五爻所涉为劓刑(割鼻)与刖刑(断足),上六爻所涉为监禁(困于葛藟)。所以,除九五爻为劓刑与刖刑之外,初六、六三、九四三爻所述皆为监禁之刑。

八、鼎卦:"覆公𫗧,其形渥"

鼎卦九四爻曰:"鼎折足,覆公𫗧,其形渥,凶。""覆"为颠覆,"公"为王公之公,"𫗧"为鼎中之食,八珍之膳,故"鼎折足,覆公𫗧"之义:鼎足折断,鼎身倒地,公之珍膳倾覆于地。九四以阳居阴,居不当位,上既承五,下又应初,既承且施,力有未逮,非己所堪承受,勉强为之,则鼎足断折而公𫗧倾覆。故《系辞下》曰:"子曰:德薄而位尊,知小而谋大,力小而任重,鲜不及矣。""其形渥"有两种

① ［魏］王弼、［晋］韩康伯注,［唐］孔颖达正义:《周易正义》,中国致公出版社 2009 年版,第 193 页。

截然不同的解读。一种观点认为,"形"为形状,"渥,霑也"(《说文解字》),沾湿、湿润之意,指八珍之膳倾覆于地,汤汤水水四处流溢。结果,公之事办砸了,公大怒,故"凶"矣。另一种观点则认为,"形"通"刑",刑罚之意;"渥"通"剭",诛杀之意,特指贵族、大臣在屋内受刑。替公办事者往往是有身份的大臣、贵族,即便其犯罪当诛,亦应留其一个体面,方才符合西周之时"刑不上大夫,礼不下庶人"的刑礼观。所以,往往在其私宅执行死刑,从而区别于于市上受刑的庶民。笔者以为,第二种观点认为"形"通"刑","渥"通"剭",继而得出该爻所述为"剭刑",有些勉强,只能作为参考。相对而言,第一种观点更有说服力。

武树臣先生认为,鼎卦九四爻描写的是渎神罪,"剭"为"墨刑",指割破面颜,以墨填之,因为"颠覆王公祭祀神灵的食物,是对神的凌渎,处以墨刑"[1]。"剭"解为"墨刑",未见出处。不过鼎卦九四爻渎神罪的可能性很大,武树臣之解甚有新意。

所以,鼎卦之"覆公𫗪,其形渥"所涉罪名恐为渎神罪,其刑罚措施有可能为剭刑。

九、履卦:"眇能视,跛能履";归妹卦:"跛能履","眇能视,利幽人之贞"

(一)履卦:"眇能视,跛能履"

履卦六三爻曰:"眇能视,跛能履。履虎尾,咥人,凶。武人为于大君。"处履之时,应行谦道。履卦之主为六三,作为唯一的阴爻,六三本应谦逊以应,低调做人,但是它却以阴处阳,且以阴柔乘于九二之阳刚,犹如履危之人。而履虎尾为危之甚,危在旦夕,凶矣。"眇,一目小也。"(《说文解字》)指瞎了一只眼,或者其中一只眼视力不好。"跛,行不正也。"(《说文解字》)指腿脚有病,走路时不平衡。瞎了一只眼睛,却自以为视力很好,腿脚有病,却自以为如履平地,此即谓"眇能视,跛能履"。视力不佳,腿脚不便却自以为是的结果便是一不小心踩到了老虎尾巴上,虎怒而咥人,凶之至矣。这就如一个大字不识的草莽武夫,却妄想做一国大君治理天下,能力远远配不上野心,结果必遭祸败。该爻告诫世人,做事应量力而行,不要自以为是。视力不好,腿脚不便,走路时便要万分小心。不过该爻并未提到目眇脚跛是否是刑罚处罚的结果,故与刑罚处罚措施无关。

---

[1] 武树臣:《中国法律文化大写意》,北京大学出版社 2011 年版,第 219 页。

（二）归妹卦："跛能履"，"眇能视，利幽人之贞"

妇人谓嫁曰"归"，"妹"指少女，"归妹"指嫁妹以娣，也就是以娣的身份将家中少女嫁出去。古代姐妹共嫁一夫，幼为娣，长为姒。先秦贵族嫁女，常以新娘的妹妹作为陪嫁，陪嫁者谓之媵。另外，若所嫁为诸侯，则"诸侯一娶九女，嫡夫人及左右媵皆以侄娣从"①。不论是庶民所娶的娣，还是贵族所娶的媵，或者是诸侯所娶其嫡夫人和媵妻的随嫁侄娣，因其并非正妻，地位远较妻子为低，故往往因不正而有凶。

归妹卦初九爻曰："归妹以娣，跛能履，征吉。""归妹以娣"指以娣的身份将家中少女嫁出去，因娣的身份不正，故其行跛，然娣之身份虽较妻为低，却也算家庭的正式成员，要远比妾的身份高贵，一旦正妻亡故，娣可继之而为妻，故虽跛却能行，谓之"跛能履"。武树臣先生认为"归妹以娣，跛能履"指："女家以欺骗的方法，用身份低的女子顶替身份高的女子嫁到王侯家，对女方家长要处以刖刑，即断其一足。"②其解不足取，因为"归妹"本就是指以娣的身份嫁入夫家，何来蒙骗一说？该爻以足跛喻娣在家中之地位，并非其足真跛，当然也就与刑罚措施无关了，更不可能是要割掉女方家长的脚。所以，该爻与刑罚措施无关。

归妹卦九二爻曰："眇能视，利幽人之贞。"该爻虽未提"归妹"二字，这是因为本就处于归妹之卦，归妹可知，故略不言。"眇能视"与初九爻之"跛能履"之目的相同，都是为了说明娣在夫家的地位虽低于妻，却高于妾，只要安守妇道，秉持贞正之心，终能守得云开见月明。高亨先生认为"幽"指"囚"，"幽人"指"囚人"，也就是被关押在牢房里的人，既然"眇能视"，眼瞎视弱之人都能有恢复光明重见天日的一天，那么被关押在牢房中的人，只要安守正道，终将等到重获自由的那一天。单就九二爻而言，高亨先生之解能圆融自洽，但是如此做解，与"归妹"无关，故此解不足取。所以，该爻与刑罚措施无关。

综上所述，履卦之"眇能视，跛能履"以及归妹卦之"跛能履"和"眇能视，利幽人之贞"皆与刑罚措施无关。

第三节　西周时期刑事法律制度

《周易》通过噬嗑卦以及其他各卦的内容，勾勒出了西周时期刑事法律制度

---

① ［魏］王弼、［晋］韩康伯注，［唐］孔颖达正义：《周易正义》，中国致公出版社2009年版，第215页。
② 武树臣：《儒家法律传统》，法律出版社2003年版，第182页。

并不完整的粗略轮廓,笔者整理如下。

一、西周时期的犯罪行为

西周时期,罪名制度尚不发达,所以《周易》之中,涉及的罪名很少。与刑罚措施有关的诸卦之中,仅有三处涉及具体的犯罪行为。其一,为抢劫罪与盗窃罪,出现于大壮卦六五爻之"丧羊于易"与旅卦上九爻之"丧牛于易";其二,为谋杀罪,出现于噬嗑卦六五爻之"噬干肉,得黄金",具体手段为投金杀人;其三为渎神罪,出现于鼎卦之"覆公悚,其形渥"。

二、西周时期的刑罚措施

西周之时,以刑统罪,以刑代民,加上判例法的盛行,刑罚措施较为丰富,大致可分为自由刑、肉刑、罚金刑与侮辱刑。此外,在施刑过程中,所使用的刑具也是五花八门,有时会以所使用的刑具指代刑罚措施。

(一)自由刑

拘系即现代刑法中的逮捕,见于随卦之"拘系之,乃从维之",遁卦之"执之用黄牛之革"与坎卦之"系用徽纆"。

监禁,相当于现代刑法中的有期徒刑,可分为两种,其一,没有明确刑期者,如坎卦之"寘于丛棘"与困卦之"据于蒺藜"和"困于葛藟"。其二,明确刑期者,如坎卦之"三岁不得"与困卦之"入于幽谷,三岁不觌",罪犯都被判了有期徒刑三年。

(二)肉刑

杖刑、笞刑:见于夬卦、姤卦之"臀无肤"与困卦之"臀困于株木"。其中,"臀困于株木"明确可知施行的为杖刑,而"臀无肤"可能是施行杖刑的结果,也可能是施行笞刑的结果。

墨刑:又称为黥刑或剠刑,指用小刀在犯人脸上刻字或图案,并用墨水填充,使之永不褪色,见于睽卦之"其人天且劓"。

灭趾:指割掉脚趾,见于噬嗑卦之"屦校灭趾"。

劓刑:又称灭鼻,指割掉鼻子,见于噬嗑卦之"噬肤,灭鼻",困卦之"劓刖,困于赤绂"与睽卦之"其人天且劓"。

刵刑:又称灭耳,指割耳朵,见于噬嗑卦之"何校灭耳"。

刖刑:指断足,见于困卦之"劓刖,困于赤绂"。

剭刑:诛杀,特指古代大臣在屋内受刑,其目的是保全被执行死刑的贵族或大臣的颜面。这是《周易》中出现的唯一一种死刑,见于鼎卦之"覆公悚,其形渥"。

（三）罚金刑

罚金刑主要见于有可疑之处的案件,原本被处以墨刑、劓刑、刖刑、宫刑等肉刑或死刑者将从轻处理,改为金额不等的罚金。其内容可见于夬卦之"牵羊悔无"。

（四）侮辱刑

《周易》中的侮辱刑主要为坐嘉石之刑,可见于困卦之"困于石",该刑将尚未违法却有主观罪过、危害州里、不事劳作、游手好闲之人,戴上手铐脚镣坐于有纹理的大石上示众思过,而后服一定期限的劳役。

（五）刑具

绳索:在拘系犯人时,进行捆绑的刑具,见于遁卦之"执之用黄牛之革"与坎卦之"系用徽纆"。

校:木制囚具,以限制罪犯的行动能力。校可分为三类,分别为桎、梏、枷,其中桎囚足,梏囚手,枷负肩。桎,见于噬嗑卦之"屦校灭趾"与蒙卦之"用说桎梏";梏,见于蒙卦之"用说桎梏";枷,见于噬嗑卦之"何校灭耳"。

囚车:见于困卦之"困于金车"。

杖:施行杖刑的刑具,见于困卦之"臀困于株木"。

三、西周时期的刑事诉讼制度

《周易》之中所涉及的诉讼制度（核心是刑事诉讼制度）主要包括三个方面的内容。

其一,对于诉讼费用的规定:诉讼费用制度称为"钧金束矢",不论民事诉讼还是刑事诉讼都必须预缴诉讼费。其中,刑诉须缴纳诉讼费为黄铜三十斤,民诉须缴纳诉讼费为箭矢一束。在诉讼结束之后,败诉一方的诉讼费予以没收,胜诉一方的诉讼费退还当事人。这一内容主要见于噬嗑卦之"噬干胏,得金矢"。

其二,对于司法人员的要求:司法人员必须刚直不曲,秉公断案。这一内容主要见于噬嗑卦之"噬干肉,得黄金。贞厉,无咎"。

其三,对于"两造"（诉讼双方当事人）的规定:诉讼当事人必须居中守正,不能走歪门邪道,判决结果一旦下来,必须耳顺善听,知错能改,否则罪加一等。这一内容主要见于噬嗑卦之"何校灭耳,凶"。

第六章　婚姻家庭法律制度

在《周易》中,既有关于婚姻与家庭的描写,又有关于爱情的描写。虽然在现代法律制度中,并未将爱情列入其中,也无法列入,因为爱情与婚姻是两个不同领域的问题,但是不可否认,大多数情况下,真挚的爱情是美好的婚姻关系与稳定的家庭关系的前提条件,不仅在现代社会是这样,在西周时期同样如此。所以,本章虽然题为"婚姻家庭法律制度",但是其内容包含三个方面:西周时期的恋爱关系、西周时期的婚姻关系与西周时期的家庭关系。其中恋爱关系主要涉及咸卦与艮卦,婚姻关系主要涉及屯卦、贲卦、蒙卦、睽卦、姤卦和震卦,家庭关系主要涉及恒卦、渐卦、革卦、鼎卦、归妹卦与大过卦。

第一节　恋爱关系

在《周易》中,从字面上来看,关于爱情(性爱)关系的完整描写疑似见于咸卦与艮卦。在其他各卦中,虽然也偶有涉及,但都只是只言片语,没有进行详尽系统的描写,篇幅所限,不予论述。

一、咸卦

《易》分上下,上经三十卦明天道,下经三十四卦明人事。乾、坤象天地,咸、恒明夫妻,夫妻为人伦之原,夫妻之道必须男女相互感应方能结合,故有咸卦,论男女交感之道。咸卦卦辞开宗明义:"咸:亨。利贞。取女吉。"《彖传》注解坤卦有语"坤厚载物,德合无疆;含弘光大,品物咸亨",该处之"咸"为"都"之意,"亨"即"亨通","咸亨"意为一切亨通。而咸卦中的"咸:亨"却并非上述之义。咸卦中之"咸"指"感",亦即以手抚肌,以心沟通。咸卦上兑下艮,兑为少女,艮为少男,兑柔处上,艮刚居下,上下相交,而生感应,男女交感,阴阳互通,则亨,故谓之"咸:亨"。女子独守空闺,男子寂寞清秋,各有各的孤独与落寞,于是痴男怨女心怀不忿,怨气滋生。唯待张生翻墙会莺莺,山伯牵手祝英台,男女二气,互相感应,怨气消散,方得亨通。但是必须注意的是,男女交往,若是任由邪心淫欲所导,则为暗通款曲,通奸之谓也,必失其亨,所为皆凶。须秉持贞正之心,方为有利,乃得亨通,故谓之"利贞"。男女相感,方是夫妻之义,人伦之始,若男男同居,或者女女同居,则同志而不相交,故男娶女方得吉也,谓之"取女吉"。

《彖传》曰:"咸,感也。柔上而刚下,二气感应以相与。止而说,男下女,是以'亨利贞,取女吉'也。天地感而万物化生,圣人感人心而天下和平。观其所感,而天地万物之情可见矣。"兑为柔,艮为刚,故谓之"柔上而刚下"。假如艮刚居于上,兑柔居于下,则上下不相交,无从相感,无由得通。必须兑柔居上,艮刚居下,方得二气交感以相授与,故谓之"柔上而刚下,二气感应以相与"。艮为止,兑为说(悦),故谓之"止而说"。艮为少男居于下,兑为少女处于上,此为男下于女。西周之时,平素重男轻女,唯独娶妻的仪式为男下于女。欲要娶妻,皆须由男先求女,而后女方应男,此即谓"男下女",娶女之貌也。阴阳二气相交,天地相感,乃生万物,故谓之"天地感而万物化生",圣人设教,感化人心,从而天下太平,故谓之"圣人感人心而天下和平"。咸道之广,包罗万象,不止男女之间,天地万物之间皆因感而见情,故谓之"观其所感,而天地万物之情可见矣"。

《象传》曰:"山上有泽,咸。君子以虚受人。"艮为山,兑为泽,山上有泽,即山上有潭,"泽性下流,能润于下;山体上承,能受其润"[1],山感其泽,泽感其山,山泽相感谓之"咸"。山上有潭,潭中可容纳鱼虾草藻,犹如君子德高却能虚怀容人,故谓之"君子以虚受人"。

咸卦初六爻曰:"咸其拇。"拇者,足大趾,体之最末。初六处咸之初,其所应为九四,亦处上卦之初,感之初应起于浅末,不宜过甚,就跟男女恋爱一样,初始之时,必须注意分寸,否则很容易碰壁。《象传》曰:"'咸其拇',志在外也。"初六处于下卦,初应在四,而九四属下卦之外,故谓之"志在外也"。恋爱之初,关系未能完全稳定,理应慢慢培养感情,宜静不宜动,切不可操之过急。

高亨先生认为:"咸,斩伤,即今之砍字。但爻辞诸咸字皆被外物所伤之义,不限于斩,故宜直训为伤。"[2]按照高亨先生之解,则咸卦诸爻之"咸"皆为"伤",从初六之"咸其拇",六二之"咸其腓",九三之"咸其股",九五之"咸其脢",到上六之"咸其辅颊舌",讲的都是伤害身体的某一个部位,但是这么一来,咸卦之爻辞就会与其卦辞相冲突,因为咸卦卦辞"咸:亨。利贞。取女吉"明显讲的是取

---

① ［魏］王弼、［晋］韩康伯注,［唐］孔颖达正义:《周易正义》,中国致公出版社 2009 年版,第 140 页。
② 高亨:《周易大传今注》,齐鲁书社 2009 年版,第 247 页。

(娶)女之事,又怎么会扯到伤害身体的各个部位呢?故高亨之解不足取,"咸"应为"感",抚摸之意,"咸其拇"即为抚摸足大趾。

六二爻曰:"咸其腓,凶。居吉。""腓"即腓肠,也就是小腿肚。摸完脚指头,顺势而上,自然就到了小腿肚。小腿肚乃是敏感地带,躁妄而不能固守则"凶",有危险。也就是说,到了这一步,不可躁动,不可冒进,否则可能适得其反。一旦急于求成,已经占领的阵地,很可能也会重新失去。一着不慎,满盘皆输。"居"即不动,"居吉"即"不动则吉"之意,也就是说必须遵循"戒急用忍,行稳致远"的原则,巩固战果,徐徐图进,方是正道。《象传》曰:"虽'凶居吉',顺不害也。"恋爱之中,贸然摸对方的小腿肚,很可能引起对方的反感,结果将有凶险,但是六二为阴,本性从静,只要能顺其本性,居静不动,最终将不会有灾害。

九三爻曰:"咸其股,执其随,往吝。"股为大腿。股随足走,所执卑下,志在随人,不能自处,故曰"执其随"。简单而言,大腿是随着脚而动的,处于追随者的位置,没有什么自主权利。"往"为去往,"吝"指行路难,"往吝"指路途艰难,不宜前往。《象传》曰:"'咸其股',亦不处也。志在随人,所执下也。""处"为安居不动,"下"为自卑居下,九三志在随人,所持主张亦自愿自卑居下。对于这些爱得失去自我自以为是的"情圣",孔颖达于《周易正义》中的评价就是一个字:"贱"!"'所执下'者,既'志在随人',是其志意所执下贱也。"[1]该爻之意为:只有人格上独立自主,方能最终赢得爱情;爱情不是乞求得来的,不要爱得失去自我。

九四爻曰:"贞吉。悔亡。憧憧往来,朋从尔思。"九四处上卦之初,应下卦之始,故此处所抚,为居体之中,在股之上,心神始感之处,其位置应为腰部。"贞"为贞正,守正道而不自乱。"悔"为灾祸,"亡"为消解。"贞吉,悔亡"意即守正道而不自乱,则灾祸自然消解。"憧憧往来"指心念此起彼伏,摇曳不定。"朋从尔思"指跟着你自己的想法走。"憧憧往来,朋从尔思"指跟着自己的感觉走,杂念纷起,心神不属。该爻之义为:抚摸至腰部,固然体验美妙,却也十分危险,处此险境,要守得住心神,守正道而不自乱,则灾祸自然消解,最终得偿所愿,否则任由欲望控制,则心潮泛起,涟漪阵阵,很容易随之堕落犯错。

九五爻曰:"咸其脢,无悔。""脢"者心之上,口之下,特指脊背。动心为深,过心为浅。脢之位置已处心之上,过了火候,意指其"浅于心神,厚于言语"[2],也

---

① [魏]王弼、[晋]韩康伯注,[唐]孔颖达正义:《周易正义》,中国致公出版社2009年版,第141页。

② [魏]王弼、[晋]韩康伯注,[唐]孔颖达正义:《周易正义》,中国致公出版社2009年版,第142页。

就是说九五光想用言语打动女方的心，却没有真正用心去爱。当然，如此作为，虽然不能获得女方的心，却也不会招来什么祸患，故仅仅"无悔"而已。该爻之义为：要想成功追到女孩，攻心为上，不要总是花言巧语，以免过犹不及。

上六爻曰："咸其辅颊舌。"辅者，上颌，口腔上部；颊者，脸颊；舌者，口舌。从表象上来看，"咸其辅颊舌"指最后亲吻到上颌、脸颊与舌头，而从其寓意而言，"咸其辅颊舌"指因为嘴巴在不停地说话，导致辅、颊、舌皆不停地动。也就是说，全身上下抚摸完毕之后，只剩下口舌言语，故《象传》曰："'咸其辅颊舌'，滕口说也。""滕"为水向上腾涌之意，引申为张口放言。

从以上解析可知，咸卦详细描述了恋爱当中一对男女的亲密行为，男方依次抚摸了女方的脚趾（拇）、小腿肚（腓）、大腿（股）、腰部与脊背（脢），而后亲吻了脸颊、嘴唇与舌头。后世"咸"字有"骚扰、下流、好色、暧昧"等意思，其源头正起于《周易》第三十一卦"咸卦"。

二、艮卦

按武树臣先生之解，艮卦描写了"君子对少女的追求：'艮其背，不获其身，行其庭，不见其人'，'不拯其随，其心不快'。终于因为'言有序'，彬彬有礼而得到女子的首肯"①。笔者以为，该解不足取。艮卦卦辞与爻辞中使用了大量身体部位的词语，其频率甚至比咸卦还高，譬如艮卦卦辞曰："艮：其背，不获其身，行其庭，不见其人，无咎。"其中，就包括背、身、人这三个描写身体部位的词语，如果将"庭"亦解为身体部位，则短短一句话中，涉及四个身体部位。相较而言，咸卦卦辞"亨。利贞。取女吉"并无一字涉及身体部位。艮卦爻辞中，涉及身体部位更多，从初六爻至六五爻，分别为"艮其趾（脚指头）"、"艮其腓（小腿肚）"、"艮其限（腰部）"、"艮其身（胸腹部）"与"艮其辅（上颌）"，其数量与咸卦卦辞相同。既然咸卦可以解为男女幽会之时的亲密抚摸动作，那么艮卦是否也可做如是解？笔者以为不可取。咸卦之"咸"应解为"感"，引申为抚摸之意，且咸卦之落脚点在于"取女吉"，其主题即在于讨论男女两性之结合，故可将其卦辞解为男性抚摸女性身体各部位的亲密行为。艮卦虽然也处处涉及人体不同部位，但是其与咸卦不同之处在于，"艮"为山，为止之意，该卦之主题在于讨论人该如何适可而止，动静合宜，与恋爱、性爱无关，故武树臣先生之解不足取。既然艮卦与恋爱（性爱）无关，故对其卦辞爻辞之确切内涵此处不予具文赘述。

---

① 武树臣：《中国法律文化大写意》，北京大学出版社 2011 年版，第 224 页。

第二节　婚姻关系

在《周易》中,涉及西周时期婚姻之缔结方式者,主要为屯卦、蒙卦、贲卦、睽卦、姤卦与震卦。其中,屯卦卦辞与六爻皆有所涉;蒙卦为六三爻"勿用取女。见金夫,不有躬,无攸利";贲卦为初九爻"贲其趾,舍车而徒"与六四爻"贲如皤如,白马翰如,匪寇婚媾";睽卦为上九爻"睽孤。见豕负涂,载鬼一车,先张之弧,后说之弧。匪寇婚媾。往,遇雨则吉";姤卦为卦辞"姤:女壮,勿用取女";震卦为上六爻"震索索,视矍矍,征凶。震不于其躬,于其邻,无咎。婚媾有言"。下面按序论之。

一、屯卦

屯卦卦辞曰:"屯:元亨,利贞。勿用有攸往,利建侯。"

乾为天,为刚;坤为地,为柔。乾坤之后乃屯卦,故屯为天地始通,刚柔始交之处。屯之时,刚柔二气始欲相交,而未相通感,情意未得,故而难生。当此之时,须守贞正,方得元亨,故谓之"元亨,利贞"。因其难生,故不宜有所往,然王国有险难,则应建立诸侯,以保护王朝,故谓之"勿用有攸往,利建侯"。以婚姻男女关系言之,男女初次相会之时,很容易出现沟通困难,这时应该实话实说,有一说一,绝不可为了得到对方的认可而胡乱自夸,唯有以诚待人,方能获得好的结果。此外,初次相见不要操之过急,应徐徐图之,但也不可畏缩不前,丧失机会,而应积极主动地展示自己。

屯卦初九爻曰:"磐桓,利居贞,利建侯。""磐桓"即"盘桓",徘徊不进之貌。处屯之初,动则难生,进则不能,故犹豫不决,徘徊不进。幸得初九以阳处阳,坚守正道,不为所动,以静息乱,故居处贞也。且初九以阳处阴之下,又为卦之底,以贵下贱,救民于屯难之中,民皆感怀,是以大得民心,利于建侯。以男女婚姻关系言之,则指一位男子爱上一位女子,想要开口示爱,却又犹豫不决,于是在其门口徘徊良久。此时,如果男子过于冲动,贸然上门求爱,会将女子吓跑,正确的做法应该是待心情平复下来之后,遵循婚聘礼节,备足聘礼,循正道上门提亲。因其主动上门,以贵下贱,女子感其真情,于是应允,终结百年之好。《象传》曰:"虽磐桓,志行正也。以贵下贱,大得民也。"其意思是说,男子虽然十分喜欢该女子,徘徊不敢进,却没有采取强制手段强行要求对方嫁给他,而是通过正当途径,履行正常的婚聘程序,以求得女子的答应。正是男子放下身段,亲自上女方家求婚的行为,打动了女子的心。

六二爻曰:"屯如邅如,乘马班如,匪寇婚媾。女子贞不字,十年乃字。"六二所应在五,然其最近之阳爻为初九,为以柔乘刚之象。六二虽欲应于九五,却遭初九之侵凌。"屯",难也;"邅",为回,难行而不进之貌。处屯难之时,正道不通,六二欲应九五而不可得,前路难行,不得寸进,故谓之"屯如邅如"。"班如"者,相牵不进、班(盘)旋不进之貌。虽遭初九逼迫,然六二仍欲乘马去找远方的九五,只可惜被初九半路拦截,车马盘旋而不得进,故谓之"乘马班如"。"匪"此处应指"非",而不是匪徒之意,"寇"当指九二。若非九二的阻挠,六二就能如愿来到九五身边,与其结为夫妻,故谓之"匪寇婚媾"。旧时称女子出嫁为"字","不字"为不出嫁之意。面对九二的逼迫,初六并未屈从,坚守贞正,绝不接受初九之爱,一心等着九五,故谓之"女子贞不字"。一直到十年之后,坚贞不屈的初六,终于守得云开见月明,等来了与九五结婚的那一天,故谓之"十年乃字"。六二爻讲述了一个可歌可泣的烈女子对于纯真爱情的坚守,感天动地,足令须眉汗颜。该爻告诉我们,作为女子,如果所爱的人不在身边,绝不可被其他男子所乘,而应坚守贞正,矢志以待君归。

六三爻曰:"即鹿无虞,惟入于林中。君子几,不如舍。往,吝。""虞"为古代掌管山泽的官员,当贵族入山泽行猎之时,为之驱逐鸟兽,以方便贵族猎取。如果想要猎捕麋鹿,却又没有虞官相助驱逐,就算入了林中,也猎捕不到麋鹿,结果空手而归,白白浪费时间,此即谓"即鹿无虞,惟入于林中"。这种事情,君子绝不会做,不如舍弃猎捕麋鹿的念头,如果非要去,必有悔吝穷苦也,故谓之"君子几,不如舍。往,吝"。其中,"几"为语气词,并无实质含义。若以男女婚姻之事言之,六三近五,对九五生出倾慕之情。但与六二受到邻近之初九逼婚不同,六三并未与寇相邻,故无此忧。六三与九五之间虽然隔着六四,但是六四所应为初九,并不会成为六三、九五之间的障碍。但是唯一的问题在于,九五所应所爱者,六二也。如果六三贸然前去寻找九五,必然不会被接纳,就像没有虞官引导,却想要猎捕麋鹿一样,结果只能是入树林而空手归。六三正确的做法应该是舍却嫁给九五的念头,如果非要去的话,必然自取其辱。该爻讲述了当爱上一个不爱自己的人该如何抉择的问题:爱情是相互的,强扭的瓜不甜,单相思的结果害人害己,不如早点走出来。

六四爻曰:"乘马班如,求婚媾,往吉,无不利。"六四所应在初,她知道自己深深地爱上了初九,作为一个勇于追求自己爱情的女孩,她勇敢地骑上马,想要找到初九去表明自己的爱意。但是她心中的疑虑在于六二近初,近水楼台,而且初九已经明确表明他喜欢六二,想要娶之为妻。所以,六四骑着马不停徘徊,犹豫不决,此即谓之"乘马班如,求婚媾"。后来六四听说六二对初九根本不感兴趣,已经断然拒绝了初九的求爱,于是重新鼓起勇气,前往初九家,告知其爱意。初九遭受六二的拒绝,正心情低落,此时六四出现在他面前向他表明爱意,不禁为之深深感动,于是二人相谈甚欢,而后顺利结为夫妻,故谓之"往吉,无不利"。该爻讲述了一个爱上他人的女子勇敢向对方表白,努力争取幸福的故事,它告诉我们,只要心中有爱,就大胆地去追求,自己的幸福要靠自己主动争取,而不是被动等待。

九五爻曰:"屯其膏,小贞吉,大贞凶。""膏"为膏泽恩惠之意,九五身居尊位,本应恩泽天下,无物不与,但是九五系应在二,眼中只有九二,未能将恩泽施于他人,更遑论天下,故而有难,此即谓"屯其难"。单就六二而言,九五真情实意为其坚守,自然是对的,但是对于其他人来说,却是灾难。身居尊位之人本应舍小义而取大义,九五却反其道而行之,舍大义而取小义,小处为正,大处却凶,故谓之"小贞吉,大贞凶"。不顾家国天下,而单为一个女子,实乃不顾大局,有失体统。若以男女婚姻之事言之,九五所应为二,虽路途遥远,险阻重重,身边又有无数诱惑,但是九五最终还是经受住了考验,等来了勇敢坚贞的六二,没有令对方失望。以现代爱情观而论,九五三观端正,足为爱情中男子之楷模。但是西周之时,男尊女卑,所以认为九五为了六二而放弃六三、上六等女子,不仅不值得称道,反而应予以批评,认为在婚姻关系中,正确的做法是广施博爱,雨露均沾,如此,方得子嗣繁茂,无愧列祖列宗。所以,为了爱情,而单恋一枝花,苦等十年不结婚,实乃不孝之至。六二坚守被称赞,九五坚守却被批评,说明西周时期男尊女卑的情况十分严重。

上六爻曰:"乘马班如,泣血涟如。"上六处屯之极,为险难之最,虽与九五相邻,然九五应于六二,无心顾上,故上六上无所适,下无所应,乘着马不停打转,不知道能去哪里,天下虽大,却无容身之处,故谓之"乘马班如"。"涟"者,泪流不断之貌。上六乘马徘徊,不知该去往何方,伤心之下,哭得血泪涟涟,自双目流淌而下,怎一个惨字了得。若以男女婚姻之事言之,可为六三故事之后续,讲的是女子被所爱的人拒绝之后的表现。上六因邻近九五,为九五所吸引,爱上九五,可惜九五所爱唯有六二,并不接受上六之爱意。上六被九五拒绝之后,心伤难禁,在马上哭得血泪涟涟,只觉得天下虽大,却无处可去。该爻告诉我们,在恋爱中,不可强求,如果你爱的人不喜欢你,就要尽快地走出失恋的情绪,如果一直被悲伤所困扰,你的生活道路将苦难重重,危机四伏。

从以上分析可知,屯卦六爻皆可从爱情婚姻角度进行解析,更准确地说,讲的都是一方向另一方求婚的故事。它告诉我们西周时期的如下男女恋爱婚姻观:

(1)婚姻的缔结必须履行正当程序,不得强迫;

(2)丈夫不在家时,女子要坚守贞洁,不得被其他男人所乘;

(3)妻子长时间不在家时,丈夫应及时纳妾,以延续血脉子嗣;

(4)爱情不可勉强,若爱上一个不爱你的人,应该尽早走出来;

(5)有爱就要说出来,幸福要靠自己努力争取,不要被动等待。

二、蒙卦:"勿用取女。见金夫,不有躬,无攸利"

蒙卦六三爻曰:"勿用取女。见金夫,不有躬,无攸利。""取"借为"娶","勿用取女"即指不该娶该女为妻。蒙卦卦辞云:"匪我求童蒙,童蒙求我。"应该是蒙昧不懂之人向有学问的人请教,而非相反。阴为童蒙,阳为启蒙之人。六三所应为上九,按蒙卦之卦义,六三童蒙应往求上九启蒙。三求上,女求男,方合发蒙之道,故六三往见上九。"金夫"即"刚夫",谓上九,"见金夫"即指六三主动往见上九。六三往见上九,虽合于蒙道,却与男女之道相悖。"女之为礼,正行以待命而嫁。今先求于夫,是为女不能自保其躬、固守贞信,乃非礼而动,行既不顺,若欲取之,无所利益"①,故谓之"不有躬,无攸利"。该爻告诉我们,西周之时,男女婚聘关系中,必须男方主动上门提亲,女方则必须待字闺中,绝不可主动投怀送抱,否则即为无耻失贞之行为,这样的女子坚决不可娶之为妻。这反映了西周之时,在男女关系中,男性积极主动,而女性则处于被动地位。

朱熹认为,"金夫,盖以金赂己而挑之"②,也就是说,六三为了能嫁给上九,不惜用金钱贿赂,希望他能挑中自己。"躬"为身也,"不有躬"指虽然女子用金钱贿赂,但是最终对方还是没有娶她(其身)。若按此解,那么蒙卦六三爻之"见金夫,不有躬"就应改为"金夫,不有躬",指用"金"贿赂"夫",(却)"不有"其"躬(身)"。若添加一"见"字,则语义不顺。故此,朱熹之解不可取。

高亨先生将蒙卦六三爻断为"勿用取女,见金,夫不有躬,无攸利"。他认为,这里的"金"并非指黄金,而是指黄铜。西周之初,黄铜为珍贵之物,乃女子

---

① [魏]王弼、[晋]韩康伯注,[唐]孔颖达正义:《周易正义》,中国致公出版社 2009 年版,第 45 页。

② [宋]朱熹:《周易本义》,廖名春点校,中华书局 2009 年版,第 55 页。

陪嫁之资。"见金"指见到女子的嫁妆,"躬"指身也,"夫不有躬"指夫丧其身。也即是说,一旦娶了该女子,但见陪嫁之嫁妆,而该女之夫则有丧身之祸,故无所利。高亨先生之解,若仅从占卜角度而言是说得通的,但是蒙卦之卦义在于阐述发蒙之道,若采此解,则该爻之义将与蒙卦整个卦义不相关联,故高亨先生之解不足取。

闻一多先生则认为:"疑夫当为矢,躬当为弓,并字之误也。金矢即铜矢,谓铜镞之矢。不有弓即无有弓,有矢无弓,不能射,故占曰:'无攸利。'"①笔者以为,闻一多先生之解不足取,即便按其所言,夫为矢之误,躬为弓之误,原文应为"见金矢,不有弓,无攸利",但是这又如何与前文之"勿用取女"在情景上相关联呢?所以,闻一多先生之猜测固然看起来很有可能,但是与蒙卦六三爻整个爻辞之义不符,故不足取。

综上,蒙卦六三爻之解应采通说,它阐述了西周之时男女婚聘关系之中,必须由男方积极主动,上门提亲,女方只能静候家中,以待他人提亲,绝不可主动示爱,否则即为失贞失礼之行为。

三、贲卦:"贲其趾,舍车而徒","贲如皤如,白马翰如,匪寇婚媾","贲于丘园,束帛戋戋,吝,终吉"

贲卦之初九与六四相应,讲述了一个不顾歹人阻挠,最终有情人终成眷属的故事。六五爻所述则为男方向女方下聘礼订婚时的场景。其余诸爻与婚姻关系无关,故本文仅论贲卦之初九、六四与六五爻爻辞。

贲卦初九爻曰:"贲其趾,舍车而徒。""贲"为文饰之意,"趾"为足,"贲其趾"指穿上新鞋子。"舍车而徒"指不乘车子,徒步行走。初九上应于六四,二者郎情妾意,情投意合。初九穿上新鞋子,乘车前往,迎娶六四。却不料九三横插一脚,图谋六四,阻挠初九的车子前行。初九舍弃车子,冲破九三的阻挠,徒步前往六四处迎娶。

贲卦六四爻曰:"贲如皤如,白马翰如,匪寇婚媾。""贲如"为有文饰的样子,"皤如"为白色的样子,"贲如皤如"指白色的马身之上戴着花样繁多的装饰品,为娶亲之貌。"翰如"原指长而坚硬的羽毛,此处形容马,应指马之毛长,"白马翰如"指白马鬃毛厚长随风飘逸之貌。"匪"为"非","寇"指阻挠初九与六四相会之九三。"婚媾"指二人结为夫妻。该爻之义为:六四静候家中,等待初九上

---

① 高亨:《周易大传今注》,齐鲁书社2009年版,第76页,引闻一多语。

门娶亲,却听闻初九被匪人九三所阻,正自焦虑,忽然见到一匹神俊的白马身披五彩花饰,长长的鬃毛飘逸如飞,自远方奔驰而来。六四大惊失色,以为是匪徒前来抢亲,待对方到了身前,方才发现来的正是自己的意中人!原来初九舍车徒步,逃过九三的阻挠,后来借了匹白马,前来迎娶六四。六四喜极而泣,二人顺利地结为夫妻,成就一段美好的姻缘。

屯卦六二爻亦有"匪寇婚媾"一语。屯卦六二有应于九五,却被初九侵凌阻挠,贲卦六四有志于初九,却被九三所阻挠,其情节几乎一模一样。而且从爻辞上来看,贲卦六四爻之"贲如皤如,白马翰如,匪寇婚媾"与屯卦六二爻之"屯如邅如,乘马班如,匪寇婚媾"如出一辙。二者唯一的区别在于,屯卦六二爻有"女子贞不字,十年乃字"的描述,而贲卦六二爻却没有这一句话。屯为难,贲为饰,二者卦义有别。因有难阻,故屯卦六二苦等十年方才得偿所愿,最终等到与初九结合的那一天。而贲卦六四虽也遇到阻挠,稍有不顺,却不用等上十年,就能有情人终成眷属。

朱熹认为,"翰如"指六四与初九相应,却被九三所隔而不得遂,但"其往求之心,如飞翰之疾也"[1]。"翰,天鸡赤羽也"(《说文解字》),也就是野鸡的意思。同时,朱熹还认为,"匪寇婚媾"指九三虽然爱上六四,但其以阳处阳,乃刚正之人,并非为寇者也,乃求婚媾耳。按其所言,乘白马前来求婚媾者,是为九三,而非初九。其解亦有一定道理,因为初九舍车而徒步,并未言及借用白马,初九徒步,九三骑马,故九三先于初九到了六四家提亲更符合逻辑。以上二解皆可取。

贲卦六五爻曰:"贲于丘园,束帛戋戋,吝,终吉。""贲"指装饰之意,六五为贲卦之主,贲之最盛者也,也就是装饰最为华美之所。此爻所述为缔结婚姻关系中下聘纳征之时的场景。王弼、孔颖达认为,装饰过于华美则有害于道,"丘"指"丘墟","园"指"园圃",乃草木生长之所,而草木所生乃质素之处,故"丘园"非华美之所。"束帛"为捆成一束的布帛,古时指作为馈赠的礼物,此处应引申为男方给女方家里的聘礼。"戋戋"形容少。"束帛戋戋"指男方给女方家里的聘礼数量极少,十分寒酸。此爻之"吝"并非"吝啬"之"吝",而是"悔吝"之"吝",应解为难。

笔者以为,结婚下聘本是喜庆之事,就算张灯结彩亦是情理之中,没有必要非得以草木之质素来推导出装饰简约的结论,而且若女方装饰得十分朴素来迎接男方,当她看到男方聘礼过少也就能够相互理解,不会生气而有"吝"了,故而

---

① [宋]朱熹:《周易本义》,廖名春点校,中华书局 2009 年版,第 106 页。

"丘园"应该指的就是女方所居住的房子,因男方要来下聘,于是张灯结彩装饰了一番。由于男方聘礼过于寒酸,导致女方不快,引起争议,差点导致婚约破裂,不过最终还是接受了,故"终吉"。该爻全句可解为:下聘纳征之日,女方将家里装饰一新、张灯结彩地等待男方的到来,可是男方到后交给女方的聘礼却十分寒酸,引起女方不快,差点导致婚约破裂,不过最终女方意识到节约质素本是美德,接受了男方的聘礼,圆满完成纳征这一婚姻缔结的必要环节。

四、睽卦

睽卦上九爻曰:"睽孤。见豕负涂,载鬼一车,先张之弧,后说之弧。匪寇婚媾。往,遇雨则吉。"睽卦上离下兑,离为火,兑为泽,性相违也;兑为少女,离为中女,中女少女,志不同归。故"睽"之意为乖离也。上九处睽之极,睽道未通,故谓之"睽孤"。上九所应为六三,六三上承九二,下乘九四,为二阳夹一阴之势。以男女恋爱婚姻关系言之,则如一对男女相爱,却因故不能同居一地,处于异地恋中,此时有两个男子趁机对女孩表达爱意,导致这对恋人之间起了猜疑之心,关系逐渐乖离,此即谓"睽孤"。

"豕"即猪,"涂"即泥涂,猪身上涂满了泥浆,为至秽之物。上九处离卦之极,为文明之最,而观至秽之物,两相映照,睽之甚也。"鬼"本是诡异之物,"载鬼一车",满车都是鬼怪,诡异至极。庄子云:"无物不然,无物不可。故为是举莛与楹,厉与西施,恢诡谲怪,道通为一。"(《庄子内篇·齐物论》)形虽万殊,性本得同,不论如何怪异诡谲之物,最终都将道通为一。物极必反,睽极则通,上九与六三貌虽乖离,终将睽极而通,相互理解。"弧"为弓,"张"为开弓,"说"为"脱",即松开弓。"先张之弧,后说之弧",刚看到一头猪浑身涂满了泥浆,一辆车满载着鬼怪,心情紧张张弓欲射,仔细一看,原来刚才看错了,只因猪身上涂满了泥所以显得脏了点,车上也不是什么鬼怪,而是一群人,于是忙松了弓弦。"匪寇婚媾"可有二解。其一,可解为若非九二与九四这两个歹人从中阻挠,上九早就与六三顺利结为夫妻了。其二,亦可解为仔细一看,车上下来的并不是匪徒,而是前来迎亲的队伍,于是有情人终成眷属。

上九之所以与六三产生隔阂,其主要原因就在于二人并不处于一地,信息沟通困难,于是生出猜疑之心,要想解去心结,就需要上九去往六三之处,两人相见,则误会冰消,故应"往"。"遇雨则吉"可有两解。其解一,上九居离卦之极,为火,遇雨则为水火相济,阴阳交合,夫妻和谐之道也,故若能遇雨,则上九与六三之误会必将冰消瓦解。其解二,见豕何以心生嫌弃,只因猪身上涂满了泥浆。

见车上之人何以误会他们是满满一车的鬼怪,只因千里跋涉,风尘仆仆,蓬头垢面,所以被人误会。若遇下雨,则满身泥浆将被冲洗干净,一路风尘亦将随雨而逝,方才明白,刚才使之心生厌恶与恐惧的,却是一群欢天喜地前来迎亲的队伍,而驱赶前来的这几头肥猪,正是聘礼之一。于是,雨过天晴,误会冰消,一对欢喜冤家终于喜结良缘。

睽卦上九爻告诉我们,夫妻之间,难免会产生一些误会,一定要主动沟通,善于沟通,而不能胡乱猜疑,只有进行积极的沟通,才能消解误会,令小人无法趁虚而入,从而有利于维持夫妻关系的和谐稳定。

五、姤卦:"女壮,勿用取女"

姤卦卦辞曰:"姤:女壮,勿用取女。"姤卦仅有初六一爻为阴,其余五爻皆阳,为一阴遇五阳、一柔遇五刚、一女遇五男之象。如此之女子,欲求不满,淫壮之甚,故谓之"女壮"。《彖传》曰:"姤,遇也,柔遇刚也。勿用取女,不可与长也。天地相遇,品物咸章也……"柔遇刚,即为女遇男,该女之所以不能娶,其因在于不能与丈夫长相厮守,必将出轨与他人私通。"天地相遇"即天地相交之意。"咸"者,皆也。"章"为卓著繁盛之意。天地相交,阴阳二气交互,则万物皆能恣意生长。刚柔相遇,本为美事,然此女并非能与丈夫长相厮守之人,或一女嫁五夫,或者一女私通五男,实为恬不知耻之荡妇,并非良配,必害乎阳,坚决不能娶这种女人,故谓之"勿用取女"。

姤卦卦辞告诫我们,夫妻之道在于相互忠诚,尤其妻子一方必须要知廉耻,守妇道,绝不可一心数系,与人私通。男子娶妻之时,亦以德为先,若女子品行败坏,不守妇道,则不论其家境如何富贵权势,容貌如何沉鱼落雁,坚决不能娶入家门,否则家毁人亡,旦夕间尔。

六、震卦:"不于其躬,于其邻,无咎。婚媾有言"

震卦上六爻曰:"震索索,视矍矍,征凶。震不于其躬,于其邻,无咎。婚媾有言。""'索索',心不安定。'矍矍',视而不专。"[1]上六以阴柔之身,处震之极,自然吓得哆哆嗦嗦,心神不宁,看东西也不能专心致志。"征"指出门或出征。若指国家,则指在此情况下如果还要贸然出征他国,与他国开战,必然大败。若指人,则指于此情况下如果还要贸然出门,必然遭遇飞来横祸。此即谓"震索

---

[1]　[魏]王弼撰,楼宇烈校释:《周易注校释》,中华书局 2012 年版,第 193 页,校释[二三]。

索,视矍矍,征凶"。

"躬"为身,指自己、自身之意。"震不于其躬,于其邻,无咎"之解有二。其解一,若此恐惧并非由自己造成,而是因为邻居之震动而导致,则会因为害怕邻居的异动而提前戒备,有了戒备则能防患于未然,结果虚惊一场,终无咎矣。王弼、孔颖达持此解。其解二,若令人惊惧之事并未加诸己身,而是落到了邻居身上,那么受到损害的只是邻居而已,于自己而言自然无咎。高亨先生持此解。

"婚媾有言"者,若按孔颖达之解,指"居极惧之地,虽重婚媾相结,亦不能无相疑之言"①。也就是说,由于身处极其惊惧的环境之中,即便其婚姻关系的缔结基础十分牢固,却也会因之而生出相互猜疑来。这句话告诫我们,婚姻关系要想经受得住考验,只有当年的山盟海誓是不够的,还要看夫妻双方在患难之中,在压力之下,能否相互理解,相互信任,这样才能准确判断出夫妻双方是否只能同富贵而不能共患难。

高亨先生则认为,"婚媾有言"指"姻戚将有谴责"②。笔者以为,高亨先生之解不足取,因为若采此解,则"婚媾有言"之义与前文"震不于其躬,于其邻,无咎"无法相互联系起来,二者之间并不具有语言逻辑上的先后关系,故高亨先生之解不足取。

故此,震卦上六爻所要告诉我们的是,很多夫妻的关系平时看起来十分和谐美好,可是一旦遇到大事,遇到巨大压力,夫妻的信任基础就会遭到破坏,夫妻双方就会相互指责,相互猜疑,能同富贵,而不能共患难。所以,想要判断夫妻关系是否真正和谐稳定,就要在压力中经受考验。

七、婚姻关系小结

从以上对于屯卦、蒙卦、贲卦、睽卦、姤卦和震卦六卦相关卦辞爻辞的分析可知,《周易》之中所提到的西周时期的婚姻制度与婚恋观的相关内容如下:

(1)爱情要及时表达,幸福要靠自己努力争取,不要被动等待。但是,在婚聘关系中,必须男方积极主动,上门提亲,女方必须静候家中,以待他人提亲,绝不可主动示爱,否则即为失贞失礼之行为。

(2)爱情是两个人的事情,不可以勉强。同样,婚姻的缔结必须履行正当程序,不得强迫。

---

① [魏]王弼、[晋]韩康伯注,[唐]孔颖达正义:《周易正义》,中国致公出版社2009年版,第208页。
② 高亨:《周易大传今注》,齐鲁书社2009年版,第374页。

（3）下聘纳征为缔结婚姻关系的必要环节，但是聘礼不必过重，以简朴为宜。女方不得因对方聘礼过轻而撕毁婚约。

（4）选择妻子应以德为先，绝不能娶有违妇道之女，丈夫离家之时，女子必须坚守贞洁，不得与其他男子私通。但是，妻子长时间不在家时，丈夫则应及时纳妾，以延续血脉子嗣。

（5）要保持和谐稳定的夫妻关系，必须积极沟通，及时消解误会，从而令小人无法趁虚而入，以免对夫妻关系构成威胁。而想要判断夫妻关系是否真正和谐稳定，则必须在压力中经受考验，经历风雨方能见彩虹。

第三节　家庭关系

婚姻与家庭并不能截然分开，在本书之中，婚姻关系特指婚姻关系缔结之时的夫妻关系，家庭关系则指婚姻关系缔结之后的夫妻关系与父母子女关系。在《周易》中，涉及家庭关系的主要为恒卦、渐卦、革卦、归妹卦、鼎卦、大过卦与蒙卦，下面依次进行分析。

一、恒卦："恒其德贞，妇人吉，夫子凶"

"乾、坤象天地，咸、恒明夫妇。"①咸卦所述为男女之间相互感应，情愫渐生而定终身，主要讲的是恋爱阶段；恒卦所述为夫妻之间相互信任，贞正守恒而维持婚姻的幸福稳定，主要讲的是婚姻阶段。恒卦之中，最明显阐述夫妻之道者为六五爻"恒其德贞，妇人吉，夫子凶"。

恒卦九三爻虽未直接论及夫妻之道，然其爻辞与六五爻分别从正反两面讨论"恒其德"，故先作一简单分析。恒卦九三爻曰："不恒其德，或承之羞，贞吝。"《论语·子路》曾引述这段爻辞，这也是《论语》中孔子唯一一处明确谈到《周易》，其文如下：子曰："南人有言曰：'人而无恒，不可以作巫医。'善夫！""不恒其德，或承之羞。"子曰："不占而已矣。"巫者，沟通鬼神之人；医者，治病救人之人。两者皆为十分重要的工作，故其德须恒久，不可以无常。孔子然之。如果其德未能恒久，将自相违错，不足问其事理，则其羞耻深矣。《象传》曰："不恒其德，无所容也。"一个人如果不恒其德，朝三暮四，那么没有人会真正信任他，结果必然

---

① ［魏］王弼、［晋］韩康伯注，［唐］孔颖达正义：《周易正义》，中国致公出版社 2009 年版，第 139 页。

不被人喜欢,终将遭人排斥而无处容身。

恒卦六五爻曰:"恒其德贞,妇人吉,夫子凶。"恒之道,贞正守常。六五居得尊位,为恒之主,故得恒卦贞正守常之道。六五所应在二,妇人之道,用心专贞,从唱而已,故"恒其德,贞"。也就是说,若为妇人则必须事事听从丈夫之言,从一而终。因恒道之内涵与妇道相合,故"妇人吉"。"夫子"为丈夫之谓。与妇人只需听从丈夫不同,丈夫则应有主见,必须因地制宜,根据不同情况提出不同应对措施,若一味固守,不懂变通,其结果必然为凶,故谓之"夫子凶"。

故《象传》曰:"妇人贞吉,从一而终也;夫子制义,从妇凶也。"在此处,切不可将妇人之"从一而终"解为在婚姻上不得另嫁他人。其实,西周之时,父权社会虽然已经逐渐建立,母权社会的残留亦仍可见,当时并不强调妇人须从一而终、男子则可三妻四妾之观念,这是后世儒学添加的内容。此处的"一"既可指丈夫,"从一"指要听从丈夫之言,也可指贞一,"从一"指贞正守常。"制义"指"制断事宜","从妇"之"妇"既可解为"妇人",也可解为"妇道"。若解为"妇人",则"从妇"指听从妻子的话;若解为"妇道",则"从妇"指遵从妇道贞正守常之准则。所以,《象传》之言可解析为:妇人只要一以贯之地听从丈夫的话,就能得到好的结果,丈夫则必须主动拿主意,懂得变通,方能很好地解决问题,如果一味听从妻子的话,没有主见,或者一味固执不变,其结果必然大凶。

高亨先生认为:"在'恒其德'之原则下,有所占问,妇人则吉,丈夫则凶。因妇人从夫,其道一轨,其德不可不恒;丈夫因事制宜,其道多方,其德不可恒。"[①]笔者以为高亨先生此解有一定道理,不过不能将"恒"之义解为恒久不易。其实,变通方能得恒,随时审时度势,顺应时势之发展方能保持活力,长久生存下去,故恒久之道,贵在变通,正如恒卦卦辞所云"恒:亨,无咎,利贞"。若要恒久,除了要守贞正之道,不走歪门邪道,最关键是要亨通不居,如此方能无咎。如果一味固执不变,必为时代所淘汰,势不能长久矣。

二、渐卦:"夫征不复,妇孕不育","妇三岁不孕,终莫之胜"

渐卦卦辞曰:"渐:女归吉,利贞。""女归"为"嫁女"之意,该卦围绕嫁女展开。渐卦九三爻曰:"鸿渐于陆。夫征不复,妇孕不育,凶。利御寇。""鸿"为雁,高出水面之土地谓之"陆","渐"者,进也,"鸿渐于陆"指大雁飞到岸上。"夫征不复"指丈夫出征,却没有回来。渐卦巽上艮下,九三与六二共处艮卦,乃是其

---

① 高亨:《周易大传今注》,齐鲁书社 2009 年版,第 256 页。

原配,只是丈夫出征之后,受近旁之六四所诱惑,乐不思蜀,不愿回家。丈夫既然在外公然包养小三,妻子在家中也不愿再守妇道,故与他人通奸,非夫而孕,如此通奸所得之子,自然不能生下来,故谓之"妇孕不育"。丈夫在外鬼混,妻子不守妇道,这样的家庭自然没有什么好下场,故凶。九三以阳居阳,为过刚之象,故"利御寇"。

朱熹则从占卜的角度解析,认为该爻指的是"其占'夫征'则'不复','妇孕'则'不育',凶莫甚焉"①。也就是说,如果占卜时占得该爻,则为大凶之兆,一旦丈夫出征,将有去无回,战死疆场;一旦妻子怀孕,将虽孕而不育,最终流产。高亨先生从其解。

以上两解皆有可取之处,前者从义理角度而言,后者从占卜角度而言,皆能自圆其说。若从家庭关系角度理解,可采前解。渐卦九三爻告诉我们,夫妻双方都具有忠诚的义务,一旦失去相互的忠心信任,则家庭关系的破裂就在旦夕之间。

渐卦九五爻曰:"鸿渐于陵。妇三岁不孕,终莫之胜,吉。""陵"为山陵。九五所应为六二,然中间隔了九三、六四,使得九五无法与六二应合,从而导致妇人三年没有怀孕,此即谓"妇三岁不孕"。但是,九五以阳处阳为上卦之中,六二以阴处阴为下卦之中,二者皆居中得正,所以,虽然九三、九四阻止二人相见,但是终究无法久塞其途,只需三年,二人就能冲破阻塞,有情人终成眷属,此即谓"终莫之胜"。

高亨先生则认为,该爻所谓"三岁不孕"讲的是西周时期对于婚姻的解除所做的规定,即"七出三不去"中的"无子"。《大戴礼记·本命》有载:"妇有七去:不顺父母去,无子去,淫去,妒去,有恶疾去,多言去,窃盗去。"所谓"不孝有三无后为大",无子则去,如果妻子结婚三年不能怀上孩子,则丈夫可以以"绝世"为由休妻。不过《大戴礼记》成书于西汉末年,在夫妻家庭关系上,其内容深受儒学之影响,而非对西周之时社会风貌之真实记载。

高亨先生之解,将该爻与西周"七出三不去"制度联系起来,有一定道理,但是很难解释妻子将被休掉而赶出家门却"终莫之胜"。高亨先生认为"终莫之胜"是指,因为大雁飞到了位置较高的山陵之上,居高临下,所以猎人终不能胜之。但是,若按此解,渐卦九五爻语序就该调整为"鸿渐于陵,终莫之胜,吉。妇三岁不孕"了。笔者以为,"妇三岁不孕,终莫之胜,吉"或可解为结婚三年妻子

---

① ［宋］朱熹:《周易本义》,廖名春点校,中华书局 2009 年版,第 1 页。

仍未怀孕,即便再坚持,也无法最终胜出得子,不如休妻另娶,方能有个好结果,从而得以延续宗祠血脉。

所以,渐卦九五爻告诉我们的是,男女之间只要有真爱,即便有再多的阻挠,都能克服,最终将迎来美好的姻缘。但是,如果妻子三年不能生育,则应休妻另娶,以保血脉延续。

三、革卦:"水火相息,二女同居,其志不相得,曰革"

革卦卦辞曰:"革:巳日乃孚,元亨,利贞,悔亡。"革卦之要义在于变革,而人之本性往往喜欢守常不变,不愿轻易变革,故革之初,很难获得民众信任,待得革新成果一点点显现出来,民众才会乐享其成。真正获得革新带来的好处之后,民众才会予以信任,故谓之"巳日乃孚",也就是说要过几天之后才会信任。譬如说,智能手机可谓新时代的一大技术革新,但是当智能手机刚刚兴起的时候,很多人都会很自然地排斥使用,对于其适用前景表示怀疑,后来随着一部分人率先使用,感受到智能手机给生活带来的便捷,其他民众才会从原来的抵触、不信任,转为逐步信任,开始享受该技术革新带来的便捷舒适。支付宝、微信支付等无现金快捷支付的出现与普及的过程,亦是如此。正如孔颖达所言:"民可与习常,难与适变;可与乐成,难与虑始。"①所以,这些真正带来划时代进步的革新,不要期望人民能够事先参与进来,一起开拓进取,人民只会在确信无疑之后,才会享受革新带来的好处。一旦人民开始信任革新带来的进步,那么革新之势将如洪水滔滔,一往无前,带来社会的巨大进步,故谓之"元亨"。当然,革新之初,必然会给原有的秩序带来冲击,甚至可能引起一定程度的混乱,造成一定的损害,故有悔。但是,只有革新才能带来进步,所以革新乃当为之事,只要方向正确,坚守贞正之道,最终必将结出累累硕果,带来社会的巨大进步,其悔必亡,故谓之"利贞,悔亡"。

《彖传》曰:"革,水火相息,二女同居,其志不相得,曰革。巳日乃孚,革而信之;文明以说,大亨以正;革而当,其悔乃亡。天地革而四时成,汤武革命,顺乎天而应乎人,革之时大矣哉!"革卦上兑下离,上兑为水,下离为火。上水下行,下火上行,水火相战而变生,变生则革新矣。水火不相容,若水势大于火势,则水灭火,若火势大于水势,则火灭水,水火相灭,则原物之形貌变矣,此即谓"革,水火相息"。兑为少女,离为中女,二女共处一室,其义为二女共嫁一夫。二女同居,

---

① [魏]王弼、[晋]韩康伯注,[唐]孔颖达正义:《周易正义》,中国致公出版社2009年版,第197页。

皆欲为一家之主母,极易相妒相争,故其志相同而不相得,既不相得,必生变矣,此即谓"二女同居,其志不相得,曰革"。革命之初,众皆不信,过些日子当革命的成效明白显现之后,方能使之信服,故谓之"巳日乃孚,革而信之"。离火为文明之象,"说"即"悦",为兑之象。以文明之德相悦于人,民众乃信之从之,故大得亨通而利正也,此即谓"文明以说,大亨以正"。若革命之内容合于正道,其悔必然随之消亡,故谓之"革而当,其悔乃亡"。"天地革而四时成,汤武革命,顺乎天而应乎人,革之时大矣哉"指汤武革命,应天顺民,大亨以正,是以功成。

革卦爻辞与《象传》之解析中,以二女同居、二女共嫁一夫譬喻革新之所生。按其义,二女共嫁一夫为西周时期的婚姻关系之常态,如何才能处理好一夫多妻(妾)的家庭关系,其关键在于"文明以说,大亨以正"。也即是说,二女相处,必须以文明之德相待,而不得在背后说闲话,下黑手,散布谣言。另外,丈夫一方必须秉持正道,随时保持信息沟通的畅通,决不可偏听偏信,偏袒一方,如此方得大通而亨。

四、归妹卦

妇人谓嫁曰归,"妹"指少女,"归妹"为嫁妹之谓。归妹卦上震下兑,震为长男,妹为少女,其义有二:其一为长男嫁少女,意为兄长将妹妹出嫁;其二为年长男子娶年轻女子,往往以娣之名义娶之。妹从娣嫁,本非正匹,故须谨守谦逊卑退之道以自保,若妄图进而求宠,取正妻而代之,则有凶咎,往则不利,故归妹卦卦辞曰:"归妹:征凶,无攸利。"

归妹卦初九爻曰:"归妹以娣,跛能履,征吉。"初九处卦之最下,且上无正应,故从嫁之时为娣而非妻,故谓之"归妹以娣"。归妹卦乃长男适配少女,本非正配,若为妻则凶。然初九以娣嫁,不失常道,犹如足虽跛却能履,虽不良于行,但终究还是能行走的,故谓之"跛能履"。长男少女非正配,以妻而行则凶,以娣而行则吉,初九有"娣"象,行之以娣道,故谓之"征吉"。该爻告诉我们,长男与少女结合,少女只能为娣,而不得为妻,否则极可能导致夫妻矛盾家庭不和。

九二爻曰:"眇能视,利幽人之贞。""眇"指一目视力不佳,不良于视,"眇能视"指虽然视力不佳,尚不影响看东西。"九二阳刚得中,女之贤也。"[①]抱道守正而不偶,处幽而不失其贞正,谨守为娣之道,此即谓"利幽人之贞"。该爻告诉我们,作为娣,即便不被丈夫所恩宠,也不该滥施手段与正妻抢夺丈夫,而应该抱道

---

① [宋]朱熹:《周易本义》,廖名春点校,中华书局 2009 年版,第 193 页。

守正,谨守为娣之道。

六三爻曰:"归妹以须,反归以娣。"按王弼、孔颖达之意,"须"指等待。六三处下体之上,有欲为室主之象,然其以阴处阳,居不当位,其因在于室主尚存。若六三耐不住性子,非得谋求室主之位,其结果必凶,此时六三正确的做法是静以待时,故谓之"归妹以须"。既然此时室主尚在,则正妻之位不可觊觎,应反归以待时,以娣而行,故谓之"反归以娣"。若按此解,该爻告诉我们,作为娣应该明了自己的身份,不得与正妻争宠,除非正妻亡故,方能进而为妻。

按高亨先生之解,"须"借为"娶",楚人谓姊为须,故"归妹以须"指妹妹嫁人之时,以姐姐作为娣(媵)的身份陪嫁,"反归,妇人被夫家逐出而归其父母家"①。按先秦时期之惯例,皆以妹妹作为姐姐的陪嫁,而不会以姐姐作为妹妹的陪嫁,所以,如果违反惯例而以年长的姐姐作为年少的妹妹的陪嫁,则有悖传统,姐姐将以其妹妹反归父母家矣。若按此解,则该爻告诉我们,西周之时,嫁女必须以年长的姐姐作为正妻,而以年少的妹妹陪嫁为媵,若反其道而行,以长为娣,以少为妻,则会带来家庭危机。

九四爻曰:"归妹愆期,迟归有时。""愆期"指过了日期。贤女不轻从人,若无合适对象,则应延期以待,等待合适的时机,再行出嫁。该爻告诉我们,婚姻乃人生大事,不要轻易将就,所以一定要选得良配方才出嫁。若一时未觅得合适对象,不妨暂时等待,等有了合适的对象,再行出嫁,以免遗恨终身。

六五爻曰:"帝乙归妹,其君之袂,不如其娣之袂良。月几望,吉。"六五为尊位,既处归妹卦,当为帝王嫁妹,帝乙者,殷商第三十任君主,纣王之父,其父商王文丁曾杀周族首领季历,季历之子姬昌(周文王)继位,欲报父仇,恰逢东夷叛乱,帝乙为免腹背受敌,故嫁妹于姬昌和亲联姻。"帝乙归妹"所讲述的应该就是这一事件。"君"此处指帝乙之妹。"袂,袖也"(《说文解字》),引申为衣裳与饰品。帝妹出嫁之时,有少女以娣的身份陪嫁。少女身着华袍,佩戴了诸多金银首饰,而帝妹则一身素朴,此即谓"其君之袂,不如其娣之袂良"。"望"为满月,"月几望"指即将月圆之时,引申为阴德大盛之貌。帝妹何以一身素朴,却能得履正妻之位,其因在于行正德盛。有贤妻若此,则夫家必然兴旺,故吉。

高亨先生认为:"袂借为袂。袂犹貌也。"②也就是说帝乙归妹,王后的容貌不如其陪嫁之娣美,同时将"月几望,吉"解为其出嫁在月圆之时,结果是吉。笔者以为,高亨先生将"袂"解为容貌,能够自圆其说,但是将"月几望"解为月圆之

① 高亨:《周易大传今注》,齐鲁书社2009年版,第391页。
② 高亨:《周易大传今注》,齐鲁书社2009年版,第392页。

时出嫁则不妥,因为无法解释何以"其君之袂,不如其娣之袂良"却反而能得履正妻之位。所以,高亨先生之解不足取。故该爻告诉我们,为妻之道,贵在德盛,而非外在容貌服饰之美。

上六爻曰:"女承筐无实。士刲羊无血,无攸利。""承,奉也,受也。"(《说文解字》)"刲,刺也。"(《说文解字》)按王弼、孔颖达之解,"女之为行,以上有承顺为美;士之为功,以下有应命为贵"①。上六处卦之极,上无所承,有虚而无实,就像女子拿个筐顶在头上,筐中却空无一物。下无所应,其命下而无应之者,就像男子用刀刺羊的脖颈之处,却没有血流下来。此即谓之"女承筐无实,士刲羊无血"。当此之时,不得有所行动,动则不利,此即谓"无攸利"。高亨先生认为,该爻所讲述的是古代贵族结婚时所举行的献祭宗庙之礼:女子捧着筐盛满果品,以果品向神献祭,男子则拿着刀刺羊,以羊血向神献祭。而现在女子所捧的筐中没有果品,男子拿刀刺羊,却没有一滴血流出来,这说明筐破了,羊病了,皆是不祥之兆,故无所利。

朱熹则认为:"上六以阴柔居'归妹'之终而无应,约婚而不终者也。"②以上三解皆能自圆其说,逻辑自洽,若从婚姻家庭关系的角度来说,则该爻可采朱熹之解:人须言而有信,嫁妹之事尤为如此,言必行,行必果,有约必践,若约婚而悔,则如承筐无实,刲羊无血,必有不利后果。

归妹卦所述内容可分为两个部分。其一,为一般意义上的婚姻缔结与为妻之道:婚约必须践行,不可言而无信,约而不婚;婚姻不可草率,若无良配,不要急于出嫁,静待良人再行出嫁;为妻之道,贵在德盛,而非外在容貌服饰之美。其二,特指为娣(媵妾)之道:作为娣,必须谦逊卑退,不得妄自争宠;少女嫁长男,只能为娣,而不得为妻;长幼有序,尊卑有别,姐妹共嫁一夫,妹妹必须以娣的身份陪嫁,而非相反;若娣不被丈夫所宠,必须抱道守正,安守清苦,不得妄施手段与正妻争夺丈夫;若正妻亡故,则娣可进而为妻。

五、鼎卦:"得妾以其子,无咎"

革去故而鼎取新,革命之意义在于打破旧世界、旧传统、旧习惯、旧秩序。破坏容易建设难,不能光打破旧有的一切,却不建设新的东西,革故之目的在于取新。革为变之始,鼎为变之成,变成之后将变革之成果篆刻于鼎上,明示天下,八

① ［魏］王弼、［晋］韩康伯注,［唐］孔颖达正义:《周易正义》,中国致公出版社2009年版,第218页。
② ［宋］朱熹:《周易本义》,廖名春点校,中华书局2009年版,第194页。

方共守。

鼎卦初六爻曰:"鼎颠趾,利出否,得妾以其子,无咎。"鼎者下实以立,上虚以容物,然初六为阴为虚却处鼎卦之最下,犹如鼎足颠倒而鼎倾覆,故谓之"鼎颠趾"。"否"为不善之物。鼎足颠倒,本为不利,然其目的在于将鼎中不善之物(秽物)倾倒出来,最终其结果反而为好的,故谓之"利出否",也就是说,因"出否"而"利"。以鼎足之颠倒譬喻家庭人事,则如妾扶正为妻。即便正室已亡,妾也不该僭越而为室主,故应有咎。然而妾之所以扶正为妻,并非因其容貌或者妖媚等其他因素,而是因为她的儿子。正所谓母凭子贵,若亡妻未曾为丈夫生下子嗣,则丈夫血脉延续受到威胁,当此之时,妾若诞下儿子,保证丈夫后继有人,则功莫大焉,扶正为妻亦是当为之事,故谓之"得妾以其子,无咎"。

鼎卦初六爻告诉我们,西周之时家庭关系中,妾的地位低下,即便正妻亡故也不得扶正,除非正妻生前无子,而妾却生有儿子,则可母凭子贵扶正为妻。

六、大过卦:"枯杨生稊,老夫得其女妻,无不利","枯杨生华,老妇得其士夫。无咎,无誉"

大过卦之"过"为过越之"过",而非经过之"过",更非过错之"过"。"大过"者,"乃大能过越常理以拯患难也"①。九二爻曰:"枯杨生稊,老夫得其女妻,无不利。""稊"之解有三。王弼、孔颖达认为,"稊"为"杨之秀",也就是杨柳之穗。高亨先生认为,"稊"为"叶初生",也就是嫩叶。朱熹则认为,"稊"为"根",荣于下者也。前两种解释,其含义基本一致,"穗"一般指禾本植物聚生在茎顶端的花和果,如果孔颖达的"穗"指花的话,则会与六五爻之"枯杨生华"相冲突,所以,孔颖达所谓"杨柳之穗",所指应该是杨柳树的嫩芽,而非花。如此一来,王、孔之"穗"与高亨之"叶初生",所指皆为杨柳树的嫩叶嫩芽。故此,关于"稊"之解其实只有两种:嫩叶与新根。

"老夫得其女妻"谓年老之夫得少女为妻。老夫老妻、少夫少妻为依分相对,老夫少妻则为过分相与也。九二以阳处阴,过其本而能拯其弱,故有此象。"今女妻得老夫,是老夫减老而与少。女妻既得其老则益长,是老夫过分而与妻也。"②少女年轻体壮,年老体衰之老夫得少妻之滋润,枯木又逢春,重新变得年轻,此为"老夫减老而与少",老人阅历丰富睿智通透,单纯幼稚之少妻得老夫之

---

① [魏]王弼、[晋]韩康伯注,[唐]孔颖达正义:《周易正义》,中国致公出版社 2009 年版,第 128 页。
② [魏]王弼、[晋]韩康伯注,[唐]孔颖达正义:《周易正义》,中国致公出版社 2009 年版,第 129 页。

熏陶,心智迅速成长,变得成熟稳重,此为"老夫过分而与妻"。老夫少妻各有所长,相互弥补,虽然年龄上存在巨大差距,但是却能够保持和谐稳定幸福美满的婚姻关系,故"无不利"。就如八十二岁高龄的杨振宁先生娶了二十八岁的翁帆女士,很多人不能理解,不仅没有祝福,反而恶意揣测,肆意谩骂。其实以杨振宁先生的科学素养与睿智通达,足以让翁帆女士在婚姻生活中收获良多,二者相互补益,实为良配。

"枯杨生稊,老夫得其女妻。""枯杨"譬喻"老夫","稊"譬喻"女妻",问题在于"稊"该做何解,"嫩叶"还是"新根"? 若将"稊"解为"嫩叶",那么何以"枯杨生稊"的结果是"无不利",而"枯杨生华(花)"的结果却是"无咎,无誉"而已呢?如果即将枯死的杨树上只是抽出了新叶,开出了新花,那也只是昙花一现,回光返照,甚至由于新叶新花会继续吸取其所剩不多的养分,会导致杨树在短暂的抽新枝开新花之后,以比原来更快的速度迅速衰老而死。而唯独生出新根,才能真正反哺老树,令其焕发新春,这才是真正的枯木逢春,返老还童,重新活出一个新的春天。所以,"稊"应解为"新根"而非"嫩芽","枯杨生稊"指枯杨长出了新的根系。

九五爻曰:"枯杨生华,老妇得其士夫。无咎,无誉。""华"为花,枯杨开出新花,犹如老妇得到少夫。九二以阳处阴,能拯其弱,九五虽处尊位,然以阳处阳,仅得维持平衡而已,未得盈余可过越而拯之。故能生华,而不能生稊,也就是说仅能在枯杨上开出几朵美丽的新花,却并未能生出新的根系来,虽然看起来娇艳无比,仿佛枯杨重获新春,其实并未给枯杨带来多少新的生机,最终也只能获得个不好不坏"无咎,无誉"的结果。

"老妇"谓年老已婚之女子,"士夫"为少夫。何以"老夫得其女妻"如"枯杨生稊"结果"无不利",而"老妇得其士夫"则如"枯杨生华"结果"无咎,无誉"?笔者以为,可以从两个角度理解。一方面,从生理角度而言。女性绝经之后就无法生育,而男性的精子则是逐步减少,所以很多男性到七八十岁还能生育后代,故老夫得少妻,依然能繁衍后代,犹如枯杨长出新根,重新变得枝繁叶茂,生机勃勃。而老妇虽得少夫,却无法生育后代,犹如枯杨开出新花,好看是好看,只是点缀而已,并没有真正获得新生。另一方面,从男女两性地位而言。西周之时,虽然不像后世儒家那样规定男性可以三妻四妾随意续弦,却也要求女性必须从一而终,所以即便老夫可娶少妻,老妇亦可嫁少夫,但是男尊女卑之风已然盛行,故此认为老夫娶少妻乃顺应大道值得提倡之行为,老妇嫁少夫则虽无过错亦不值得称赞。

七、蒙卦:"纳妇吉,子克家"

蒙卦九二爻曰:"包蒙,吉。纳妇吉,子克家。"九二居内卦之中,周围群阴环绕,可为发蒙之主,面对群蒙,九二包容而不拒绝,堪担大任,结果远近皆至,故谓之"包蒙,吉"。阳纳阴,有纳妇之象,王弼曰"体阳而能包蒙,以刚而能居中,以此纳配,物莫不应"①,故谓之"纳妇吉"。"克家"为承担家事,继承家业之意,九二居于下而能任上事,犹如贤良子孙勇于承担家庭责任,操持家业,故谓之"子克家"。高亨先生认为,因后文有"子克家",故前文之"纳妇吉"所纳之妇为儿媳,也就是说是为子娶妻。从希斌先生从其解。

高亨先生还认为"包"疑借为"庖",亦即庖人厨师;"蒙"借为"矇",目矇失明之意;"蒙"下之"吉"字乃误写,原文应为"吝",有困难之意,从而将蒙卦九二爻解为:厨师目矇失明,故没人做饭,生活困难,为儿子娶了妻子之后,有人做饭了,这是好事啊,儿子因此而成家立业。笔者以为,高亨先生将该爻之"纳妇"解为"为子娶妻"尚有一定的合理性,但是关于整个爻辞的解析则完全站不住脚,过分任性随意了。且不说把"吝"误写为"吉"的可能性有多小,就说一点,若按其观点将"包蒙"解为厨师目矇失明,则完全与蒙卦发蒙启智之主旨无关,故高亨先生之解不足取。

蒙卦九二爻告诉我们:在家庭生活中,作为儿子不应只会在父母的庇护下啃老,而应该勇于承担责任,能够挑起大梁,承担家事,继承家业。

八、家庭关系小结

家庭关系包括夫妻关系与父母子女关系。其中,夫妻关系包括狭义的夫妻关系,即丈夫与正妻的关系,以及夫与妾、妻与妾的关系。

(一)夫妻关系

从以上对恒卦、渐卦、革卦、鼎卦、归妹卦与大过卦相关卦辞爻辞之分析可知,西周之时为一夫一妻多妾制,而广义的妾又可细分为从姊陪嫁的娣(媵)与妾。其中正妻地位最高,为室主,其次为媵,若妻亡故或被休,则媵可进而为妻,其目的在于保持妻族的地位与利益,因为妻与娣(媵)本出一家。若继妻位的媵又亡故或被休,且妻媵皆无子,则妾可凭子而扶正为妻。所以,《周易》中所涉及关于家庭关系的描写主要包括夫妻之道、为娣(媵)之道、为妾之道,具体内容

───────────────

① [魏]王弼撰,楼宇烈校释:《周易注校释》,中华书局 2012 年版,第 22 页。

如下：

（1）夫妻之道：为妻之道，贵在德盛，而非外在容貌服饰之美；在夫妻关系中，妻子应事事听从丈夫，谨守妇道，而丈夫则应有主见，懂得变通之道；夫妻双方必须彼此信任，具有相互忠诚的义务；男女之间若有真爱，无论困难阻挠再多都能克服，但是如果妻子三年不孕，则应休妻另娶；一夫多妻（妾）关系中，妻妾之间必须文明以待，不得背后使坏，而丈夫一方则必须随时保持信息畅通，不可偏听偏信偏袒一方。

（2）为娣（媵）之道：作为娣（媵），必须谦逊卑退，不得妄自争宠；少女嫁长男，只能为娣，而不得为妻；长幼有序，尊卑有别，姐妹共嫁一夫，妹妹必须以娣的身份陪嫁，而非相反；若娣不被丈夫所宠，必须抱道守正，安守清苦，不得妄施手段与正妻争夺丈夫；若正妻亡故，则娣可进而为妻。

（3）为妾之道：妾不得与妻争宠，正妻亡故，妾不得扶正，若正妻无子妾有子，则妾可扶正为妻。

（4）其他：婚约必须践行，不可言而无信，约而不婚；婚姻不可草率，若无良配，不要急于出嫁，静待良人再行出嫁；老夫娶少妻为善，老妇嫁少夫非善非恶。

（二）父母子女关系

从蒙卦之九二爻可知，西周之时，虽然只有一家之长才具有完全的人格，但是作为子女亦应有所作为，而不能在父母的庇护下一辈子啃老。勇于承担家庭责任、承担家事、继承家业者，方是合格的子女。当然，由于时代所限，这一要求仅针对儿子，而不包括女儿。

第七章　神明裁判制度

　　现代审判制度就是法院制度,包括法院的设置、法官、审判组织和活动等方面的法律制度。西周之时,比较重要的审判制度为神明裁判与判例法制度。其中,判例法制度可见之于不少先秦典籍,譬如《尚书·吕刑》中的"上下比罪",《礼记·王制》中的"必察小大之比以成之",《左传·昭公六年》中叔向所言的"昔先王议事以制,不为刑辟",这些都证明周朝盛行判例法。但是,在《周易》中并未有涉及判例法的描述,讼卦的"不永所事""或从王事""复即命渝"等爻辞皆与判例法无关,这一点笔者已于第一章"讼卦与息讼"之第四节"清官传统与判例法"进行论证,此处不予赘述。而武树臣先生则认为比卦所述之内容与《尚书·吕刑》之"上下比罪"相类,为西周之时实行判例法的证据之一。

　　除了神明裁判与判例法之外,《周易》之中涉及的司法审判制度的内容主要为证据制度、犯罪分类与司法人员。其中,证据制度主要见之于明夷卦之全卦与随卦之"有孚在道,以明何咎"。犯罪分类则包括故意、过失、偶犯与累犯之界定。其中,根据犯罪主观状态,可将犯罪行为分为故意犯罪与过失犯罪,根据犯罪经历可将犯罪行为分为偶犯与累犯。武树臣先生认为"眚"为过失,"非眚"为故意,"惟终"为一贯犯罪,"非终"为初犯、偶犯。[①] 至于司法人员,按《周礼》之所载,天子为名义上的最高司法裁判官,天子之下为司寇,司寇之下为士师。然《周易》之中并未出现司寇或士师之名。在《周易》中,关于司法人员的探讨集中在对"中行"的分析,主要涉及泰卦之"不遐遗朋,亡得,尚(偿)于中行",复卦之"中行独复",夬卦之"中行无咎"与益卦之六三爻"有孚,中行,告公用圭"及其六四爻"中行告公从,利用为依迁国"。武树臣先生认为"中行"为地方执掌民事诉讼的司法官。"中行"有居中守正之意,与司法官员应居中裁判不偏不倚十分相类,其所指或许正是司寇或者士师。从希斌先生则从西周之时军事长官往往与司法官吏混同的特点出发,认为师卦之"贞丈人吉,无咎"之"丈人"可能既是军

---

　　① 武树臣:《儒家法律传统》,法律出版社 2003 年版,第 187 页。

事长官,又是司法官吏,兼有军事镇压与司法镇压之双重职能。① 邓球柏先生则认为"中行"应为符合道德规范之意,与司法人员无关。②

由于《周易》所涉及之证据制度、判例法、犯罪分类与司法人员这些内容较为零碎庞杂,而且所解大多较为勉强,再加上笔者时间精力有限,故对于《周易》中所涉及之司法审判制度,笔者仅选取神明裁判制度进行整理辨析。

第一节　神明裁判之源起

华夏先民筚路蓝缕刀耕火种,在洪水肆虐、野兽出没的蛮荒大地上艰难地挣扎求生。由于当时人类力量十分渺小,一旦遇到自然灾害就是灭顶之灾,所以先民对于电闪雷鸣等各种自然现象分外敬畏,从而产生了各种自然崇拜。巫觋执法正是上古神明裁判的表现。随着国家雏形的诞生,刑罚惩戒制度逐渐建立,神明裁判的思想便也伴随而生。传说中黄帝时期,便有皋陶借神兽獬豸决狱,以神明的力量,判断疑难案件中的是非对错。

一、"灋"与神明裁判

中国古代的法字写作"灋",《说文解字》云:"灋,刑也。平之如水,从水;廌,所以触不直者;去之,从去。"所谓"廌"即獬豸,是中国古代神话传说中的神兽,据说性知有罪,有罪触,无罪则不触。獬豸之形象莫衷一是,有的说像牛,有的说像羊,有的说像马,但是都有一个共同的特点:头上长有一只独角,一旦发现歹人就会用头上的独角去顶他,将其顶死。用獬豸来判断犯罪嫌疑人的善恶,这是神明裁判的体现。

"灋"字的三点水旁历来有两种解释:其一,法律面前人人平等,法律代表着公平,即所谓法平如水,故"灋"以"水"为偏旁;其二,法律是一种自上而下发布的命令,这与水的自上而下流动的天然属性相一致,故"灋"用"水"作偏旁。其实,这两种观点都经不起推敲。法律代表公平这一理念是在近代伴随着清末立法改革从西方资本主义国家引入的观点,在此前的中国,不论是奴隶制社会,还是封建社会,法律往往是确立特权的工具,往往意味着人与人之间天然的不平

---

① 从希斌:《易经中的法律现象》,天津古籍出版社 1995 年版,第 170 页。
② 邓球柏:《〈易经〉"中行"浅说》,载《湘潭大学社会科学学报》1983 年第 1 期。

等,而不是相反。至于自上而下流动的特征并非水所独有,譬如一根木头、一块石头从高处释放,自然也会随着重力作用自上而下跌落,所以以法律为自上而下颁布的命令这一特征来解析"灋"的三点水旁并不具有足够的说服力。其实,"灋"之所以以"水"为偏旁,最合理的解释在于其代表了神明裁判的倾向。古代的时候,当遇到疑难案件无法决断,犯罪嫌疑人到底是否犯罪无法判断的时候,会将其交给上天进行裁决,其中一种方式就是将其捆绑于一块木板上面,置于河水之中,让其随水漂去。若其侥幸飘到岸边得救,证明上天认为其无罪,应予以释放,若其不幸翻沉水中淹死,则证明上天认为其有罪,死得其所。这是典型的神明裁判方式。

西周之时,其政治生活的重心已经从鬼神转向人事民生,敬德保民思想开始盛行,反映在司法领域,神明裁判已经不再如三皇五帝、夏商时期那么普遍,案件一般都交由刚正不屈的"大人"决断,但是神明裁判的应用虽然减少,其地位却并未下降,一旦遇到疑难案件司法人员难以决断,仍会交由神明来进行裁判。此外,从希斌先生认为,虽然西周之时神明裁判已经不是司法审判的主要方式,但是当时存在将当事人的盟誓作为重要证据的现象,这也是神明裁判观念的残留。[1]

二、巫觋执法

上古之时,人类社会并不存在以公权力为基础的执法机构,人与人之间关系的调整更多是基于长期自然形成的风俗习惯,以及社会舆论的影响与人们内心的信念。随着生产力水平的提高,人类创造出的产品越来越丰富,人与人之间的交互关系也越来越多,一旦发生纠纷,就需要一个具有权威的机构或者人居中进行调解。在尚未诞生公权力的情况下,就需要借助其他的力量来作出权威的裁断。由于先民改造世界的力量毕竟有限,因此大自然非人力所能抗拒的神秘力量——天——就自然而然成了当时的权威。当时的人们相信,当有人违反上天意志的时候,上天就会降下灾劫惩戒。为了揣摩上天的意志,就随之而产生了一个特殊的职业——巫觋。女巫师为"巫",男巫师为"觋",都能沟通上天的意志,属于天人交通的媒介,而巫觋沟通上天意志的方式就是祭祀与占卜。通过祭祀与占卜,巫觋代天降下天命,传达上天对于某件事、某个人的审判决定,这就是巫觋执法。

---

① 从希斌:《易经中的法律现象》,天津古籍出版社 1995 年版,第 175 页。

　　武树臣先生认为,从《周易》中一些卦的卦辞爻辞可以看出,当时的司法审判经常以卜筮来定罪量刑。譬如,蒙卦之初六爻"发蒙,利用刑人,用说桎梏以往"指的是:当草木茂盛之时,就可以利用囚犯劳动,脱去他们的桎梏,让他们从事劳动。归妹卦的"跛能履,眇能视,利幽人之贞"指的是:若占得此爻,则可以施行割趾(使足跛)刺目(使目眇)之刑。噬嗑卦之"屦校灭趾,无咎"与"何校灭耳,凶"指的是:处以刵刑(灭耳)比处以刖刑(灭趾)更妥当。① 笔者以为,上古之时,的确有通过卜筮进行定罪量刑的行为,亦即巫觋执法,但是武树臣先生关于这三爻的解析过于牵强。

　　首先,蒙卦初六爻之解有误。蒙卦之"蒙"乃蒙昧懵懂之意,所谓"发蒙"指将蒙昧发去,亦即令蒙昧之人明晓事理,开启智慧。立足蒙卦整个卦的卦义,初六爻之"发蒙"亦应作去除蒙昧解,而不该解作草木茂盛。发蒙之法有二:其一,通过春风化雨式的道德教化,令蒙昧之人发蒙向善;其二,通过刑罚手段进行严厉的惩罚,令蒙昧之人不敢为恶,此即谓之"发蒙,利用刑人"。在社会治理过程中,这两种发蒙手段缺一不可。但是相较而言,道德教化从根本上改变一个人的习性,使其内心上趋善去恶,而利用刑罚手段进行震慑使之不敢为恶改变的只是外在的行为,而且往往具有暂时性。所以,在对为恶之人进行刑罚惩戒之后,虽然可以脱去其桎梏,令其重获自由,返归家庭,亦即"用说桎梏以往",但其结果终归还是有瑕疵的,虽无咎却有吝,故蒙卦初六爻完整的爻辞为"发蒙,利用刑人,用说桎梏以往,吝",其内容与以占卜来定罪量刑无关。

　　其次,归妹卦并无"跛能履,眇能视,利幽人之贞"之爻辞。履卦六三爻曰:"眇能视,跛能履。履虎尾,咥人,凶。武人为于大君。"归妹卦初九爻曰:"归妹以娣,跛能履,征吉。"归妹卦九二爻曰:"眇能视,利幽人之贞。"武树臣先生将此两卦三爻的部分内容拼接到一起进行解析,过于勉强。"跛"指腿脚有残疾。"跛能履"指虽然腿脚不便,但是仍然能够行走。"眇"指瞎了一只眼睛,或者一只眼睛的视力极差。"眇能视"指虽然视力不佳,但是仍能视物。履卦六三爻之意为:腿脚不便之人,视力不佳之人,虽然仍然能够行走视物,但是终归与常人有差,若不从谦逊之道,自以为是,就可能踩到老虎尾巴,结果被愤怒的老虎咬伤乃至吃掉。这就跟一个只有蛮力的武夫却想做治理天下的君王一样,下场必然极惨,祸至旦夕之间。其内容与通过占卜来进行定罪量刑并无关系。"归妹以娣"指以娣的身份将家中少女嫁出去,娣之身份低于正妻,故所行为跛,但是娣的身

---

① 　武树臣:《中国法律文化大写意》,北京大学出版社2011年版,第220页。

份又比妾要高,一旦正妻亡故,则可扶正为妻,故所行虽跛却能履,只要安守本分,其结果必然为吉,此即谓"归妹以娣,跛能履,征吉"。"眇能视"在归妹卦中的含义与"跛能履"相类似,归妹以娣的情况下,娣的身份高于妾而低于妻,只要循规蹈矩,安守谦逊贞正之道,终能守得云开见月明,"幽人"终有重见天日之时,被夫君冷落之娣亦有扶正为妻出人头地之日,此即谓"眇能视,利幽人之贞"。从以上分析可知,此爻亦与通过占卜来定罪量刑无关。

最后,关于噬嗑卦之"屦校灭趾,无咎"与"何校灭耳,凶"。武树臣先生出版于 2003 年的《儒家法律传统》一书分上下两篇。其中,下篇第一部分为"《易经》与古代法律文化",该部分内容后来基本上原封不动地放入武树臣先生出版于 2011 年的《中国法律文化大写意》一书第四章"'家族本位·判例法'时代的法律文化"之第五节"《易经》中的古老法条"。关于噬嗑卦初九爻,《儒家法律传统》中写的是"何校灭趾,无咎",应为笔误,而后《中国法律文化大写意》进行了修改,改为"屦校灭趾,无咎"。另外,关于噬嗑卦这两爻的比较解析结果,两书基本相同,《儒家法律传统》中为"是说处刵刑比处刖刑妥当"[1],《中国法律文化大写意》中则为"是说处刖刑妥当,处刵刑不妥当"。"屦"指麻葛所制的鞋子。"校"指木制囚具,可指肩枷、手铐或脚镣,与"屦"相连应特指脚镣,亦即"桎"。"屦校"指给脚戴上木制脚镣。"趾"为脚指头,"灭趾"指割掉脚指头。此处,武树臣先生可能将灭趾与刖刑相混淆了,刖刑为断足,远较割脚趾之"灭趾"严重。西周之时肉刑泛滥,极其血腥残忍,"屦校"与"灭趾"已经算是最轻的肉刑了。位处初九,有初犯之意。当初犯之时,以屦校灭趾之轻微刑罚进行惩戒,小惩大诫,震慑罪犯,以遏止其再一次犯罪的可能,使其不会再犯大错,故初九爻曰:"屦校灭趾,无咎。""何"即"荷",负荷之意,"何校"即指用肩膀负荷枷锁,"灭耳"原意指刵刑,即割掉耳朵,但因其处于专论刑罚的噬嗑卦之最后一爻上九爻,故其意应非仅指刵刑,亦有忠言逆耳、不听规劝之意在内,且耳朵位于脑袋之上,为人体最高位置的器官之一,故"灭耳"亦可能有处以极刑之意在内。"何校灭耳,凶"指穷凶极恶之累犯,不听逆耳忠言,深陷犯罪泥潭,必将遭受极其严厉之惩罚,其结果凶莫甚矣。从以上分析可知,噬嗑卦虽然专论刑罚,但其卦辞爻辞中并未有通过占卜来定罪量刑之语。

从希斌先生认为,巽卦之九二爻"巽在床下,用史巫纷若,吉,无咎"反映的就是当时史巫进行神明裁判的情况。"巽"指倒伏之意,"巽在床下"即接受审判

---

① 武树臣:《儒家法律传统》,法律出版社 2003 年版,第 183 页。

者跪伏于地;"纷"帛书《周易》作"忿","史巫纷若"指作为审判者的史巫一个个忿忿然。该爻爻辞意为:执法的史巫愤愤然,而受审者驯服地听审,这样就是吉兆,不会有什么麻烦。① 笔者以为,若受审者有违天命,不论其如何驯服跪拜,亦不会因之而逃脱惩罚,故该爻并非描写史巫代天执法之情状。"史"即祝史,"巫"即巫觋,史与巫皆为沟通天人之神职人员,其地位高高在上。巽卦所述为卑顺之道,"巽在床下"更是低到尘埃里。当面对史巫这类具有崇高地位的神职人员的时候,自然是越谦恭卑顺越好,故"用史巫纷若"之时,自该"巽在床下",唯其如此,方能"吉"而"无咎"。所以,巽卦九二爻所述乃卑顺之道,与巫觋执法或者说神明裁判并无关涉。

实际上,《周易》之中关涉神明裁判的主要是两方面,其一为盟誓制度,其二为神虎裁判与神羊裁判。

第二节　盟誓制度

古时大军出征之前,一般都要作盟誓,一方面祭告天地,师出有名,另一方面也是为了严明军纪,激励军心。有夏之时,启与有虞氏战于甘之野,作《甘誓》;殷商之初,伊尹相汤伐夏桀,战于鸣条之野,作《汤誓》;商末之时,武王伐纣,师渡孟津,作《泰誓》,而后战于牧野,作《牧誓》;西周之时,鲁侯伯禽伐徐夷,于费邑作《费誓》;春秋之时,秦穆公伐郑,晋襄公帅师败诸崤,还归,作《秦誓》。古时行军打仗与听断狱讼具有很多一致性,所谓"师出以律"之"律"既可指军队之军纪,亦可指全体臣民一体遵守之律法。若军队无严格的军纪约束管理,必然打不了胜仗,若国家之臣民无权威的法律规范行为,必然乱象丛生。正因为二者之间具有诸多一致性,所以跟军队出征之前要举行盟誓仪式一样,司法官员在听断狱讼之前,也常要求诉讼当事人发盟作誓。

一、《周礼》与《礼记》所载盟誓仪式

《周礼·秋官司寇》一篇中,讲到"司盟"一职,指负责举行盟誓仪式的官员。其负责的内容既包括诸侯国之间签订盟约,也包括狱讼之事。"凡民之有约剂者,其贰在司盟。有狱讼者,则使之盟诅。凡盟诅,各以其地域之众庶,共其牲而

---

① 　从希斌:《易经中的法律现象》,天津古籍出版社1995年版,第174页。

致焉。既盟,则为司盟共祈酒脯。""约剂"即"质剂",为事先共同约定要遵守的条款,亦即今之契约。《说文解字注》云:"长券曰质,短券曰剂。""贰"为副本之义,"凡民之有约剂者,其贰在司盟",如果双方当事人之间签订有契约,要将其副本交与司盟保管。一旦发生民事或者刑事纠纷,应要求双方当事人举行盟誓仪式,此即谓之"有狱讼者,则使之盟诅"。"凡盟诅,各以其地域之众庶,共其牲而致焉。"举行盟誓仪式的时候,要将当地的民众都召集起来,让他们提供所需的牲畜。"既盟,则为司盟共祈酒脯。"举行盟誓仪式之后,要为司盟提供向天神祈祷所需的酒与果脯等物。从这一记载可以看出,发生狱讼官司之时,双方当事人要举行的盟誓仪式与大军出征或者诸侯国签订盟约时的盟誓仪式,除了规模不同之外,其余形式是大体相似的:都由司盟主持,提供牲畜、酒脯等,向天神祈祷,具有极其强烈的神圣性。正如从希斌先生所言,上古之时,之所以设立盟誓(盟诅)制度,其目的在于通过人们敬畏神灵的心理,保障当事人遵守自己的诺言,一旦有人违背自己先前的承诺,对其施以惩罚也便有了合理合法的依据。[1]

《礼记·曲礼》有载:"约信曰誓,涖牲曰盟。"从希斌先生对此的解读是:盟与誓二者存在区别,相较而言,盟的程序要更为复杂,其意义更为重大。笔者以为,此解不妥,盟与誓二者应该是统一的盟誓仪式下的两个不同步骤:首先应订立书面条约(诸侯国之盟誓)或契约(狱讼双方当事人之盟誓),此即为"誓";而后通过献上牲畜等牺牲祭品,将此"誓"上告天神,由天神监督双方签订的条约契约,若一方有违,天神将降下惩罚,此即为"盟"。所以,不论是诸侯国之间签订条约这类重大事件,还是签有质剂的普通双方当事人之间因纠纷而打狱讼官司,都应履行签订书面约定(誓)与在神灵面前献血宣读(盟)这两道程序。

二、《周易》坎卦所载盟誓仪式

从希斌先生与武树臣先生都断定《周易》之坎卦记录了当时的盟誓仪式的具体程序。从希斌先生认为,坎卦之六四爻、九五爻与上六爻记录了盟誓的过程以及违反盟誓的后果。武树臣先生则认为,坎卦六爻都是关于盟誓仪式的记载。历代易学家之注解并未将坎卦与盟誓仪式相联系,但从字面上看坎卦爻辞,的确十分神似盟誓仪式之程序,笔者试将整个坎卦进行解析,以判断其是否与盟誓制度相关。

坎卦卦辞曰:"习坎:有孚,维心亨,行有尚。"对于"习坎"之"习",孔颖达认

---

[1] 从希斌:《易经中的法律现象》,天津古籍出版社1995年版,第176页。

为其义有二:其一为习重之义,坎为险,坎卦上下皆坎,乃重叠有险之象,险之重叠,乃成险之用也;其二为熟悉其事之意,人若遇险,必然要先习其事,对该险难之境熟悉之后,方能顺利通过。[①] 坎卦二、五爻为阳,其余诸爻为阴,不论上坎下坎,皆为内阳外阴之象,虽处险难之中,然阳在中也,内心刚正,则能坚守诚信,故谓之"有孚"。阳居于内而不外发,故内亨外暗,故谓之"维心亨"。"尚"为尊重、推崇之意,内阳而亨通,故往行于阴暗之所,能通于险难,故谓之"行有尚"。武树臣先生与从希斌先生皆未对坎卦卦辞进行解析,笔者以为,坎卦不仅各爻辞与盟誓仪式有关,其卦辞亦可从盟誓仪式角度进行解读:盟誓之时,内心一定要有孚有信,真诚无欺,唯其如此,方得心神亨通,上达天神,渡难解险,行皆有尚。

坎卦初六爻曰:"习坎,入于坎窞,凶。"如前所述,"习坎"为坎上有坎,重险之意。初六为阴爻,势本柔弱,又居于坎卦之最底下,深陷险难之中,险难重重,难以自救,而且上无所应,没有他人前来营救,故有大凶之兆。武树臣先生则认为,"习"指依次轮流之意,"坎"为台、坛之意,"窞"为坑,该爻之意为:盟誓各方人员轮流挖土筑坛,结果祭坛坍塌,十分不吉利。[②] 笔者以为,将"坎"解为台、坛,从而将之解为盟誓所用之祭坛过于牵强。古时祭祀天地固然需要祭坛,但是盟誓仪式却不一定非要登坛进行,反而在先秦典籍中屡有将牺牲斩杀而将其血沥于所挖之坑中的记载。譬如《墨子·明鬼下》就载有类似的案例,详情见后文"大壮卦与神羊裁判",此处不予赘述。所以,将"习坎"按其原意解为重叠的坑,坑下有坑,为深坑之意,并不妨碍将之与盟誓仪式联系起来。笔者以为,该爻可解为:盟誓之时,若所挖之坑本就很深,在盟誓过程中,深坑又行下陷,则为大凶之兆。

九二爻曰:"坎有险,求小得。"九二以阳处阴,履失其位,且处重险之中,上无所应,故处"坎"而"有险"。幸得九二居中守正,有正中之德,且与初、三相得,故可求"得"。然而,初、三皆过于柔弱,虽竭力相救,所得非宏,仅为"小得"。此爻武树臣先生与从希斌先生皆未将之与盟誓仪式相联系,故不作详解。

六三爻曰:"来之坎坎,险且枕,入于坎窞,勿用。"六三以阴居阳,履非其位,不中不正,且居两坎之间,前后俱险,出入皆坎,故谓之"来之坎坎"。"枕"之解有二,王弼、孔颖达与朱熹皆认为"枕"即枕头之意。王、孔将之引申为"枝(支)而不安",朱熹将之引申为"倚着未安",也就是说虽然头下垫着枕头,但是因为险难重重,近在卧榻,仍然心神不定,不得安宁。高亨先生则认为,"枕"借为

---

① 〔魏〕王弼、〔晋〕韩康伯注,〔唐〕孔颖达正义:《周易正义》,中国致公出版社 2009 年版,第 131—132 页。
② 武树臣:《中国法律文化大写意》,北京大学出版社 2011 年版,第 221 页。

"沈",深之意,同时将六三爻断为"来之坎,坎险且枕,入于坎窞,勿用",并将"坎险且枕"解为"坎险又深"。既然前后皆为坎险,不能前进,不得后退,一旦动弹,怎么做都是错,唯一正确的应对方法就是安居不动,故谓之"入于坎窞,勿用"。武树臣先生将"枕"引申为用木板相隔,并将该爻之意解为:用木板加固土台,然后把木板垫在坑顶上,留一个小口。武树臣先生之解有矛盾,既然木板所加固的为土台,应高于平地,何以该木板又垫在坑顶呢?笔者以为,"坎"意为坑,不应解作"台""坛",该爻从盟誓仪式角度应解为:在举行盟誓仪式时,应在所挖之坑的顶上放置一块木板,同时在木板上留一个孔洞(以便后续将誓言契约放进坑中)。

六四爻曰:"樽酒簋贰,用缶,纳约自牖,终无咎。""樽"者,盛酒之器;"簋"者,盛饭之皿,黍稷方器;"缶"者,大肚小口盛酒浆之瓦器。"樽酒簋贰,用缶"可有二解:其一,所食仅一樽酒,二簋饭,旁置一缶盛放酒浆以便添用;其二,所食仅一樽酒,二簋饭,且二者所用器皿皆为瓦器。不论采何解,所食仅一樽酒,二簋饭,所用又为瓦器,而非青铜器,说明简约不浪费。若将其解为盟誓仪式,则可释之曰:用瓦器盛放一樽酒二簋黍稷以为薄祭。

朱熹则将该爻断为:"樽酒簋,贰用缶。纳约自牖,终无咎。"《管子·弟子职》之中记载了弟子服侍先生进食时的规矩,其中有云:"三饭二斗,左执虚豆,右执挟匕,周还而贰,唯嗛之视。""虚豆"为空碗,"挟匕"为筷勺,"嗛"为嘴含口衔,引申为吃饭饮酒之进度。这段话十分具体地给我们描述了这么一个场景:三碗饭两斗酒,弟子左手端空碗,右手拿筷勺,将饭菜轮流添上,注意师长吃饭饮酒的进度,一旦杯碗将空,赶紧添饭加酒。这段话中的"周还而贰"之"贰"即为重复、添加之意。《周礼·天官》有云:"凡祭祀,以法共五齐三酒,以实八尊。大祭三贰,中祭再贰,小祭壹贰,皆有酌数。唯齐酒不贰,皆有器量。"凡祭祀,按照通行惯例,应该用五齐、三酒,用以盛满八樽。大型祭祀应添加三次,中型祭祀应该添加两次,小型祭祀应该添加一次,都有一定的勺数。唯有齐酒不添加,注入樽中者皆有定数。基于此,朱熹认为,坎卦六四爻之"樽酒簋,贰用缶"指用瓦器盛放酒与黍稷,如此重复添加一次。

高亨先生则认为,"贰"当作"资",因二者形似而误写,而"资"借为粢,米饭之意。[①] 笔者以为,此解既过于迂回勉强,且毫无必要,仅为了对仗工整而作此解,不足取。

---

① 高亨:《周易大传今注》,齐鲁书社 2009 年版,第 236 页。

"牖"者,"穿壁以木为交窗也"(《说文解字》),亦即今之窗户。此字之解,无甚争议。有争议者,在于"约"字之解。其解有二。其一,"约"者,俭约、节约也。所祭仅一樽酒,两簋食,俭约之至。一般来说,所祭过薄,会引起天神不喜,取祸之道,然而六四以阴处阴,虽处重险,却履得其位,且上承于五,九五又居中且正,刚柔各得其位,故虽仅一樽酒两簋食之俭约薄祭,却可见心之至诚,如开窗而见明,虽险而终无咎矣。闻一多先生其解甚妙,认为"纳约自牖"指通过窗口取用酒食,"酒食而必自牖纳取之者,盖亦就在狱者言之"①。所以,该爻所述为罪犯被囚禁于监牢之中,其亲人送酒食的情景。占得此爻者,牢狱之灾即将结束,不久之后就会被释放,故"终无咎"。其二,"约"者,条约、契约也,亦即写着誓词的载书,"纳约自牖"指将契约自坑顶所盖木板上所预留的孔洞(天窗)放进坑里。只要心诚,即便祭品不甚丰厚,亦无咎矣。

九五爻曰:"坎不盈,祗既平,无咎。"王弼、孔颖达认为"祗,辞也",亦即语气词。九五为坎卦之主,下无所应,无以自佐,故坎陷未能盈满,亦即险难未尽,若坎陷能填平,则无咎矣。按王、孔之解,从该爻来看,"无咎"之前提是坎陷既平,而九五"坎不盈",故占得该爻,其结果为凶。朱熹则认为,九五虽处坎中,然以阳刚中正而居尊位,故坎陷不日将平,其占为无咎。②

若将该爻自盟誓仪式角度解析之,则该爻意为:将誓言契约放入坑中之后,应用土将该坑填平。从希斌先生与武树臣先生对于该爻之解相类似,唯一区别在于从希斌先生仅讲"用土平坑",而武树臣先生则将坎解为"台""坛",并将九五爻解为"把坛铲平,填入坑内"。笔者以为,若"坎"为坛,那么"坎不盈"之意应为"坛不盈",高于平地的坛台怎能会有"不盈"之貌,故武树臣先生之解不妥,应以从希斌先生之解为是:坎即为坑。

上六爻曰:"系用徽纆,寘于丛棘,三岁不得,凶。"三股为徽,双股为纆,"徽纆"为绳索之意。"系用徽纆"指用绳索将之捆绑。"寘"指"置","丛棘"指周边荆棘丛生之所,引申为监狱。"寘于丛棘"指将之关押于监狱之中。"三岁不得",该罪犯所判之刑为三年有期徒刑。坎卦为险,上六处坎卦之极,为极险之所,不思悔改,故被拘系关押三年乃释,凶之甚矣。从希斌先生与武树臣先生皆从盟誓仪式角度解析,前者认为该爻所述为违背誓言之惩罚,后者认为该爻指盟誓之时当事人所默念之誓词。笔者以为,从、武二人之解并无冲突,盟誓之时,盟誓人员所默念之誓词与一旦背盟违誓之后的惩罚,其内容应该是相同的:用绳索

---

① 高亨:《周易大传今注》,齐鲁书社 2009 年版,第 236 页,引闻一多言。
② [宋]朱熹:《周易本义》,廖名春点校,中华书局 2009 年版,第 124 页。

捆绑拘系,将之关押于监狱,三年不得释放。

综上可知,若从盟誓仪式角度对坎卦进行解析,则坎卦卦辞及诸爻辞可构成一个完整的盟誓仪式步骤,具体如下:

盟誓之时,内心一定要诚信无欺,唯其如此,方能直达天听。

第一步,要挖一个深坑。

第二步,在所挖之坑上盖一块木板,木板中预留一个孔洞。

第三步,在木板上用瓦器盛放一樽酒二篑黍稷作为祭品。祭品虽薄,心诚则灵。

第四步,将誓言书或契约自木板所留孔洞之中放进坑里。

第五步,用泥土将该坑填平。

第六步,全体盟誓人员一起默念誓词,一旦违背盟誓之言,将遭受如下惩罚:用绳索捆绑拘系,监禁三年。

第三节　神虎裁判与神羊裁判

武树臣先生认为,《周易》中有两卦描述神明裁判的形式,分别是履卦与大壮卦,其中履卦描写的是神虎裁判的过程,大壮卦描写的是神羊裁判的过程。

一、履卦与神虎裁判

笔者以为,大壮卦或可解析为神羊裁判,而履卦应该与神明裁判无关。

首先,履卦之中,虽然有些爻辞卦辞可以截取一部分与神虎裁判联系起来,譬如履卦之卦辞"履虎尾,不咥人,亨"、六三爻辞之"履虎尾,咥人,凶"与九四爻辞"履虎尾,愬愬,终吉",但是无法逻辑自洽,形成对神虎裁判这一神明裁判方式的系统描述。而如果将截出来的只言片语解为神虎裁判,则其所处该爻的整个爻辞往往就很难自圆其说。

其次,西周之时,技术并不发达,想要捕捉老虎,并将之饲养起来以作司法断案之用,很难实现。而若用羊作为神明裁判的载体,就容易很多了。

再次,虎性本就要伤人,即便是被驯服的老虎,若有陌生人踩其尾巴,必然发怒咬人,所以无法起到区分善恶的作用。

最后,神羊裁判的案例可见之于其他先秦典籍,譬如《墨子·明鬼下》便载有实例,具有较强的真实性,而神虎裁判却未见其他出处,真实性存疑。

所以,笔者不对履卦进行讨论,而仅对可能是描写神羊裁判的大壮卦进行辨析。

二、大壮卦与神羊裁判

羊本为生活中常见的牲畜,但在先秦之时的司法审判中,一旦证据不足,无法确定案件事实的真相时,往往会使用被赋予神圣性的羊来代替法官确定善恶是非,此即谓之神羊裁判。

（一）《墨子》所载之神羊裁判

在《墨子·明鬼下》中,为了证明鬼神的真实存在,就曾记载了一起神羊裁判的案例:"昔者齐庄君之臣,有所谓王里国、中里徼者,此二子者,讼三年而狱不断。齐君由谦杀之,恐不辜;由谦释之,恐失有罪,乃使之人共一羊,盟齐之神社。二子许诺。于是掘穴,刭羊而漉其血。读王里国之辞,既已终矣;读中里徼之辞,未半也,羊起而触之,折其脚,祧神之而敲之,殪之盟所。"

"刭"为刺;"祧"为祭祀祖先,引申为主持祭祀之人;"神之"指以之为神,认为这是神明的力量在起作用。据说,这故事原记载于齐国的《春秋》,讲的是当年齐庄君手下两位名叫王里国与中里徼的臣子。这两个人之间打了三年的官司,还无法最终定案。齐国国君想要将他们都杀了,生怕伤及无辜,想要将他们放了,又担心错放了有罪者,于是让他俩共用一只羊,在齐国的神社前盟誓。两人都答应了。于是在神社前挖了个坑,用刀刺羊,将其血沥到坑里。然后,让人读一方当事人王里国的誓词,一直到读完了都没发生什么异样。而后读中里徼的誓词,还没读到一半,那头已经放血死去的羊竟然跳了起来,羊角向中里徼撞去,并将其脚给撞断了。主持祭祀的人认为这是神明的启示,所以就用木棍将中里徼击杀于盟誓之所。

（二）大壮卦所载之神羊裁判

大壮卦卦辞曰:"大壮:利贞。""大"者为阳也,"壮"者为盛大之意,"大壮"即阳气盛旺之意。大壮卦下四爻为阳,上二爻为阴,有阳长阴消阳气大盛之象,小人道消,君子道长,贞正则利,故谓之"大壮:利贞"。《周易》包罗万象,所以对《周易》诸卦进行解读之时,可以有多种解析,并非只有唯一正确答案,只要能自圆其说即可。所以,如果将大壮卦看作是关于神羊裁判的描述,则可以在对各爻辞进行解析时,尽量选择符合神羊裁判的角度进行阐释。

大壮卦初九爻曰:"壮于趾,征凶,有孚。""趾"为足也,初九处体之下,有趾足之象,且为阳爻,为壮之象,故谓之"壮于趾"。以人喻之,则是在下而用壮也。

"在下用壮,陵犯于物,以斯而行,凶其信矣。"①处下之人,本应谨守谦道,谦逊以待人,若居下而壮于进,则其凶必矣。高亨先生则认为,"壮"借为"戕",伤也,而"孚"指俘虏、俘获之意。所以,该爻之义为:"伤于足则不可出行,故筮遇此爻,出征则凶,但尚有所俘获。"②"壮"借为"戕"仅有形似,并无出处,故不足取。笔者以为,若将大壮卦往靠近神羊裁判的角度解析的话,"孚"应按通说解为"信",而"壮"应指羊,"壮于趾"指羊用角顶犯罪嫌疑人的脚,说明此人有罪,但是他所说的话具有一定的可信度,并非全然信口开河。

九二爻曰:"贞吉。"九二以阳居阴,得谦之道,居中履谦,行不违礼,谨守贞正之道,则吉。该爻似与神羊裁判无关,不强行作附会解析。

九三爻曰:"小人用壮,君子用罔。贞厉,羝羊触藩,羸其角。"大壮卦上震下乾,九三处乾之极,又以阳处阳,健而不谦,用壮之象。小人无知无畏,不知恐惧,遇事但凭一股血勇之气,故"小人用壮"。关于"君子用罔"之解各大家见仁见智,区别甚大。王弼认为"君子用罔"指"君子用之以为罗己者也"③。孔颖达注曰:"君子当此即虑危难,用之以为罗网于己。"④朱熹认为:"罔,无也。视有如无,君子之过于勇者也。"⑤高亨先生则别出心裁,认为"君子"指统治者,"罔"即网,以喻法律,即所谓法网。并将"小人用壮,君子用罔,贞厉"解为"庶民用抢劫、杀伤、暴动等手段以逞其志,统治者用法网以制裁之,乃危险之道,故占问此等事则有危险。盖君压迫其民,则民怨叛其君,君不得安于统治宝座也"⑥。以上三家之解虽然各异,但是都认为当此之时,宜谦而不宜用壮,然而九三以阳处阳,处正而不居中,必用壮,虽正亦危,故谓之"贞厉"。"羝,牡羊也。"(《说文解字》)即指公羊。"藩"指藩篱。"羸"借为累,系也,拘系缠绕之谓。羊本为壮,公羊更是壮中之壮,其力气甚大,然而一旦冲撞藩篱,其角很容易被藩篱所拘系缠绕,进无法冲破藩篱,退亦不得脱身,从而陷入进退维谷之境地,此即谓"羝羊触藩,羸其角"。

笔者以为,若从神羊裁判的角度解读,则可将"壮"解为"羊","罔"解为"无","小人用壮,君子用罔"指遇到疑难案件之时,用神羊(性情暴烈好斗之公羊)以断,犯罪嫌疑人与神羊各居一方,以藩篱隔之。若神羊冲破藩篱,用角撞

① ［魏］王弼、［晋］韩康伯注,［唐］孔颖达正义:《周易正义》,中国致公出版社2009年版,第150页。
② 高亨:《周易大传今注》,齐鲁书社2009年版,第266页。
③ ［魏］王弼撰,楼宇烈校释:《周易注校释》,中华书局2012年版,第128页。
④ ［魏］王弼、［晋］韩康伯注,［唐］孔颖达正义:《周易正义》,中国致公出版社2009年版,第150页。
⑤ ［宋］朱熹:《周易本义》,廖名春点校,中华书局2009年版,第138页。
⑥ 高亨:《周易大传今注》,齐鲁书社2009年版,第267页。

上疑犯,则疑犯为小人,亦即有罪。若神羊并没有冲撞藩篱,则疑犯为君子,亦即无罪。"羝羊触藩,羸其角"指神羊虽然冲撞藩篱,但是并未能撞破之,反而被藩篱缠绕羊角,不得脱身,则说明该嫌疑犯虽然并无主观过错,但是客观上却造成了损害结果,也就是说属于过失犯罪,或者其行为符合道德却触犯法律,虽正亦危,即所谓"贞厉"。

九四爻曰:"贞吉,悔亡。藩决不羸。壮于大舆之輹。""决"指冲破阻塞之意,"羸"为拘系缠绕,"藩决不羸"指冲破藩篱,并未被其拘系缠绕。"舆"者,车也。"輹,车轴缚也。"(《说文解字》)"谓以革若丝之类缠束于轴,以固轴也。"(《说文解字注》)也可能是古代车子上的减震装置伏兔,即垫在车厢和车轴之间的木块,上面承载车厢,下面呈弧形,架在轴上。也有人认为伏兔指钩心,即在车轴中央,使车舆与轴相勾连之物。不论采何解,"輹"都是车舆上与轴相连的一个部件。

若将"壮"解为"羊",则可将"藩决不羸。壮于大舆之輹"解为:若在神羊裁判的过程中,神羊冲破藩篱,并未被其所拘系缠绕,但也未冲向犯罪嫌疑人,而是撞上了大车之輹。当神羊冲破藩篱之时,犯罪嫌疑人犯罪的可能性就变得很大,如果这时候他因为害怕而躲避,则将会被认定为有罪,但是该疑犯明知自己无罪,心中正气凛然,并未退缩,结果神羊并未冲撞于他,而是撞上大车之輹,疑犯被证明无罪。因其不退不躲,秉持"贞"正,最终"悔"因之而"亡",此即谓"贞吉,悔亡"。

六五爻曰:"丧羊于易,无悔。""丧羊于易"之通说,前文"民事法律制度"中的"侵权行为"与"契约行为",以及"刑事法律制度"中的"其余各卦的罪名与刑罚措施",都已经进行了详尽分析,此处不予赘述,仅从神羊裁判的角度进行再解读。若在神羊裁判语境下,该爻爻辞指如果神羊冲撞藩篱,犯罪嫌疑人很可能有罪,故有"悔",但是结果神羊却在冲撞藩篱的过程中,轻易丧生,并未能冲出藩篱而撞击疑犯,故此推断疑犯无罪,其"悔"因之而亡,故谓之"无悔"。

上六爻曰:"羝羊触藩,不能退,不能遂。无攸利,艰则吉。""退"为退避,"遂"指往、进之意。神羊撞击藩篱,结果被藩篱缠绕,进不能进,退无所退,此即谓"羝羊触藩,不能退,不能遂"。"攸"谓"所往","无攸利"指无所往则利,也就是说只要神羊无法摆脱藩篱冲向疑犯,则可判定疑犯无罪,因而为利。"艰"指艰难、困难,神羊被藩篱所拘系缠绕,处境艰难,无法摆脱,于疑犯而言是个好事,可判定其无罪,故谓之"艰则吉"。

综上可知,大壮卦所述之神羊裁判,其规则如下:如果一个案件(往往是民事案件)证据不足,无法断定双方当事人谁是谁非,则让一头性情暴烈的公羊(神羊)居中,两造各居一方,观神羊会冲撞哪一方。被神羊冲撞者判定败诉,另一方胜诉。如果案件(往往是刑事案件)只有一方当事人,因为证据不足,无法判断其是否有罪,则神羊与犯罪嫌疑人各居一方,中间以藩篱隔开,观神羊之行为而判断该疑犯是否有罪。具体而言,包括以下几种情况:假如神羊并未撞击藩篱,则疑犯无罪;假如神羊冲破藩篱,并用角撞击疑犯,则疑犯有罪;假如神羊虽然撞击藩篱,但是被藩篱缠绕羊角不得脱身,则说明疑犯属于过失犯罪或者违法而不违反道德;假如神羊冲撞藩篱,却只是撞击疑犯之脚,则说明疑犯有罪,但其辩词可信,并非信口胡言;假如神羊冲破藩篱,却撞上了大车之輹,此时要看先前疑犯的表现,如果疑犯因为害怕而躲避则有罪,如果不躲避则无罪;假如神羊在冲撞藩篱的过程中轻易丧生,则疑犯无罪。

结　语

易道广大,包罗万象,其中就包含着丰富的法律内涵。经过笔者的整理辨析发现,《周易》之中与法律有关的片段信息,看起来零散杂乱、不成体系,其实能够从法律思想与法律制度两个维度,共同描绘出一幅西周时期的法律实践图景。从《周易》之中提炼出来的法律思想与法律制度具有相当鲜明的时代特点。

首先,《周易》中的法律思想具有辩证性。

以阴爻阳爻为基础构建起来的《周易》本就蕴含着最深刻的辩证思维,而其法律思想也充满了辩证的哲理蕴意。从《周易》中可以提炼出三个方面的法律思想:息讼、明罚敕法与慎罚轻刑。其中,息讼思想具有极强的辩证性。《周易》主张息讼,但并不要求无讼;反对缠讼累讼,但并不意味着一味避讼。若受他人无理凌犯,则应起而应诉,积极维护自己的合法权益不受侵犯。对于涉诉两造并不会如后世一般各打五十大板以阻其诉讼,占理有信者就能胜诉。

《周易》赋予了法律之神圣性,但却反对将法律神秘化,主张明罚敕法,将法律的内容公之于众,以便贵族和平民都能知晓法律之具体规定。为了达到这一目的,在法律颁布之前与颁布之后都规定了一定的期限进行宣传,以避免不告而诛的现象发生。赋予法律神圣性,是为了增强法律的威慑力,将法律内容公开化,是为了增强民众对于法律的认同感,双管齐下,社会秩序才能得以真正维护。

君子断狱,应慎罚轻刑,贲卦之"君子以明庶政,无敢折狱"、解卦之"君子以赦过宥罪"、丰卦之"君子以折狱致刑"、旅卦之"君子以明慎用刑,而不留狱"与中孚卦之"君子以议狱缓死"无不告诉我们这一点。但是从《周易》中所涉及的刑罚措施可以看出,西周之时的刑罚是极其残酷血腥的。《周易》一方面要求慎罚轻刑,另一方面却对民众施以重罚酷刑,两者之间其实并不矛盾。慎罚指应查明案情真相,审慎处罚,罚当其罪,不得枉法裁判,而非减轻处罚,重罪轻判。至于轻重,则视案件性质而定,若为同级奴隶主之间相互侵犯私权之普通案件,轻刑亦无不可,若为威胁到奴隶主统治基础之案件,尤其是奴隶、贱民以下犯上之案件,则一律重刑严惩。慎罚轻刑是为了收买人心,稳定生活秩序,重刑严惩则是为了震慑不轨,稳定统治秩序。

其次,《周易》中的法律制度具有针对性、个别性。

《周易》毕竟不是一部专门的法律著作,所以虽然其内容与法律有关,但大多以个案的形式进行描述,具有较强的针对性、个别性,而不具有普遍性、抽象性。从《周易》中可以归纳整理出四个方面的法律内容:民事法律制度、刑事法律制度、婚姻家庭法律制度与神明裁判制度。民事法律制度的内容包括民法的基本原则——诚信原则、两种典型的债的产生方式——契约行为与侵权行为,以及拾得遗失物行为。《周易》之中涉及这些内容的卦辞爻辞无不以具体的案例来说明,并无现代民法一般进行抽象描述的概念化处理。

以噬嗑卦为主的刑事法律制度,其内容虽然比较丰富,尤其是刑罚措施十分详尽,但是并无对罪名与刑罚措施进行抽象化、概念化处理的过程。所谓罪名仅是后人依据卦爻辞中讲述的案例进行归纳的结果,刑罚措施则仅从其名称即可判断出其内容,而不需进行理论化的阐述,譬如杖、墨、灭趾、灭耳、劓、刖等刑罚皆是如此。

《周易》中的婚姻家庭法律制度可以从恋爱关系、婚姻关系和家庭关系三个维度进行考察。其中,恋爱关系仅于咸卦中描写了男女双方亲热之具体过程;婚姻关系主要见之于屯卦与贲卦,描写了求婚、结婚之时的场景;家庭关系则散见于大过卦、恒卦、渐卦与归妹卦的个别卦辞爻辞,亦只能从其所描述的个别具体事例中方能提炼出所蕴含的家庭法律制度内容。

再次,《易经》与《易传》所体现的法律思想相去甚远,甚至有截然相反之处。

《易经》成书于商末周初,《易传》成书于战国时代。为了符合维护封建统治的需要,《易传》作者有不少刻意曲解《易经》原意之处。虽然从时间上来说,《易经》成书年代远早于《易传》,但是从其思想性来看,《易经》里的法律精神却经常要较《易传》体现出来的法律思想更为先进、仁善。其主要原因在于,商末周初,西周代商而立,西周统治者深刻认识到强大的殷商之所以亡于小邦周,其原因在于殷商统治者的暴虐不仁。殷鉴不远,为了稳定西周的统治基础,必然要适当减轻压迫的强度,以获得民心,维持新的统治秩序。

最后,在婚姻家庭领域,《易经》之法律思想要优于《易传》之法律思想,其主要原因在于商末周初之时,父系氏族早已建立,然母系氏族之遗产尚有残留,故而在家庭中两性之地位虽然不同,但具有一定的平等性。而至战国之时,封建制度已经十分发达稳固,为了维护男性家长的统治地位,进而维护封建统治秩序,对女性进行极力打压,使其成为家庭、男性的附庸,地位一降再降,与奴仆无异。故而以现代文明眼光观之,则《易传》于婚姻家庭领域之法律思想远较《易经》野蛮落后。随着时间的推移,思想上的钳制不仅没有松懈,反而越来越严苛,尤其在婚姻家庭领域更是如此。

参考文献

[1] [晋]杜预:《春秋左传集解》,上海人民出版社 1977 年版。

[2] [清]王聘珍:《大戴礼记解诂》,中华书局 1983 年版。

[3] 杨景凡、俞荣根:《孔子的法律思想》,群众出版社 1984 年版。

[4] 从希斌:《易经中的法律现象》,天津古籍出版社 1995 年版。

[5] 李治安、孙立群:《社会阶层制度志》,上海人民出版社 1998 年版。

[6] 武树臣:《儒家法律传统》,法律出版社 2003 年版。

[7] 陈戍国:《尚书校注》,岳麓书社 2004 年版。

[8] 蔡枢衡:《中国刑法史》,中国法制出版社 2005 年版。

[9] 张文智:《〈周易集解〉导读》,齐鲁书社 2005 年版。

[10] 胡留元、冯卓慧:《夏商西周法制史》,商务印书馆 2006 年版。

[11] 潘苗金:《礼记译注》,浙江古籍出版社 2007 年版。

[12] [战国]左丘明撰,[西晋]杜预集解:《左传》,上海古籍出版社 2007 年版。

[13] [南朝宋]范晔:《后汉书》,中华书局 2007 年版。

[14] [魏]王弼、[晋]韩康伯注,[唐]孔颖达正义:《周易正义》,中国致公出版社 2009 年版。

[15] 高亨:《周易大传今注》,齐鲁书社 2009 年版。

[16] [宋]朱熹:《周易本义》,廖名春点校,中华书局 2009 年版。

[17] 张晋藩:《中国法制史》,商务印书馆 2010 年版。

[18] 杨伯峻:《孟子译注》,中华书局 2010 年版。

[19] 方勇、李波译注:《荀子》,中华书局 2011 年版。

[20] 武树臣:《中国法律文化大写意》,北京大学出版社 2011 年版。

[21] [魏]王弼撰,楼宇烈校释:《周易注校释》,中华书局 2012 年版。

[22] 傅佩荣:《傅佩荣译解易经》,东方出版社 2012 年版。

[23] [汉]司马迁:《史记》,韩兆琦评注,岳麓书社 2012 年版。

［24］王盛元:《孔子家语译注》,上海三联书店 2012 年版。

［25］［东汉］许慎:《说文解字》,［宋］徐铉校定,中华书局 2013 年版。

［26］［清］段玉裁:《说文解字注》,中华书局 2013 年版。

［27］张紫葛、高绍先:《〈尚书〉法学内容译注》,商务印书馆 2014 年版。

［28］徐正英、常佩雨译注:《周礼》,中华书局 2014 年版。

［29］张永祥:《国语译注》,上海三联书店 2014 年版。

［30］汤漳平、王朝华译注:《老子》,中华书局 2014 年版。

［31］梁启超:《先秦政治思想史》,商务印书馆 2014 年版。

［32］高华平等译注:《韩非子》,中华书局 2015 年版。

［33］方勇译注:《墨子》,中华书局 2015 年版。

［34］方勇译注:《庄子》,中华书局 2015 年版。

［35］［春秋］老子著,高文方译:《道德经》,北京联合出版社 2015 年版。

［36］［战国］吕不韦编著,臧宪柱译:《吕氏春秋》,北京联合出版社 2015 年版。

［37］［东汉］郑玄注:《礼记》,中华书局 2015 年版。

［38］李山译注:《管子》,中华书局 2016 年版。

［39］历代碑帖法书选编辑组:《大盂鼎铭文》,文物出版社 2016 年版。

［40］余敦康:《易学今昔(增订本)》,中国人民大学出版社 2016 年版。

［41］徐正英、邹皓译注:《春秋穀梁传》,中华书局 2016 年版。

［42］［战国］左丘明著,［晋］杜预注:《左传》,上海古籍出版社 2016 年版。

［43］余敦康:《周易现代解读》,中华书局 2016 年版。

［44］杨伯峻编著:《春秋左传注(修订本)》,中华书局 2016 年版。

［45］［汉］司马迁撰,［南朝宋］裴骃集解,［唐］司马贞索引,［唐］张守节正义:《史记》,上海古籍出版社 2016 年版。

［46］［南唐］徐锴:《说文解字系传》,中华书局 2017 年版。

［47］程俊英、蒋见元:《诗经注析》,中华书局 2017 年版。

［48］余敦康解读:《周易》,国家图书馆出版社 2017 年版。

致　　谢

　　本书的顺利出版首先要感谢我的博士生导师单纯教授。学生愚钝,心性不定,是您的言传身教,使我有勇气继续学术的道路。感谢中国民主法制出版社法律分社社长陈曦女士给了本书出版的机会,感谢责任编辑庞贺鑫、李郎先生查漏补缺,辛苦审稿。感谢西交利物浦大学重点项目建设专项基金(KSF)的资金支持。本书的写作过程中,从希斌先生的《易经中的法律现象》与武树臣先生的《儒家法律传统》给了我很多至关重要的启发。此外,魏国王弼的《周易注》简洁而精妙,唐代孔颖达的《周易正义》详尽而精深,宋代朱熹的《周易本义》三言两语却智慧通达,高亨先生的《周易大传今注》别出心裁却总有发人深省之处,楼宇烈先生的《周易注校释》字字珠玑且引证丰富……这些前辈先贤智慧通天,一次又一次替我解惑,一次又一次帮我照亮前行的道路。无以为表,谨致谢意。